国民の安全を確保する政府の役割はどの程度果たされているか

規制によるリスク削減量の測定
―航空の事例―

神田隆之［著］

文眞堂

はしがき

　政府の役割は何か。その役割はどの程度果たされているか。本書は，このような問いに真正面から向き合い，何を政府の役割と措定し，どのようなプロセスで，どのように測定すれば，その問いに答えられるのかについて検討した成果をまとめたものである。

　もちろん，政府活動の目的は非常に多義的であり，また，所掌する範囲も広大である。治安や防衛以外にも，人類全体の課題として立ちはだかるような感染症への対処や，大地震などの自然災害への対処も，政府が（単独で負うものでないとしても）なすべきこととみなされるのには違和感がないだろう。また，直接的に人命に関わる分野だけでなく，教育や年金，人口減少への対応などの役割も担うなど，政府は質の異なる問題に同時に対処している。

　質が異なる問題に同時に対処しているということを前提とし，まず，政府の役割として主となるものを見出し，その役割が果たされている度合いを測定することで，冒頭の問いに答えることとした。その際，政府が活動している多様な分野，領域，それぞれにおいて，対処の対象が質の異なる問題であったとしても，政府の役割が果たされている度合いを同列に比較可能な形で測定しうる尺度を用いれば，より的確に冒頭の問いに答えられるのではないかと考えた。そこで着目したのは「国民の安全を確保する政府の役割」であり，規制をツールとした政府活動によって，どれだけのリスクが削減できているか，である。つまり，政府は，現実の社会の中で人々が直面するリスクのうちのどれに対処できているのか，その対処できている度合いはどの程度か，ということを明らかにしようというものである。

　本書では，具体的な素材として航空に焦点を当てた。航空機テロや航空機事故，規制緩和による競争促進（とその帰結），運航に伴う騒音など，航空という1つの分野に限っても，質の異なる多様なリスクが生じうる。これらに対し，規制によってどれだけのリスクが削減できているかを測定し，ひいては国

民の安全を確保する政府の役割が「どの領域で，どの程度」果たされているか
を明らかにできるモデルを提示する。

　モデルを生成する過程で念頭に置いたのは，その適用可能性を広げることである。本書は，国民の安全を確保する政府の役割が，どの領域でどの程度果たされているかについて，航空を素材として示す研究であるが，提示するモデルは航空分野にとどまらず，政府が所掌する広大な分野，領域に対しても適用が可能なものとした。また，本書において，規制によるリスク削減量を具体的に測定する際に使用するのは全て，誰もが入手可能な公開データである。ゆえに航空以外のデータを用いて，その分野，領域における「国民の安全を確保する政府の役割」が果たされている度合いを測定することも可能である。

　適用可能性を広げることで見据えているのは，社会経済の変化に応じて生じる（もしくは生じた）様々な事象に対して，どのように規制を設計し，どのような効果を得るか，どの程度の国民の安全が確保されるのか，という議論に不可欠な理論的基盤を提供することである。その対象は直接的に国民の生命や健康を脅かすような分野に限定されるものではなく，例えば，電力やガスに代表されるエネルギーの脱炭素化，訪日外国人旅行者を増やす施策とオーバーツーリズム，ドローンによる輸送や自動運転システム実装など，あらゆる分野，領域で，国民の安全を確保する役割を政府がどれだけ果たしているかについて明らかにする端緒になりうると思われる。

　このような試みに至った背景には，筆者が専門とする行政学，公共政策学の研究を通じて，現実世界に生きる人々の生活を改善することに貢献したいという強い思いがある。しかしながら，筆者の能力の限界から，所掌する範囲が広大な政府活動を網羅することは容易でないことを自覚している。本書の出版が，読者の方々の目に留まり，それぞれの専門領域での研究，実務に，わずかばかりでも貢献でき，1人でも多くの現実の生活を改善するきっかけになれるとしたら，望外の喜びである。

　2025 年 1 月

神田 隆之

目　次

はしがき ………………………………………………………………… *i*

略語一覧 ………………………………………………………………… *v*

図表一覧 ………………………………………………………………… *viii*

序　論 ………………………………………………………………… *1*

第1節　本書の目的と解決を試みる問題 ………………………… *1*

第2節　モデルを生成するプロセスと本書の構成 ……………… *10*

第3節　本書の意義 ………………………………………………… *12*

第1章　モデル生成のための要素 ……………………………… *14*

第1節　モデル提示 ………………………………………………… *14*

第2節　政府活動視点から削減すべきリスクの特性とエンドポイント … *17*

第3節　政府活動の成果としてのリスク削減の考え方 ………… *24*

第4節　リスク削減ツールとしての規制 ………………………… *27*

第5節　規制の効果を測る指標としてのリスク削減量の妥当性と評価軸
　　　　の変容 ……………………………………………………… *31*

第6節　まとめ ……………………………………………………… *42*

第2章　政府活動の成果を測定するリスク削減量指標と表現形式
　　　　の検討 ………………………………………………… *46*

第1節　モデル生成に必要な5条件に合致する表現形式の検討 ………… *46*

第2節　リスク削減量指標の表現形式としての QALY ……………… *49*

第3節　QALY への反論と再反論，適用の工夫 ………………… *57*

第4節　RIA および KPI と本書で用いる QALY の違い ………… *60*

第5節　QALY を用いる妥当性と蓋然性……………………………………… 63

第6節　航空分野に QALY を適用する際の条件 ………………………… 66

第7節　まとめ─モデルが条件をクリアできることの確認 ……………… 80

第3章　モデルを用いたリスク削減量測定プロセスの例示 ……… 88

第1節　航空分野における規制領域 ………………………………………… 88

第2節　経済的規制領域 ……………………………………………………… 99

第3節　社会的規制領域 ……………………………………………………… 111

第4節　航空安全規制領域 …………………………………………………… 128

第5節　航空保安規制領域 …………………………………………………… 141

第4章　リスク削減量測定結果と考察 ………………………………… 161

第1節　リスク削減量測定結果 ……………………………………………… 161

第2節　「効率」視点と政府の役割 ………………………………………… 165

第3節　他分野へのモデル適用可能性と修正余地示唆 …………………… 168

結　論 ………………………………………………………………………… 173

第1節　解決を試みた問題と解決しうるモデル…………………………… 173

第2節　モデル生成のプロセス ……………………………………………… 175

第3節　今後の課題………………………………………………………………… 184

Appendix 1　リスク削減量の概念 ………………………………………… 187

Appendix 2　政策評価・規制評価とその指標をめぐる議論 …………… 188

Appendix 3　リスク削減量分析の手法と測定値の表現形式検討 ……… 195

Appendix 4　QOL の Q 値を求める手法 …………………………………… 202

Appendix 5　QALY の算出方法 …………………………………………… 203

参考文献 ……………………………………………………………………… 205

あとがき ……………………………………………………………………… 221

索引 …………………………………………………………………………… 224

略語一覧

Airborne Collision Avoidance System
ACAS　航空機空中衝突防止装置の総称

Automated External Defibrillator
AED　自動体外式除細動器

as low as reasonably practicable
ALARP　合理的に実践可能な程度に低く

Auxiliary Power Units
APU　補助動力装置

Bovine Spongiform Encephalopathy
BSE　牛海綿状脳症

Civil Aeronautics Board
CAB　民間航空委員会

Committee on Aviation and Environmental Protection
CAEP　環境保護と航空に関する委員会

Closest Point of Approach
CPA　最接近点

Cost per Life-year saved
CPLYS　単位生存年延長費用

Computer Reservation System
CRS　コンピューター予約システム

Disability Adjusted Life years
DALY　障害質調整年

Department of Transportation
DOT　アメリカ運輸省

Evidence Based Policy Making
EBPM　証拠に基づく政策立案

Federal Aviation Administration
FAA　連邦航空局

Frequent flyer program
FFP　マイレージサービス

vi　略語一覧

Greenhouse gas
GHG　温暖化ガス

Health and Safety Executive
HSE　英国安全衛生庁

International Air Transport Association
IATA　国際航空運送協会

International Civil Aviation Organization
ICAO　国際民間航空機関

Information and Communication Technology
ICT　情報通信技術

Key Performance Indicator
KPI　重要成果指標

Equivalent continuous A-weighted sound pressure Level
LAeq　等価騒音レベル

Local Air Quality
LAQ　地域の大気の質

Day-Night Average Sound Level
Ldn　昼夜平均騒音レベル

Maneuvering Characteristics Augmentation System
MCAS　操縦特性増加システム

Narita Airport
NAA　成田国際空港株式会社

National Institute for Health and Clinical Excellence
NICE　国立医療技術評価機構

New Public Management
NPM　ニューパブリックマネジメント

Nonprofit Organization
NPO　非営利団体

Noise Reduction Hangar
NRH　ハンガー型のエンジン試運転施設

Organization for Economic Co-operation and Development
OECD　経済協力開発機構

Passenger Name Record
PNR　旅行者の予約記録

略語一覧　*vii*

Quality-adjusted life year
QALY　質調整生存年数

Quality of Life
QOL　生活の質

Resolution Advisory
RA　レゾリューションアドバイザリ

Regulatory Impact Analysis
RIA　規制影響分析

rating scale
RS　評点尺度法

standard gamble
SG　基準的賭け法

Traffic Advisory
TA　トラフィックアドバイザリ

Traffic alert and Collision Avoidance System
TCAS　航空機衝突防止装置

time trade-off
TTO　時間得失法

Universal Security Audit Programme
USAP　世界航空保安監査プログラム

Value of Statistical Life
VSL　確率的生命価値

Value of Statistical Life Years
VSLY　確率的延命年価値

German Advisory Council on Global Change
WBGU　独政府気候変動諮問委員会

Weighted Equivalent Continuous Perceived Noise Level
WECPNL　加重等価平均感覚騒音レベル

World Health Organization
WHO　世界保健機関

Willingness to Accept
WTA　受取補償額

Willingness to Pay
WTP　支払意思額

図表一覧

【図】

図1　9要素と5条件の関連性　*9*

図2　QALY イメージ　*14*

図3　危機管理とリスクマネジメント　*19*

図4　リスク6分類　*20*

図5　管理レベルごとの生態学的な適切性と管理のしやすさ　*69*

図6　介入による QALY 算出手順イメージ　*71*

図7　モデル生成のための手順イメージ　*81*

図8　規制領域分類　*94*

図9　航空機騒音区分　*112*

図10　騒音対策のための降下方式　*113*

図11　成田空港における航空機材別の発着回数推移　*115*

図12　ICAO 騒音基準　*118*

図13　夜間航空機騒音による影響　*121*

図14　1955 年から 2011 年までの事故率と年間死者数　*129*

図15　発着回数と飛行時間　*130*

図16-1　TCAS 概要①　*134*

図16-2　TCAS 概要②　*134*

図17　TCAS 設置・指示遵守による空中衝突生起頻度変化　*137*

図18　規制実施による獲得 QALY　*163*

図19　規制実施のための支出額　*163*

図20　領域ごとの獲得 QALY を追加コストで割った「効率」　*165*

図21　規制実施による総獲得 QALY　*166*

図22　資源集中ケースの総獲得 QALY 例　*166*

図23　他分野における規制実施による獲得 QALY　*171*

図24　生体肝移植 QALY　*204*

図表一覧　*ix*

【表】

表1　リスク位相　*26*

表2　政府規制の形態　*31*

表3　規制の強さ分類　*32*

表4　各国 RIA 実施状況　*36*

表5　各国 RIA 評価項目　*37*

表6　WHOQOL26 の構成項目　*51*

表7　総 QALY 比較　*53*

表8　RIA と本書の QALY を用いたモデルの対比　*62*

表9　QALY を適用した研究分野と分析方法　*67*

表10　日本における規制緩和の流れ　*104*

表11　競争促進規制と獲得 QALY　*106*

表12　航空機騒音に対処する規制と獲得 QALY　*116*

表13　航空機騒音といらだちの用量反応関係　*120*

表14　健康状態と QOL 重みづけ　*122*

表15　民家防音工事助成事業の実施状況　*124*

表16　住宅防音工事を施工した家屋数の割合　*124*

表17　航空機衝突事故を防ぐ規制と獲得 QALY　*135*

表18　日本のハイジャック事例　*145*

表19　世界のハイジャック・爆破事例　*146*

表20　航空機テロ規制と獲得 QALY　*149*

表21　負傷の場合の QALY　*153*

表22　アメリカと日本の保有機体数比較　*156*

表23　各規制領域における獲得 QALY　*161*

表24　他分野における獲得 QALY　*169*

表25　目標管理型評価の実施状況　*191*

表26　部門別 CPLYS 試算と介入のタイプ　*201*

序論

第1節　本書の目的と解決を試みる問題

　政府が国民の安全を確保する役割を担い，かつ現実に果たしていることは多くの人の認めるところであろう[1]。しかしながら，国民の安全を確保する政府の役割が「どのように，どこで，どの程度」果たされているかを明らかにすることは，政府活動の目的が非常に多義的であり，また所掌する範囲が広大であるが故に，難しい課題であるように思われる[2]。

　この「政府が国民の安全を確保する役割を，どのように，どこで，どの程度果たしているか」という関心が本書の出発点である。その上で，本書の目的は「どの程度果たしているか」について具体的な数値として答えを示すことではなく，「どの程度果たしているか」の答えを導く方法論としての有効なモデルを生成することである。つまり，「どの程度果たしているか」に対し，仮説を立てた上で実証分析による仮説検証を行う研究ではなく，このモデルを用いれば，関心の所在である上記の問いに答えうるモデルを提示する仮説（モデル）生成型の研究である。さらに，本書が目的とする「答え」としては，このモデルが有効なのではないか，と示すことであり，当該モデルの妥当性を実証し，検証することまでを射程に入れたものではない。したがって，本書第3章は，「政府が国民の安全を確保する役割を，どのように，どこで，どの程度果たしているか」に対し，このモデルを用いて答えを導くプロセスを例示するものという位置づけとする。

　以上の考え方のもと，解決を試みる問題として，「政府が国民の安全を確保する役割を，どのように，どこで，どの程度果たしているか，に答えを出す方法論としての有効なモデルとはどのようなものか」を設定する。モデルを生成

2 序 論

するにあたり，政府が国民の安全を確保する役割をどのように，どこで，どの程度果たしているかという問いは，そのままの形では測定が難しいため，測定可能な形への操作化を行うこととする。

操作化にあたり，政府が国民の安全を確保する役割を「どのように」，「どこで」，「どの程度」果たしているかについて検討されてきた研究を参考にする。「どのように」については組織や制度に着目したものを中心に数多くの研究がなされている。例えば曽我は，行政機構を震災というリスクに対する最大の保険であり，国民全員が保険の支払人であると指摘する（曽我 2016, 51 頁）。橘木は，人間の誕生から死亡までのライフサイクルにおけるリスクの対処のためにどのような制度があるかを整理したうえで，国家（政府）が運営する保険制度に注目する（橘木 2002, 259-263 頁）。上記のように組織に着目する場合は「どのように」の中に「誰が」の視点を含んでいる。

次に，「どこで」については，「どのように」で挙げた組織や制度が活動の目的とする領域に着目したものが多数蓄積されている。例えば城山は原子力発電所事故（城山 2015）を，手塚は予防接種（手塚 2010）を，村上は木造建築，自動車，電気用品（村上 2016）を素材に検討している。領域に着目するため，その対象である「何を」の視点を含んでいる。

最後に，「どの程度」については，「どのように」で挙げた組織や制度，および「どこで」で挙げた領域で生み出された成果に着目した検討がなされている。例えば，何らかの事象において救われた人の数，死者数等の経年もしくは国別・都道府県別比較や，公的組織における担当者数や支出額などである[3]。このように「どの程度」については，「どれだけの人が安全でない状態に陥らなかったか（もしくは陥ったか）」や「どれだけの体制を整えているか」を明らかにするような検討が深められている。

これらの先行研究を参考に操作化を行い，「どのように果たしているか」については，政府がその活動のツール[4]である「規制によって」果たしていると設定する。「どこで果たしているか」については，規制対象となる領域が相当する。「どの程度」については，上記の先行研究のように，公的組織における担当者数や支出額のようなインプットによる死者数（もしくは救われた数）を充てることも可能であるが，多義的な政府活動によって実現された成果を包括

的に測定できるとはいいがたい。では，そのような多義的な政府活動によって実現された成果を包括的に測定するためには，どのような点に着目する必要があるだろうか。これは「政府が国民の安全を確保する役割をどの程度果たしているか」を測定可能にするための操作化に関わる重要な論点である。

政府によるサービスの生産性向上について分析したダンレビーらは，政府のアウトプットの多様性を1つの価値で判断することはできず，政府レベルでのアウトプット量を効果的に測定する手段を持ちえない，とされてきた（Dunleavy and Carrera 2013, p. 3）ことに対し，異なる省庁を比較する際の，公的サービスの質を測定する効果的な分析とは何か，を検討した（Dunleavy and Carrera 2013, p. 33）。そのような分析のためには，政府のミッションとは何かを明らかにした上で，そのミッションを捉えられ，合理的に正確な方法で重みづけができるごく少数の主要なアウトプットを見出すことが重要だという（Dunleavy and Carrera 2013, p. 36）。とするならば，「どれだけの体制を整えているか」や「どの程度の死傷者数に抑えているか」に着目するよりもまず，政府のミッションは何か，そのミッションを捉えられるアウトプットは何かについて明らかにする必要がある。また，ポリットが「パフォーマンスの重要な一側面を大まかに測定することが，些細なものを正確に測定することよりもはるかに価値がある」（Pollitt 2017, p. 172）と指摘するように，政府のミッションのアウトプット測定を試みることは，まさにその重要な一側面が「どの程度」果たされているかを測定するための第一歩である。

そのためにまず，政府のミッションの具体的な形として観察が可能になる政府活動の機能に注目し，その中でもミッションに値するような主になるものを政府活動の主機能と措定した上で，先行研究において，リスク削減が政府活動の主機能として捉えられてきたことを確認する。その上で，先行研究では政府活動の主機能であるリスク削減が「どの程度」果たされているかについて，議論が尽くされたとはいえないことを明らかにし，本書が目的とする「どの程度果たされているかに答えうるモデル」を生成することの意義を示す。つまり，国民の安全を確保する政府の役割が「どの程度果たされているか」の観点で先行研究を批判的に検討し，本書の意義を示すプロセスである。

政府の実施する政策や規制の目的は非常に多義的であるものの，そのリスク

4 序 論

削減機能に注目した研究は多い。風間は「近代において，国家の最も重要な機能は，安全の保障であり，国民国家は，災害を含めて人間が一生のうちで直面するリスクを管理することで存在意義を主張している」（風間 2004, 序文）と指摘した上で，阪神淡路大震災を素材に，政策ネットワーク論を用いてガバナンスの観点から防災政策におけるリスク管理のあり方を提示している。

　大山は，竹内の政府の機能分類5つ，(1) 立法者としての機能，(2) ルールの番人あるいはレフリーとしての機能，(3) プレーヤー機能，(4) 母親としての機能，(5) マネジメント機能（竹内 1981, 113-115 頁）に対し，以下のように指摘する。

　　　分配ないし「政治」政策は，(1) 立法者と，(2) レフェリーの機能に相当し，再分配ないし「社会」政策は，(4) 父親の機能にほぼ相当する。そして規制ないし「経済」政策は，(3) プレーヤーと (5) マネージャーの機能ということになるが，広義の規制はこれらだけでなく，(2) レフェリーあるいは (4) 父親の意味も含むことが多い（大山 1996, 80 頁）。

　ここで議論されている内容は直接的にリスクに言及しているものではないが，突き詰めていけばそれぞれの機能はリスク削減効果を生むものであるといえよう。また竹内は自由のための安全保障が国家の仕事であるとし，上記5つの機能を総合して危機管理機能にほかならないと指摘する（竹内 1981, 122 頁）。

　福祉国家とは財源よりもむしろリスクを共同管理（pooling）しようというもの（Giddens 1999, p. 116 ［1999, 194 頁］）という指摘や，「社会保障そのものがリスク分散機能とリスク軽減機能を有し，ナショナルミニマムを保障している」（小塩 2005, 4 頁）との指摘もある。エスピン・アンデルセンは福祉国家を，社会的リスクを管理する源泉の1つ（他に家族と市場）として挙げ，どのようにリスクが共同で管理されるかが福祉レジームを規定するとし（Esping-Andersen 1999, p. 33 ［2000, 62 頁］），「社会政策とは社会的リスクの公的な管理のことである」（Esping-Andersen 1999, p. 36 ［2000, 66 頁］）と指摘している。

中山によれば，「リスク現実化の未然防止や現実化したリスクの損害費用回復において大きな役割を演じてきたのは，それらを大量現象として観察できる立場にある行政機関であった」（中山 2007, 101 頁）という。

橘木は安心を与える主体として，①個人（本人），②家族，③企業，④ NPO，⑤コミュニティ，⑥国家，を挙げ（橘木 2002, 159 頁），その上で，これまで日本において安心を提供する主体として役割の大きかった家族と企業の機能低下を指摘し，セイフティネットの整備において国家は重要な役割を演じてきたとする（橘木 2002, 259-263 頁）。

森田は，社会の諸問題を解決し，社会を望ましい状態に維持・管理する社会管理（social control）として政府活動を捉えることで，政策を社会管理の仕組みを示したものとみる（森田 1988, 23 頁）[5]。社会で発生する諸問題を解決すること，すなわち国民にとってのリスクを削減することが政府の活動であり，政策そのものであるとの視点がうかがえる。

政府をリスクマネージャーとして正面から取り上げたモスによれば，「リスクマネジメントが政府の機能であると認識されてこず，（中略）広い視点からみた機能的把握は明確にされてこなかった」（Moss 2002, p. 15 ［2003, 41 頁］）という。

ポストモダニズムの考え方からも，リスク管理こそ政府の主要な機能であるとの指摘がある。ベックによれば，近代が発展するにつれ，危険が社会的に生産され，富の分配から危険の分配へと問題が転換している（ベック 1988, 42 頁）という。

こうした政府のリスク削減機能に対する認識をさらに強めるきっかけとなったのが 2001 年の全米同時多発テロだろう。モイニハンらは，全米同時多発テロ後，「改革パラダイムの基本的な教義である民営化，顧客サービス，規制パートナーシップは公共の安全に対する脅威に直面して脇に置かれた」（Moynihan and Roberts 2002, p. 145）と指摘している。カマークも，全米同時多発テロが政府をカムバックさせたと指摘する（Kamarck 2002, p. 227）。一方で，そもそも危機時においては政府の役割期待が高まるという（Kee and Shannon 1992, pp. 321-329）。

危機管理に対する行政の役割の観点から谷藤は，既存の危機認知枠組みが現

在の政治経済社会状況に適切に対応できているか，行政の役割として必要かの点検の必要性を主張している（谷藤 2000, 91頁）。また，中邨らは，これまで土木工学や都市工学を基本に進んできた危機管理策を行政や政治の側面から検討している（中邨 2000, 2005）。城山らは様々な分野の専門家，国際機関や国，地方自治体，NPO も含めた各種団体，市民等の多様なアクターが協働して諸リスクに対処することを目指したリスクガバナンス研究を進めている（城山 2015）。また，社会が直面する多様なリスクに対処するために伝統的な科学と政策を繋ぐ新しい科学としてのレギュラトリーサイエンス（岸本 2018, 277頁）も政府の主機能としてのリスク削減に注目した研究であるといえる。

　そもそも人々が毎日の生活を送る上での全ての場面において，リスクが存在する。また，個々人の生命や財産などに関するものだけでなく，社会全体に波及するリスクもある。そのようなリスクに対して個々人が単独で対処することは効率的ではない場合がある。行政とは「公共目的を追求する集合的営為」（片岡 1990, 1頁）との観点からも，そのようなリスクに対処し，国民の安全を確保することが政府活動の主要な機能として考えられてきたことは当然である。また実際に「ひとたびリスクが社会的な事象となれば，政治化され，政府のコントロール下に置かれ」（Turnley 2002, p. 1363）てきた。

　ここまで整理してきたとおり，政治学，行政学，経済学をはじめ，多くの学問領域における先行研究がリスク削減を政府活動の主機能（ミッション）として捉えてきたことを確認した。ダンレビーらがいうところの政府のミッション，すなわち政府活動の主機能がリスク削減であると措定し，「どの程度果たしているか」について，リスクが削減された量（リスク削減量）をもって測定することとする。つまり，「国民の安全を確保する役割が果たされた」ことから「リスクが削減された」ことへの操作化である。

　また，先行研究がリスク削減を政府活動の主機能と捉えているにも関わらず，政府のリスク削減機能に注目して「どの程度」その機能が果たされているかについて，直接的に扱ったものは管見の限り見当たらない。つまり，どの程度，国民の安全を確保する政府の役割が果たされているかを明らかにできていないということである。それを明らかにしうるモデルを生成し，提示することは政治学，行政学の研究として意義のあることと思われる。

第1節　本書の目的と解決を試みる問題　　7

　本書では，モデルを生成する過程で扱う具体的な素材として航空分野を選択する[6]。それを踏まえて「政府が国民の安全を確保する役割を，どのように，どこで，どの程度果たしているか，に答えを出す方法論としての有効なモデルとはどのようなものか」を測定可能な形に操作化すると，「航空分野において，政府による規制がどの領域で，どの程度のリスク削減量をもたらしているか，に答えを出す方法論としての有効なモデルとはどのようなものか」となる。政府活動のツールである規制によるリスク削減の程度，つまり，国民の安全の確保がどの程度果たされているか，を示す指標を探索し，その指標としてのリスク削減量（＝どの程度安全が確保されているか）を測定可能にするモデルを生成し，提示することで，その問いに応えることとする。

　まず，モデルを生成するために必要な要素を，第1章全体を通じて詳細に検討し，抽出する。要素を抽出する際に踏まえるのは，政府活動の成果としての（目標リスク削減だけでなく，対抗リスクの発生というトレードオフも含めた）リスク削減の考え方，リスク削減ツールとしての規制の効果を測るのに妥当な指標，政策評価・規制評価をめぐる議論，といった観点である。モデル生成に必要な要素として，以下の9つを抽出した。（　）内は検討した節を示す。

　要素1．規制によってリスクを小さくできること（第1章第2節）
　要素2．リスクは将来の不確実なことを想定していること（第1章第2節）
　要素3．事象ごとに生起確率やリスクの大きさが異なり，数量的に表すことが可能な側面を持つこと（第1章第2節）
　要素4．人々のリスクに対する反応は主観的であるため，共通のエンドポイント（起きて欲しくないこと）として「人の死」が適していること（第1章第2節）
　要素5．政府が対処すべきリスクは様々な領域に及び，また，質の異なる様々なリスクを削減しているため，死に限定されない健康状態や経済的得失なども反映できる指標が必要であること（第1章第2節）
　要素6．政府活動の視点からは，単にリスクが他者に移転されただけではリスク削減にならないため，モデルにはリスク移転などのリスクトレードオフの正味の効果が反映できる指標が必要であること（第1

8 序 論

章第3節)

要素7．リスク削減の度合いを直接的に測定できること（第1章第5節）

要素8．領域を超えた異なる事象に対する規制の効果を測定するために，異なる価値を同一尺度で表すことができること（第1章第5節）

要素9．規制の有無によるリスク削減の大きさを比較できること（第1章第5節）

　これら9つの要素を踏まえた上で，モデル生成に必要な指標を検討し，リスク削減量を指標として採用する。さらに，測定したリスク削減量の表現形式がクリアすべき条件として，上記の9要素をもとに以下の5つを設定した。

条件1．リスク削減がどれだけ実現されているかを具体的に測定するために，規制によるリスク削減効果を客観的数値として，絶対量（効果性）を重視して示すことができること

条件2．リスク削減が「どの領域で」実現されているかを明らかにするために，領域を超えた異なる事象に対しても，規制によるリスク削減効果を同一尺度で比較できること

条件3．多くの人が共感できるエンドポイントとして設定した死だけでなく，死にまでは至らない事故や傷病など，比較的インパクトの大きくないリスクも反映できること

条件4．生命にかかわること，健康にかかわること，経済的得失，規制が存在するコストなど，質の異なるトレードオフまで反映できること

条件5．リスクの特性を踏まえて，これから誰にでも起こりうるが起きて欲しくない事象を規制によって阻止・緩和する効果を測定できること

　9つの要素がそれぞれ，5条件のどの部分を形成しているかを示したものが図1である。

　最後に，モデルを生成する過程で扱う具体的な素材として，航空分野を選択した根拠を確認する。規制によるリスク削減量を測定しうるモデルを生成するとしても，最初から全ての規制を視野に入れて検討することは現実的ではない

第1節　本書の目的と解決を試みる問題　*9*

図1　9要素と5条件の関連性

条件1．リスク削減がどれだけ実現されているかを具体的に測定するために，規制によるリスク削 　　　　　要素7 　　　減効果を客観的数値として，絶対量（効果性）を重視して示すことができること 　　　　　要素4前半　　　　　　　　　　　　要素3・要素6 条件2．リスク削減が「どの領域で」実現されているかを明らかにするために，領域を超えた異な 　　　　　要素8・要素5前半 　　　る事象に対しても，規制によるリスク削減効果を同一尺度で比較できること 　　　　　　　　　　　　要素8・要素9 条件3．多くの人が共感できるエンドポイントとして設定した死だけでなく，死にまでは至らない 　　　　　要素4後半　　　　　　　　　　　　　　　　　　　　　　　　要素5 　　　事故や傷病など，比較的インパクトの大きくないリスクも反映できること 条件4．生命にかかわること，健康にかかわること，経済的得失，規制が存在するコストなど，質 　　　　　要素8 　　　の異なるトレードオフまで反映できること 　　　　　要素6 条件5．リスクの特性を踏まえて，これから誰にでも起こりうるが起きて欲しくない事象を規制に 　　　　　要素2 　　　よって阻止・緩和する効果を測定できること 　　　　　要素1・要素9

出所：筆者作成

ため，対象とする素材を的確に選定する必要がある。そこで，航空分野が，モデル生成のために対象とする素材に適しているかという観点から，上記5つの条件を検討することが可能な素材であるか否か，を確認する。

　航空分野においては，航空機事故や航空機テロ，航空機騒音による心身の不調等のリスクが存在し，また，そのリスクを削減するための規制が実施されていることから，条件1の検討が可能である。

　航空分野には質の異なる4つの規制領域（社会的規制領域・経済的規制領域・航空安全規制領域・航空保安規制領域）が存在するため，条件2の検討が可能である。一般的に規制は，社会的規制と経済的規制という2つの領域に分類されることが多いが，それぞれの規制の質にしたがってさらに分類を細かくしていくと4つの規制領域に分類できることについての整理を第3章で行う。その規制領域ごとの規制によるリスク削減量を算出することにより，「どの領域で」国民の安全を確保する政府の役割が果たされているかを明らかにすることができる。

　多くの人が死に至る航空機事故，空港近隣住民の心身に不調をきたすような

航空機による騒音等，死そのものから死には至らない比較的インパクトの大きくないリスクまで生起させる領域を有しているため，条件3の検討が可能である。

　航空機事故や航空機テロ，航空機騒音による心身の不調等を防ぐための規制を実施する際には航空事業者が負担するコスト，乗客が負担するコスト，空港近隣住民が負担するコスト，空港近隣住民への補償コストなど，金銭的なものだけでない様々な質の異なるコストが発生する。したがって，生命，健康，経済的得失，規制が存在するコストなど質の異なるトレードオフが生じる領域を有するため，条件4の検討が可能である。

　航空機事故，航空機テロ，航空機騒音による心身の不調等を規制によって阻止しようとすることは，既に特定の誰かに起こった事象をどう回復するかではなく，これから誰にでも起こりうるが起きて欲しくない事象を規制によって阻止・緩和することであり，条件5の検討が可能である。

　以上，モデル生成に必要な5条件全ての検討が可能であることから，航空分野はモデル生成のために対象とする素材に適していると考えられる。

第2節　モデルを生成するプロセスと本書の構成

　航空分野の規制によるリスク削減量を測定しうるモデルを生成するために，以下のように本書を構成した。まず，第1章第1節において，モデルを提示し，以降の節，章において，その生成プロセスを示す形とした。

　第1章第2節および第3節において，政府活動の視点で削減すべきリスクの特性やリスク削減の考え方について整理した上で，モデルに組込む指標および測定結果の表現形式が持つべき特性・条件を確認する。

　第1章第4節でリスク削減ツールとしての規制について整理し，第1章第5節では，規制の量や形式に着目してもリスク削減に対する規制の効果を測定できないことを確認した上で，測定可能にするためには，規制によって得られるリスク削減量をモデルに組込むことに妥当性があることを確認する。さらに，政策評価および規制評価の軸が変容しつつある流れを整理した上で，政策評価および規制評価の観点からも，モデルに組込む指標および測定結果の表現形式

にはどのような特性が必要であるかを検討する。

第2章第1節から第5節では，モデルに用いる指標として定めたリスク削減量について，測定したリスク削減量の表現形式を検討する。第1章を通じて抽出したモデル生成に必要な9つの要素を踏まえ，測定したリスク削減量の表現形式がクリアすべき条件を明示する。それらの条件をクリアする根拠とともに，QOL（Quality of Life：生活の質）とその状態が続く期間を積分した値であるQALY（Quality-adjusted life year：質調整生存年数）を提示する。同時に，これまで様々な研究で主に用いられている手法や指標では条件クリアが難しいことを示す。以上により，本書で提示するモデルに組込む指標をリスク削減量とし，その測定値の表現形式としてQALYを用いることの蓋然性および妥当性を確認する。

第2章第6節ではQALYを用いた研究について広くレビューする。レビュー結果から，航空に起因する医学的な内容を除くと，QALYを用いた研究が少ない航空分野でも，ヘルスケア分野におけるQALY適用と同じ確からしさを担保できる条件を確認する。

第2章第7節において，これまでの検討を踏まえ，「航空分野において，政府による規制がどの領域で，どの程度のリスク削減量をもたらしているか」という問いに答えうるモデルを提示する。

第3章第1節において，規制が対処しようとしている目標リスクの性質から，社会的規制を航空安全規制・航空保安規制・（狭義の）社会的規制に分類し，それらに経済的規制を加えた4領域を検討対象として設定する。そうすることで，政府活動の成果としてのリスク削減量を，領域ごとに，すなわち「どの程度」「どの領域で」もたらしているかを測定しうることを示す。また，具体的にリスク削減量を測定する前提となる条件についても明示する。

第3章第2節から第5節においては，それぞれの領域における象徴的な規制を素材として，モデルを用いてリスク削減量を測定するプロセスを例示する。

第4章においては，測定した各規制領域における獲得QALYを示し，提示したモデルが解決を試みる問題に答えうることを確認する。

第3節 本書の意義

　政府のリスク削減機能に注目して，「どの程度」国民の安全を確保する政府の役割が果たされているかを明らかにする必要がある，という認識から出発し，政府のリスク削減機能が果たされている度合いを測定しうるモデルを生成する。それにより，政府のリスク削減機能を果たす具体的手段である規制や政策のリスク削減の成果そのものの測定を可能にすることで，どの程度，国民の安全を確保する政府の役割が果たされているかを明らかにしうる知見を先行研究の上に積み重ねることとなり，行政学的研究および公共政策研究として意義があることと思われる。

　また，研究手法として直接的に QALY を用いた行政学の先行研究がないながら，ヘルスケア分野以外でも QALY を適切に適用できる手順を明らかにした上で，QALY を組込んだモデルを生成する。このモデルは全ての人が平等にさらされるリスクを削減するための規制を評価し，規制によるリスク削減がどれだけなされているかという問いに答えうるものである。政治学や行政学とは必ずしも近しくない分野において有用とされる手法を政治学・行政学が抱える課題に適用し，その課題に応えることは行政学的にも意義があるものと思われる。

　さらに，このモデルは政策評価の一助になると考える。政策は政府活動が具体化されたものであり，社会経済状況の変化を反映していくためにも，政策や規制そのものを評価し，改善していく試みが長い間継続されてきた。その評価手法も様々なものが開発・蓄積されてきた。しかしながら，西尾が東日本大震災を受けて，「異次元からの評価への視点が欠けていた」（西尾 2011, 1 頁）と指摘するように，これまでの政策評価の体系は，国民の安全を確保するという目的どおりに機能してきたのかという疑問が生じうる。とすれば，これまでの政策評価の体系になんらかの補完ができる余地が存在するはずである[7]。つまり，国民の安全を確保する政府の役割が果たされているかどうかを評価するために有用なモデルを生成し，具体的な政策・規制に適用することで，政策評価の体系改善に寄与できると考える。

注

1 竹内（1981），Kee and Shannon（1992），大山（1996），谷藤（2000），中邨（2000），Moss（2002），Kamarck（2002），Turnley（2002），橘木（2002），風間（2004），小塩（2005），中山（2007），森田（2013），岡本（2013），など。これらの先行研究に見られるとおり，大きな災害や事故等をきっかけとして，国民の安全を確保する政府の役割に注目が再び集まる傾向にある。

2 例えば益永は，テロ，殺人，自然災害，交通事故，新しい病気，危険な食品など，様々なリスクのうち，健康に対するリスクについては種々の事象を比較できるような，定量表示が可能になりつつあるものの，それ以外のリスクまで含めて集約する方法で広く支持されるものはまだ存在せず，残された課題だと指摘する（益永 2007, 6-7 頁）。

3 自殺についての国際比較，都道府県比較データからの分析（澤田ほか 2013）や公務員数に着目した研究（前田 2014）など。

4 公権力の個別的な行使としての規制は，行政任務の全ての領域において一般的に活用される行政手段である（片岡 1990, 119 頁）。また，サラモンは New Governance の「ツール」として社会的規制や経済的規制の効果や効率性の高低分析を行っている（Salamon 2002, pp. 1-47）。

5 森田は政府活動を社会管理と捉える考え方についてフッド（Hood 1976）から視点を得ている。

6 航空分野を素材として選択する根拠については後で整理する。

7 谷藤は評価制度を取り囲む様々な変化に鑑み，これまでとは異なる角度からの再検証の時期に至っていると指摘している（谷藤 2012, 3 頁）。

第1章

モデル生成のための要素

第1節　モデル提示

　最初に,「航空分野において,政府による規制がどの領域で,どの程度のリスク削減量をもたらしているか」に答えを出しうるモデルを提示し,以降の節,章において,その生成プロセスを示していく。

　序論で示したモデル生成のための9要素および,その9要素から導かれる5条件をクリアするものとして,QOLとその状態が続く期間を積分した値であるQALYを採用する。QALYとは図2のとおり,横軸に年齢,縦軸にその時点でのQOL（健康を1,死亡を0）をとった場合の灰色の部分の面積に相当するものであり,何らかの事象によりQOLが点線まで下がった場合,損失QALYは面積の減少分に相当する（岸本 2008, 32-33頁）。

図2　QALYイメージ

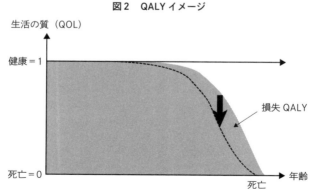

出所：岸本（2008）,33頁。

この QALY の概念が，リスク削減に対する規制の効果を測定するために有用であるため，モデルに組込む。その根拠については，QALY について整理していく過程で詳細に検討するが，概ね以下のようにまとめられる。規制によって「起きて欲しくない何らかの事象」の発生を防ぎ（もしくは少なくし），「起きて欲しくない何らかの事象」がもたらす QOL の低下を阻止することで，そうでなければ損失していた QALY を損失せずに保つことができる。すなわち，損失しなかった QALY は規制によって獲得した QALY とみなすことができる。今後起こりうる「起きて欲しくない何らかの事象」を規制によって阻止することで得られる獲得 QALY という概念は本書で明らかにしようとしている「規制がどの程度のリスク削減量をもたらしているか」を測定する上で有用と思われる。

しかしながら，航空に起因する医学的な内容を除くと，航空分野では QALY を用いた研究が少ないため，第 2 章において QALY を用いた研究について広くレビューし，航空分野で QALY を適切に用いるための条件を確認した。その条件として重要なのは，介入した場合および介入しない場合のそれぞれのアウトカムに至る確率や，アウトカムとしての QOL の値，それが継続する期間，および介入対象者数である。

航空分野で QALY を適切に用いるためのそれらの条件と，政府活動としてのリスク削減に必要な 9 つの要素や，モデルに組込むべき指標とその測定結果の表現形式に求められる 5 条件を総合し，生成したモデルは以下のとおりである。

$$\sum_{i=1}^{n} \left(P_i O_i N_i T_i + \frac{C_{oppotunity\,i} - C_{intervention\,i}}{C_{QALY}} \right) = 総獲得 QALY（リスク削減量）$$

生成のプロセスは次節以降で詳細に示していくものの，モデルを構成する変数は以下のとおりである。

P：介入によってもたらされるアウトカムが生じる確率であり，複数の値（例：当該規制の実施率が 10％であり，実施対象の 50％がアウトカム O に至る規制であるなど）が組み合わせられる場合もある

16 第1章 モデル生成のための要素

O：介入によってもたらされるアウトカム（状況）のQOL

N：介入した対象（者）数

T：介入によってもたらされるアウトカムが継続する期間

i：確率，アウトカム，対象（者）数，期間のバリエーションであり，介入の種類と数に応じて変化する

n：介入数と介入によってもたらされるアウトカムの数によって変化する

C_{QALY}：QOLを0から1に1年間上げるコスト

$C_{intervention}$：介入に必要な直接コスト

$C_{oppotunity}$：介入によって生み出される消費者余剰（＋），介入によって失われる消費者余剰（−），介入によって防ぐことができる経済的損失（＋），介入によって生じる経済的損失（−）

総獲得QALY：規制によるリスク削減量

　次に，このモデルが「航空分野において，政府による規制がどの領域で，どの程度のリスク削減量をもたらしているか」に答えうることを確認するために，モデルに組込むべき指標とその測定結果の表現形式に求められる5条件に合致しているかを確認する。

　条件1について，規制によって得られる効果（リスク削減量）に注目し，その効果については規制（介入）によってもたらされるアウトカムのQOL（O_i）と期間（T_i）にのみ影響を受け，主観的な変数を考慮しないQALYの獲得量を算出する式となっていることから合致している。

　条件2について，領域を超えた異なる種類のリスクに応じた介入（規制）によって得られるリスク削減量を同一尺度であるQALYで示している。また，直接的な健康状態の変化を伴わない効果（消費者余剰など）についても，介入によって生み出される消費者余剰と介入によって防ぐことができる経済的損失を$C_{oppotunity}$で表し，QOLを0から1に1年間上げるコストC_{QALY}を組込むことで，QALY換算を可能にし，同一尺度で比較できるモデルとなっていることから，合致していると考えられる。

　条件3について，規制（介入）によってもたらされるアウトカムのQOL（O_i）は，死だけでなく，死には至らない傷病なども反映できるため，合致し

ている。

条件4について，（目標リスクを削減しようとしたことによって生じる）対抗リスクが直接的な健康状態として生じた場合には，O_i がマイナス値をとることでトレードオフとして総獲得 QALY に反映される。対抗リスクが，介入によって失われる消費者余剰と介入によって生じる経済的損失として発生する場合には，$C_{oppotunity}$ がマイナス値をとることで総獲得 QALY に反映される。さらに当該介入コストについても $C_{intervention}$ が総獲得 QALY を下げる変数として含まれるため，合致している。

条件5について，今後生起しうるリスクを削減するための介入（規制）によって，どの程度の確率（P_i）で，どれだけの QOL に相当するアウトカム（O_i）を，どれだけの対象者（N_i）にもたらすかという変数を組み込んでいるため，合致している。

以上，このモデルに求められる条件1から条件5までに合致していることを確認した。次節以降，このモデルを生成するに至るプロセスについて詳しく示していく。

第2節　政府活動視点から削減すべきリスクの特性とエンドポイント

本節ではまず，削減すべきリスクの特性について「政府活動の視点から」明確にする。個人や企業ではなく，政府がリスクにどう対処し，削減するかについて整理することで本書の中心的な概念の1つである政府によるリスク削減について共通のイメージを持ちたい。その過程でモデル生成に必要な要素を確認していく。

リスクの定義には学問分野により様々なものがあるが，リスク評価およびリスク管理に関するアメリカ大統領・議会諮問委員会によれば，

リスクとはある物質やある状況が特定の諸条件下で害を生み出す可能性として定義される。リスクは二つの要素を組み合わせたものである。・ある有害事象が発生する可能性。・その有害事象の結果。（The Presidential/

18 第1章　モデル生成のための要素

Congressional Commission on Risk Assessment and Risk Management 1997, p. 1［1998, 4-5 頁］）

とされる。さらにリスクについて語られる場合，ハザード・暴露・脆弱性などの用語が用いられる。使用される分野によりある程度の違いはあるがここでは以下のように定義する。

　ハザード：様々な要因に影響されうる潜在的に有害な事象（OECD 2003, p. 32［2004, 29 頁］）
　エンドポイント：起きて欲しくない出来事[1]
　暴露：ハザードとの接触
　脆弱性：人の生命，健康，活動，資産または環境が，ハザードの発生によって生じる潜在的損害の危険にどの程度さらされているかを表す尺度（OECD 2003, p. 33［2004, 30 頁］）

つまりリスクとは，ハザードへの暴露がもたらす「エンドポイントの生起確率」（中西 2003b, 4 頁）のことであり，その対象の脆弱性により変化し得るものである。「ハザード×暴露＝リスク＝エンドポイントの生起確率」という式で考えると理解しやすい。したがって，ハザードがあったとしても暴露がなければ（＝暴露がゼロ，もしくは限りなくゼロに近いならば）エンドポイントは生起せず，リスクがゼロになることもある。

　ハザードも暴露も規制によって，その大きさに影響を与えることができる。脆弱性でさえ，政策や規制によって変化をもたらすことが可能である。例えば，航空機による騒音をハザードとした場合，ある一定の騒音以下の機体しか就航できないように規制することで，ハザードを小さくすることが可能である。また，航空機の夜間発着を規制することで，心身に影響する暴露レベルを下げることができる。「ハザード×暴露＝リスク」という式からもイメージが沸くように，規制によってリスクを大きくも小さくもできることが分かる。政府活動の視点で削減すべきリスクの特性のうち，1 つ目を確認した。これを要素 1（規制によってリスクを小さくできること）とする。

また，リスクの特徴を理解するために「危機」と比較することも有用である。ハーマンによれば，

　　危機とは①意思決定集団の最優先目標に脅威をもたらし②意思決定が形作られる前に対処するために使うことのできる時間を制限し③その発生によって意思決定集団のメンバーにサプライズを与えるもの（Hermann 1972, p. 13）

であり，現在進行形な状況に焦点が当てられている。危機管理はリスクマネジメントの一部であるといえるが，特に危機発生時にリアルタイムで対応する緊急時対応に重点を置いている。図3は危機管理とリスクマネジメントの関係を示したものである。図3やハーマンの定義から分かるのは「危機」は今起こったこと，起こっていることであるのに対し，リスクはそれよりも対象の時間軸が長く，主として未来に向かっているということである。つまり，起こったことではなく，これから起こること，起こりそうなこと，起こらないかもしれない不確実なことを想定している。マクローリンが緊急事態対応について，最中もしくは直後にとられる活動である応答（response）に集中し，減災（mitigation），事前準備（preparedness），復旧（recovery）へ向けられる意識が応答ほど高くない傾向にあると指摘している（McLoughlin 1985, p. 166）

図3　危機管理とリスクマネジメント

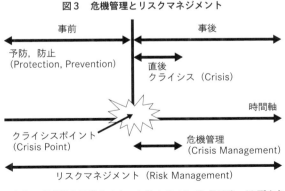

出典：東京海上日動リスクコンサルティング（2004），36頁より抜粋・修正。

ことからも危機管理とリスクマネジメントの射程を理解できる。政府活動の視点で削減すべきリスクの特性のうち，2つ目を確認した。これを要素2（リスクは将来の不確実なことを想定していること）とする。

では，リスクには具体的にどのような事象があるのだろうか。WBGU（German Advisory Council on Global Change：政府気候変動諮問委員会）は図4のようにリスクを6つのカテゴリーに分類している（German Advisory Council on Global Change 2000, p. 9）。

以下①から⑥はWBGUが示した6分類（German Advisory Council on Global Change 2000, p. 11）について筆者訳のうえ括弧内を一部抜粋したものである。

① ダモクレスの剣：可能性低，ダメージ大（原子力，大規模化学施設，ダム）
② キュクロプス：可能性未知，ダメージ大・既知（地震，火山噴火，非周期的洪水，エルニーニョ）

図4 リスク6分類

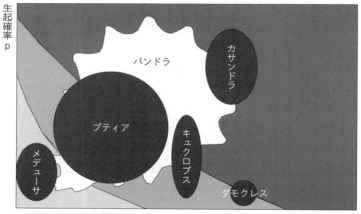

出所：German Advisory Council on Global Change (2000), p. 9.

③　プティア：可能性未知，ダメージ未知（突然の非線形気候変化，地球温暖化，遺伝子組み換え食品，BSE）

④　パンドラの箱：可能性，ダメージともに仮定のみ可能（大気汚染）

⑤　カサンドラ：可能性大，ダメージ大，ともに既知，発生とダメージの発見にはかなりの時間差がある。（人間活動がもたらす気候変化，生物学的多様性の減少）

⑥　メデューサ：可能性小，ダメージ小，専門家と一般人の認識差大（電磁波）

　図は縦軸に生起確率を，横軸に損害の程度をとったものである。事象ごとに生起確率やリスクの大きさが異なること，またリスクには「大きさ」の概念があり，数量的に表すことが可能な側面を持っていることを示している。さらにメデューサのように専門家と一般人の間でリスク認識の差が大きいタイプもある。つまり「よくわからないから怖い」という感覚だけで実際のリスクが大きくなるわけではないということである。政府活動の視点で削減すべきリスクの特性のうち，3つ目を確認した。これを要素3（事象ごとに生起確率やリスクの大きさが異なり，数量的に表すことが可能な側面を持つこと）とする。

　では，このようなリスクに対し，どのような対処が必要なのであろうか。「ハザード×暴露＝リスク＝エンドポイントの生起確率」であることを踏まえれば，次にエンドポイントを定める必要がある。そうしないと何がハザードになりうるのか，何が暴露となりうるのかを判断することができず，具体的な対策を立てることができない。しかしながらエンドポイントは事象ごとに無数にある。航空機による騒音をハザードとしたケースならば，不眠も，その他身体的・精神的苦痛もエンドポイントになりうる。すなわち，事象の数と同数もしくはそれ以上のエンドポイントがあることになる。さらに，異なる種類の複数のエンドポイント生起を阻止しようとした場合，かつ，どちらか一方の阻止を優先せざるを得ない場合の判断基準が見つからなくなってしまうというように，エンドポイントが異なれば同一尺度での比較が難しくなる。

　政府が対応する現実世界は複数の問題が同時に起こりうるマルチリスク世界であるため，個々のリスク削減を目指すことも重要であるが，全体としてのリ

スクをどう削減するか，ということに重きを置く必要がある。そのためにはエンドポイントを1つに定めて同一尺度を得ることが有用である。ただし，現実世界は極めて複雑であり，政府が安全を確保する対象である人々も多様な価値観を持っている。単純にエンドポイントをどれか1つにすることは難しい。

そもそも多様な価値観を持つ人々はエンドポイントのみならず，リスクそのものに対しての価値観も多様である。スロビックは，リスクに対する感じ方については本質的に主観的なものであり，心理的，社会的，文化的，政治的文脈が異なった個人個人が判断しながら形成されていくものであるとしている（Slovic 2002, p. 1393）。チャンリーらはリスク評価が全ての人に受け入れられているわけではない理由としてリスク評価の非民主的な点を指摘した上で，リスク分析の民主化（意思決定への非専門家の参加）を提唱した（Charnley and Elliott 2002, p. 1405）。個々人が持つリスク認識の違いに着目したものといえる。一方で斉藤は，専門家のリスク評価と一般の人々の認識の差が深刻であるならば，当該リスクの取扱いを市場メカニズムに委ねるのは適切ではなく，政府が市場活動に介入することの正当化も可能であるとした（斉藤 2008, 22-24頁）。また，カーネマンとトベルスキーが指摘するように，小さな確率を過大視したり，利得よりも損失により強く反応する（Kahneman and Tversky 1979, pp. 263-291）など，同レベルのリスクであったとしてもその受け止め方が異なる。

このように，リスクに対する反応が高度に主観的であるならば，政府のリスク削減機能の果たされている度合いを明らかにしようとする際にも注意が必要である。着目すべきは，個人間で異なる主観的なリスクの削減ではなく，規制によってハザードや暴露をなくす（少なくする）ことによる実質的・客観的なリスク削減である。それを踏まえても，やはり，エンドポイントの共通化が必要になる。そもそもエンドポイントが定められなければ，その生起確率（リスク）の算出もできず，規制によってどの程度リスクを削減できたかの観察ができない。

政府活動の主機能としてのリスク削減の度合いを測定しようとする場合，何がエンドポイントとして相応しいのか。エンドポイント，すなわち起きて欲しくないことなど人の数だけ，むしろ1人につき，いくつもの起きて欲しくない

第2節　政府活動視点から削減すべきリスクの特性とエンドポイント　23

ことがあるだろう。しかしながら，国民の安全を確保するという政府の役割として，ハザードや暴露が減じられなければもたらされるものとは何か，という視点から検討することで，相応しいエンドポイントを導くことができると考えられる。

　ハザードへの暴露によって起きる様々な事象がどのような事象を生み，さらにその事象はどの事象に繋がるか，ということを突き詰めていくと「人の死」ではないだろうか。岡が指摘するように，あらゆる健康状態の最悪の状態は死であり，死は多くの（もしくは全ての）疾病や障害に共通に見られることから，死をエンドポイントとしたリスク評価は適用範囲が広い（岡 2003, 254頁）。また，様々な分野における政府による介入が「人命救助」に繋がっているとして，その介入がどれだけの人命を救っているかを検討したテングスら（Tengs et al. 1995, p. 369-390）や，異なるリスクの重みを共通に測るためにエンドポイントを死と設定した中西（中西 1995, 103-104頁）などに代表されるように，人の死をエンドポイントとした先行研究が多数蓄積されている。

　病気，事故は軽度であっても生活の質を下げ，最も重度であれば死に繋がる。軽度や重度の差異はハザードと暴露の大きさによるため，政府活動のツールである規制によってその大きさを変えることができる。このように整理すると，規制によってどの程度のリスクが削減されているかを明らかにしようとするならば，本書で設定するエンドポイントには「人の死」を設定することの妥当性を確保できると考えられる。よって，本書での検討に用いるエンドポイントとして「人の死」を設定する。以上のことから，政府活動の視点で削減すべきリスクの性質のうち，4つ目を確認した。これを要素4（人々のリスクに対する反応は主観的であるため，共通のエンドポイントとして「人の死」が適していること）とする。

　ただし，現実世界に生じる事象は多岐に渡り，政府が対処すべきリスクも様々な領域に及び，質の異なる様々なリスクを削減している。そのため，政府活動の成果としてのリスク削減の度合いを測定しようとするならば，生命にかかわること，健康にかかわること，経済的得失なども含めたトレードオフまで反映できることが求められる。また，死に至るリスク以外にも，死には至らない事故や傷病のリスクなど，比較的インパクトの大きくないリスクに対しても

24　第1章　モデル生成のための要素

反映できる感度の高い指標でなければならない。すなわちエンドポイントである死への繋がり，影響度を換算できる指標が必要である。以上の内容を，モデルに組込む指標に必要な要素として確認し，要素5（政府が対処すべきリスクは様々な領域に及び，また，質の異なる様々なリスクを削減しているため，死に限定されない健康状態や経済的得失なども反映できる指標が必要であること）とする。

第3節　政府活動の成果としてのリスク削減の考え方

　国民の安全を確保するという議論の際，何らかの事象もしくは物質について，ある数値基準を設定し，それ以下なら安全，それを超えると危険であるという印象を与えかねない論調なども少なからずあった。完全な安全か完全な危険かという明確な基準があれば安心という感情から，このような傾向にあると思われるが，「完全な」安全というものはそもそもありえない。ごく小さなリスクを避けることで非合理的な行動を選択してしまうこともある[2]。つまり，現実の世界でリスクを削減しようとするならば，安全か危険かという二分法的な考え方ではなく，「微妙な危険性もリスクとして評価する代わりに，ある程度のリスクは許容する」（中西 1995, 5頁）必要がある。このような考え方をよく表しているのが HSE（Health and Safety Executive：英国安全衛生庁）がリスクに対処する基準として採用している「耐容可能なリスクフレームワーク」（The tolerability of risk framework）である。ここでの原則は ALARP（as low as reasonably practicable：合理的に実践可能な程度に低く）原則であり，コスト面，便益確保面から考え，無理なく減らせる程度にリスクを減らすというものである（Health and Safety Executive 2001, pp. 42-43）。

　「ハザード×暴露＝リスク」を持ち出すまでもなく，世の中にハザードが大量にあっても，それらのハザードに一切触れることをしなければ（暴露をゼロにすれば），リスクは生じない。しかしながらこれを実践することは困難である。本書でのリスク削減の考え方も，この ALARP 原則に則っている。つまり，現実に営まれている生活実態にそぐわない変化をできる限り排除しつつ，実践可能な程度でリスクを削減するものである。

さらにリスクを削減する際に意識しなければならないことの主要なものに予防原則（precautionary principle）とトレードオフがある。それらについても整理したうえで，本書でのリスク削減の考え方のベースとする。

　まずは予防原則について整理する。リスクという不確実なものに対処しようとしても，現状の知識や能力では不十分な事象が起こりうる。そのような未知のリスクに対処する1つの手段として，特に環境政策の分野においては予防原則が用いられた。アメリカでは Tennessee Valley Authority v. Hill[3] にて予防的規制が正当とされ，ダムの建設中止が求められた。予防原則とは科学的に「危険である」とは証明できなくても，その状況の発生を回避することを求めるという考え方である。一方，防止原則（preventive principle）とは予見可能で科学的に「危険である」と証明された場合に回避を求めるという考え方である。防止原則では万が一，そのリスクが予見可能でなく，そのリスクにより被った被害が取り返しのつかない種類のものである場合に対処できない，という現実から予防原則が提起された。確かに予防的配慮によって安全を確保しようという予防原則は常に優先されるべき原則に見える。しかしながら，予防原則自体が不作為を招くなどの潜在的リスクを有している（Sunstein 2002, pp. 103-104）という指摘や，予防原則がもたらす示唆は重要でありつつも，複雑かつマルチリスクな現実世界では予防原則は単純すぎる（Wiener 2002, p. 1511）との指摘もある。

　本書で扱う対象はまさに予防原則がうまく機能しきれないマルチなリスクに同時に対処しようとする政府のリスク削減機能についてである。その観点で言えば，分析すべき対象は単一のリスク削減ではなく，同時に起こりうるマルチなリスクを削減すること，すなわち「全体としてのリスク削減」である。全体としてのリスク削減がどれだけ実現できているかを明らかにすることは現実的には非常に困難な作業である。現実世界は極めて複雑であり，全ての現象を捉えて分析に組込むことは不可能である。不可能であることを理解しつつも，それに近づける工夫をすることは可能である。可能なかぎり全体としてのリスク削減を志向することで，政府活動の成果としてのリスク削減のあり方，およびリスク削減の実態を明らかにできるものと考えられる。この考え方のもと，次にリスクのトレードオフについて整理する。

26   第1章　モデル生成のための要素

　全体としてのリスク削減を目指すためには，リスクを削減する際に生じる
トレードオフが常に存在することを踏まえなければならない。リスクが単一
で存在しないマルチリスクな現実世界では，あるリスクを削減すると，それに
よってまた別のリスクを増加させてしまう現象が起こりうる。それをリスクト
レードオフといい，「目標リスクを減少するために行ったことによって対抗リ
スクが生じる時に起こるリスクの位置づけの変化を意味する」(Graham and
Wiener 1995, p. 22 [1998, 23 頁])。これらの位相をまとめたのが表1である。

表1　リスク位相

		目標リスクと比較して対抗リスクが	
		同じタイプ	異なるタイプ
目標リスクと比較して対抗リスクが	同じ集団	リスク相殺	リスク代替
	異なる集団	リスク移転	リスク変容

出所：Graham and Wiener (1995), p. 22.

　目標リスクとはリスク削減の直接の対象にしているリスクであり，対抗リ
スクとは目標リスクを減少させるためにした行為の結果生じるリスクである
(Graham and Wiener 1995, p. 23 [1998, 23 頁])。このようなリスクトレード
オフを考慮しなければ，単なるリスク移転やリスク代替によって目標リスクが
削減されているように見えることにより，全体としてのリスクは変化がないに
もかかわらず，「リスクが削減された」という結論を導き出しかねない。個人
単位でみれば，リスク移転であっても，そのリスク削減に効果があったとみな
すことも可能であるが，政府活動の視点からは単なるリスク移転ではリスクが
削減されたことにはならない。政府活動の成果としてのリスク削減がどれだけ
なされているかを明らかにするためにはこのようなリスクトレードオフの影響
をモデルに組込む必要がある。また，そのモデルにはリスクトレードオフが反
映できる指標および測定結果の表現形式が必要になる。以上の内容を，モデル
に組込む指標に必要な要素として確認し，要素6（政府活動の視点からは，単
にリスクが他者に移転されただけではリスク削減にならないため，モデルには
リスク移転などのリスクトレードオフの正味の効果が反映できる指標が必要で

あること）とする。

第4節　リスク削減ツールとしての規制

　これまで，「ハザード×暴露＝リスク＝エンドポイントの生起確率」という
式から，ハザードや暴露を規制によって減らすことでリスクを削減できること
を確認した。本節ではまず，そのリスク削減を実現するためのツールとして政
府が用いるのが規制であるという見方が正しいことを確認する。また，そのリ
スク削減機能の果たされている度合いを明らかにするモデルを生成するために
は規制のどのような部分に着目すべきかを検討する。まずは分析の対象とする
規制の範囲を確認する。
　広い意味での規制とは「ある主体の活動の選択に対する意図的な制限」
（Mitnick 1980, p. 5）であると解されるが，規制とは「複数のレベルの規制が
複合した全体としてのものであり，（規制を，）憲法，法令などのどこまでと定
義するか，その拘束力の程度や規律する対象の広狭をどこまでに設定するか
によって，多様でありうる」[4]。また OECD（Organization for Economic Co-
operation and Development：経済協力開発機構）は規制を以下のように定義
する。

　　あらゆる法令および決定―憲法，議会法規（parliamentary law），附
　属法規（subordinate legislation），政令（decree），命令（order），規範
　（norm），免許（license），基準（code），および非公式の手段までも含まれ
　る―を指すものとして理解され，国家レベルの規則ばかりでなく，地方政
　府が策定するものや，国際的な手続きによって定められたものも含まれる
　（OECD 1997a, p. 196［2001, 267 頁］）。

　大山は「規制は，市民の権利・自由を制限するような行政活動であり，市
民や民間の自由な活動や意思決定に対して行政が何らかのルールを設定する
とき，規制が行われているといえる」（大山 2002, 124 頁）と定義する。また
大山は，政府による規制は「国有化ないしは公的独占と区別して，企業の経営

28　第1章　モデル生成のための要素

（民営）ないし意思決定への政府の介入という意味で使われることが多い」（大山 1996, 62 頁）という。

　片岡は規制を，「公権力の行使を個別的作用に分解し，ミクロな視点から捉えたもの」（片岡 1990, 116 頁）と定義する。また，「広義の規制には，権力性を伴わず，したがって法律に羈束されることなく行われる作用も含まれ」（片岡 1990, 117 頁）るとする。

　バーンスタインは規制について「通常の理解（プライベート集団の行動を政府官庁がコントロールする活動）ではなく，規制官庁と被規制集団とがお互いの行動をコントロールしようと試みる双方向プロセス」（Bernstein 1967, pp. 277-278）[5] としてみるのがよいとする。すなわち規制とは「規制産業とその産業の実践を指揮するルールを書き記すという公的政府と私的政府（規制の成り立ちを学んで影響を及ぼすことを知ったプライベート集団をこう表現）の闘争となりうる」（Bernstein 1967, pp. 277-278）[6] という。ガートニーとストループは，規制プロセスのインセンティブに注目し，「規制が政治的プロセスをねじ曲げ，自分たちの富を増やすことのできる新たな道を開いている」（Gwartney and Stroup 1995, p. 634）と指摘する。ライカーとオーデショックは規制を「ある選択肢を促進し，またある選択肢の排除手段」としてもみなせるとし，「規制は現状を変えていくこと」（Riker and Ordeshook 1973, p. 285）であるとする。以上のように，何らかの目的で対象をコントロールすることが規制であるというのは大方の見解どおりであろう。その「なんらかの目的」の中でも，リスクに対処することを目的とした規制がされていない現代社会のいかなる側面も想定することが困難であるとの見方が強い[7]。

　また大山は政府ないし行政の責任と，個人の責任との境界をどのように引くのか，政府は市場におけるあらゆる危険や不確実性について責任を負うのかという観点から，「規制の問題は，官民の責任領域の問題である」（大山 1996, 69 頁）と指摘する。

　ただ，航空の分野に例をとるならば，客室乗務員の保安要員としての役割については法令で直接規定するのではなく，各航空運送事業者の運航規定において，その役割を定めている。このように，様々な形態をとったものが一体として規制を形づくり，政府が直接的に関わらずとも，その意図するところを実現

しうる規制の全体として機能することになる。したがって，規制を対象として検討する場合，直接的な政府の役割だけに限定するのではなく，そこから波及する非政府の役割も考慮しながら検討する必要がある。

これまでの議論を踏まえると，リスク削減の観点からの規制とは，法律，政省令，内規，許可，認可，届出，検査，報告，行政指導，給付行政，およびそれらが波及する民間も含めた活動が一体となった1つのシステムである。また，リスク削減という共通目的に対する社会全体としての対応である，とまとめられよう。したがって，本書で検討の対象とする規制の範囲もそれに倣い，規制を広い範囲で捉えることとする。その点からすれば本書での議論には「規制」と「政策」の区別もとりわけ必要のないものとなる。

次に，規制が存在する根拠を確認する。政府が規制をリスク削減ツールとして用いることの根拠ともいえるため，本書で提示するモデル生成の前提条件を確認するために必要である。カイセンとターナーは，規制が必要な状況を以下の3つに区別している。①現実問題として競争が存在しえない，もしくは長期間存続できず，規制のない市場では競争の成果が得られない状況，②活発な競争が存在するが，市場が不完全であるために競争の成果が得られない状況，③競争が存在する，もしくは存在し得，かつ競争の成果が得られる，もしくは得られると期待されるが，他の政策との関連において，いくつかの点で競争の結果が望ましくない状況（Kaysen and Turner 1965, pp. 189-190）。マラビーは，そもそも政府の監視機能のない市場の能力には限界があり，公共善を確保するためには規制が必要だと指摘する（Mallaby 2003, p. 26）。これらの指摘は，どちらも市場の不完全性というリスクに対し，そのリスク削減のために規制の必要性を見出している。

一方で，規制の存在によるリスクが指摘されることも多い。佐藤は，規制が公共の利益促進のために実行されたものであったとしても，市場環境の変化，需要構造の多様化・高度化および急激な技術進歩等により規制の有効性を減少させる方向にあると指摘する（佐藤 1990, 45-46 頁）。

社会環境の変化は規制の存在根拠だけでなく，規制の改革の試みに対してもその意義の変化を迫る。OECD によれば，改革のメリットは新たな規制コストで相殺されるかもしれず，改善もわずかならば，逆転されてしまう恐れがあ

30　第1章　モデル生成のための要素

る（OECD 1997a, p. 230［2001, 336 頁］）。環境変化に合わなくなった規制の
存在，すなわち目標リスクの削減によって生じる対抗リスクの影響が大きいこ
とが懸念される。

　片岡は経済生活に対する規制について以下のように指摘する。

　　人間にとって，経済生活が死命を制するほど重要だからこそ，それを維持
　するために政府の介入が求められることもある。不必要な介入や規制は厳し
　く謹まれなければならず，これまであった過剰な規制を緩和していくことも
　必要である（片岡 2002, 114-115 頁）。

これに対し，縣は以下のように整理する。

　　この命題の後半部分は，1980 年代から先進諸国で展開されてきた規制緩
　和の本質を述べたものであり，他方前半部分は，その規制緩和にも限界があ
　り，一定水準の規制を残存させる必要性が存在する場合がある，ということ
　を示唆している（縣 2006, 465 頁）。

　さらに片岡は規制撤廃について，社会的に不要となったという観点からでは
なく，その規制を続けることが国民経済的にプラスかマイナスかの観点を基準
とすべきと指摘する（片岡 1990, 122-123 頁）。

　これまでに整理してきた考え方は本書の主旨と合致するものである。規制に
よってなされる目標リスクの削減，それと同時に生じる対抗リスクについて，
外部環境変化を踏まえたトレードオフを加味してモデルを生成する必要性を示
している。したがって，本書ではこれらの知見を踏まえ，規制の効果であるリ
スク削減量を絶対量として具体的に測定するものの，規制が存在することの対
抗リスクも加味できるモデルを生成する（要素 6 に包含）。

第5節　規制の効果を測る指標としての
　　　リスク削減量の妥当性と評価軸の変容

　では次に規制の手段としてどのようなものがあり，それぞれがどのような特徴を持っているかを整理する。この整理は「規制がどの程度のリスク削減量をもたらしているか」に答えうるモデルを生成するには，規制のどの部分に注目すべきかを共有するためのものである。

　表2はプレイヤー，規制システム，規制の形態等の違いによる規制の強さに応じて配置されたものである。大山は，規制の強制力の大きさはヒト，モノ，カネ，情報，専門知識，権限などの資源の大きさで捉えられることが多いもの

表2　政府規制の形態

プレイヤー	規制システム	規制の形態	分類	事業対象（例）
政府	独占	公的独占	国（の直）営事業	一般道路，空港，港湾，郵便
			公共企業体	公団，事業団，営団地下鉄，公庫
	独占かつ／または統制	半公的独占特殊認可法人	特殊会社	JR，NTT，KDD，NHK，JAL，第三セクター
民間（産業）		地域独占	公益事業	電力，ガス，私鉄
	統制	参入，価格，生産，販売，設備などに関する規制	（準）政府規制産業（業法産業）	農林，石油，医薬，造船，運輸，不動産，建設，金融，通信，大店法
	指導		特定指定産業	上記の産業に加えて特定不況産業，先端技術産業
	自主規制	輸出，生産などに関する自主調整	（ヤミ）カルテル	半導体，自動車などの輸出産業
	競争	なし	自由競争市場	その他の産業

注：上から下の順に，規制は弱くなる。公共企業体，公益事業の分類については広義の解釈をとっており，法に基づく一般の定義とは若干異なる。
出所：大山（1996），71頁。

の，資源をたくさん持つことがそのまま強制力を行使することに繋がるとは限らないと指摘する（大山 1996, 62 頁）。規制には固有の強さがあるものの，その固有の強さの存在だけでは規制による効果は測れないということである。

議論を進める前にここで規制の個別形態である許認可，監査，制裁，課税，予算，行政指導について，その強さの観点に注目して整理しておきたい。

許認可：規制の手段としての許認可等を，用語の一般的な意義に着眼し規制の強さの順に分類すると，おおむね表3のように区分できる（A が最も強い）[8]。

監査：法令や規則に示された基準が遵守されているかを調査・評価するもので，コントロール手段としての性質は有していないが，監査の過程で規制目的実現のための指導などを行う（森田 1988, 84-85 頁）。

制裁：法令に定められた義務ないし法令に基づく行政機関の命令に違反した者に対して，自由の制限や利益の剥奪等の不利益を強制的に課すことであり，行政機関が行うコントロールの手段としては最も強力かつ確実なものであるが，実際には，抑止力としての存在意義がある（森田 1988, 86-87 頁）。

課税：規制目的実現のために税を活用する方法である。例えば，ピグーは「私的な限界費用と社会的な限界費用を区別し，外部不経済を内部化する課税を提唱した」（井堀 2005, 243-244 頁）。

予算：給付行政だけでなく，許認可などのいわゆる規制行政でも，予算の拘束程度は低いが，執行活動そのもののコストや行政機関自体の存在コスト

表3 規制の強さ分類

A	一般的な禁止を特定の場合に解除する行為，特定の権利等を設定する行為等（例：許可，認可，免許，承認等）
B	特定の事実や行為が，あらかじめ定められた基準等を満たしているか否か審査・判定し，これを公に証明する行為等（例：認定，検査，登録等）
C	一定の事実を行政庁に知らせるもので，行政庁は原則として記載事項を確認し，受理するにとどまるもの（例：届出，提出，報告等）

出所：総務省ウェブサイト「用語別にみた許認可等の内訳」。

が必要となるため，予算の拘束は免れない（森田 1988, 31 頁）。

行政指導：行政機関が一定の行政目的を達成するため，法律上の拘束力を持
たない手段により，特定の者に一定の作為・不作為を求めることである
（大山 2002, 130-131 頁）。

それぞれの強弱や，対象へ意図する行為を促す方法の違いが理解できるもの
の，やはりそれらを確認するだけでは規制による効果を測ることはできない。
ではその強さの分類に注目することで可能であろうか。表3のとおり，総務省
の定義によれば，強い規制とは「一般的な禁止を特定の場合に解除する行為，
特定の権利等を設定する行為等」，中間の規制は「特定の事実や行為が，あら
かじめ定められた基準等を満たしているか否かを審査・判定し，これを公に証
明する行為等」，弱い規制は「一定の事実を行政庁に知らせるもので，行政庁
は，原則として規制事項を確認し，受理するにとどめるもの」と説明されてい
る（総務庁編 2000, 135 頁）。またミトニックは規制の強さはプロセスによっ
て以下に分類されるとする（Mitnick 1980, pp. 8-9）。

① 禁止的監視：規制目的やルールから逸脱することのないよう見張るこ
と。コントロール，介入，説得，主張，助言などによる規制がそれにあ
たる。

② 調停：公と私の間のフィルター，バッファー，緩和材として。あるいは
お互いを保護するもの，相互のコントロールプロセスとして。

③ 促進：創造と育成のために是とする方向での規制。

以上のように，それぞれの規制の強さを「分類」できたとしても，それだけ
ではその強さによる効果を具体的に測ることができないように思われる。規制
の強さに関するアンケートなどによる方法（Nicoletti et al. 2000 や Conway et
al. 2005 など）でも，各国間比較などの点では有用な部分もあるが，規制によ
る効果がどれだけなのかを明らかにできない。

では，規制の「量」に注目してはどうだろうか。例えば村上は木造建築，自
動車，電気用品に関する規制法令について，条文数，文字数，附則の分量比較

を行い，本法，政省令の分量の単純な比較から確定的に言えることは極めて限定的であると指摘している（村上 2016, 97-98 頁）。そもそも法令が定めるものはいわば「目標」といったゴールのようなものであり，詳細は裁量に依存している場合も少なくない。森田によれば，社会現象は人間の予測能力をはるかに越えて複雑であり，法令がいかに決定の基準や手続について詳細に定めているとしても，それには限界がある（森田 1988, 88-89 頁），という。これらの含意は規制の量や数に注目したとしても，本書で明らかにしたい規制による効果を測ることができないということである。

　では規制のどの部分に注目してその効果を測るべきだろうか。これまで整理してきたように，政府のリスク削減機能の成果を決定するのは，法や規制の存在そのもの，およびその強さや量ではなく，規制をツールとしてどのようなリスクを削減し，どれだけの成果を出しているかである。この点こそ，モデルを生成するために必要な，規制の効果を測る指標に求められる要素となる。

　第4節からここまで，政府活動のツールとしての規制について整理し，規制によるリスク削減効果を測定するにはどの部分に着目する必要があるかを検討した。その内容を踏まえ，「政府による規制がどの程度のリスク削減量を，どの領域で，もたらしているか」に答えうるモデル生成のために（「リスクの特性の観点から」ではなく）「規制によるリスク削減の観点から」必要な要素として以下の3つを追加する。

① 「規制によるリスク削減がどれだけなされているか」を具体的かつ直接的に測定できること（要素7）。
② 「リスク削減がどの領域でどれだけ」なされているかに答えるために，領域を超えた異なる事象に対する規制の効果を測定するために，異なる価値を同一尺度で表すことができること（要素8）。
③ 規制の有無でハザードと暴露の積であるリスクの大きさが変化するため，規制の有無によるリスク削減の大きさを比較できること（要素9）。

　以上の要素7から要素9までを考慮すると，リスク削減の度合いを直接的に測定する同一尺度であり，規制の有無によるリスク削減の大きさを比較できる

リスク削減量を指標として採用することが適切であると考えられる。リスク削減量を指標として採用することの妥当性を確認するために，要素9の「規制の有無によるリスク削減の大きさを比較する」とはどのようなことをいうのかについて，「ハザード×暴露＝リスク」の式を用いて示しながら，リスク削減量の概念を Appendix1 にまとめた。リスク削減量の概念は Appendix1 に示したとおりであり，上記の要素7から要素9（リスク削減の度合いを直接的に測定，同一尺度，規制の有無によるリスク削減の大きさを比較）を満たす。したがって，リスク削減量を指標として採用することの妥当性が確認できた。

次に，リスク削減量を測定（算出）する際に求められるレベルはどの程度か，について検討する。ここでは，規制の影響を測る手法として用いられるRIA（Regulatory Impact Analysis：規制影響分析）について，その特徴を整理し，本書で提示するモデル生成の際に担保するレベルとして参考にする。

RIA とは「規制が経済・社会に及ぼす影響を，ポジティブな効果だけではなくネガティブな効果を含め定量的，定性的に分析するもの」であり，「政策意思決定の透明化のためのツール」および「優れた規制とパブリック・ガバナンスを導くツール」（山本 2009, 3 頁）である。また，OECD は RIA の分析タイプとして，①応用一般均衡分析②費用便益分析③費用対効果分析④多基準分析⑤遵守費用分析⑥財政／予算分析⑦不確実性ないしリスク評価，の7つに分類している（山本 2009, 11-13 頁）。RIA では費用便益分析と費用対効果分析が一般的であり，不確実性ないしリスク評価は不確実性が厳しく問われるような定量分析で要請される付随的な分析技法にすぎないとされる（山本 2009, 14 頁）。

そもそも，RIA はなぜ必要とされるのであろうか。OECD は RIA が必要な理由として，政府活動から生じる効果を分析し，政策決定者に情報を伝達するための手法（OECD 1997a, p. 214 ［2001, 301 頁］）であり，データ上の問題があったとしても，影響分析を通した体系的な比較により，より良い政策手段が用いられることを促す（OECD 1997a, p. 214 ［2001, 307 頁］）ことを挙げている。

しかしながら，RIA の必要性や意義は上記のとおりとしながらも，どこまでをその対象とするかという議論が生じる。つまり，全ての規制について分析

36　第1章　モデル生成のための要素

表4　各国RIA実施状況

	米国	カナダ	英国	豪州	ニュージーランド
評価対象	下位法令 （法律対象外）	下位法令 （法律対象外）	法律・下位法令	法律・下位法令	法律・下位法令
年間件数	約70件	約1,000件	約150件	約100件	－
備考	議会の検討過程を経る法律については，規制の妥当性の検討を民主的な議会に委ねる，という考え方に基づき分析対象外 重要な規制（年間1億米ドル以上の経済的影響）が分析対象※1	主要な規制（5千万加ドル以上の費用，一般市民の受容性が低いとされるもの）はより詳細な分析を実施	事業者等での費用発生・費用削減効果が皆無・僅少な規制，事前に定められた方式により自動的に改定される法定料金の改定は分析対象外	事業者等に直接的・間接的な影響を及ぼさない規制，既存規制の微細な修正・自動的な修正等は分析対象外	

※1　大統領令12866第3条（f）1で定義される"Significant Regulatory Action（重要な規制）" "Effect on the Economy（経済的影響）"の訳であり，金銭価値化されたインパクト（すなわち純便益）が大きい規制との意味である。

出所：行政管理研究センター（2004），168頁。

をするのか，という議論である。その点について行政管理研究センターは諸外国におけるRIAの動向をレビューし，各国が実施している現状を表4のようにまとめている（行政管理研究センター2004, 168頁）。

　年間件数70件程度から，100件，150件，1000件と幅がある。評価対象としても，法律は対象外であったり，影響が比較的少ないものも対象外など，何を目的として分析を行うのかという基準に照らし，最適な対象を選んで絞り込みを行っている。日本での状況も同様であり，このような分析対象の絞り込みは現実的である。本書（第3章）でも，存在する全ての規制を対象としてモデルを用いたリスク削減量の算出方法を例示するのではなく，それぞれの規制領域における象徴的な規制を選択して算出方法を例示するところから始め，RIAの実際の運用と同様のレベルを担保する。

　さらに，どのような項目について評価するかを確認する。各国の評価項目をまとめたのが表5であり，RIAのある種の定型を確認することができる。

　どの国の評価も規制の目的，内容，代替案との比較検討，費用便益分析，コ

表5　各国RIA評価項目

	カナダ	英国	豪州	ニュージーランド
評価項目	① 1. 問題の記述	① 1. 目的・意図する効果 ・目的 ・背景 ・リスクアセスメント	① 1. 問題の特定 2. 意図する目的	① 1. 問題の特定 2. 意図する目的
	② 2. 代替案 (Alternatives)	② 2. 代替案 (Options)	② 3. 代替案 (Options)	② 3. 代替案 (Options)
	③ 3. 費用・便益の分析 ・ビジネスインパクトテスト ・環境インパクト ・規制負荷 (Regulatory Burden)	③ 3. 費用・便益	4. 費用・便益の分析 ③ ・影響を受けるグループの特定 ・費用・便益の分析 ・競争制限	③ 4. 純便益 ・費用・便益の分析
	④ 4. コンサルテーション 5. 遵守・執行 6. 連絡先	④ 4. 公平・公正 (Equity and Fairness) 5. 中小企業へのコンサルテーション 6. 競争アセスメント 7. 執行・強制措置 8. モニタリング・見直し 9. コンサルテーション ・政府部内 ・パブリックコンサルテーション 10. 要約・提言	④ ・他に考慮すべき問題 5. コンサルテーション 6. 結論・提言 7. 執行・見直し	④ 5. コンサルテーション

米国RIAガイドラインについては，RIA上で記載すべき項目について特段示されておらず，各府省・各担当者がそれぞれの様式にて作成している。なお，同ガイドラインが要請する経済分析は「規制の必要性に対する言及」，「代替案の検討」，「もたらされる費用・便益の分析」の3項目。
①規制の目的・内容　②代替案との比較検討　③費用・便益の分析　④コンサルテーション

出所：行政管理研究センター (2004), 171頁。

ンサルテーションという骨格を有しているものの，評価項目が少しずつ異なる
など，完全に同一の型というものではない。重視すべきは分析の目的に適っ
た評価項目を採用するということであろう。本書で生成するモデルもこの考え
方に基づき，政府が削減すべきリスクの特性に合致した要素を組込むこととす
る。

　では，このように規制をコストや便益として定量化，金銭価値化する意義と
はいかなるものであろうか。行政管理研究センターは定量化・金銭価値化が重
視されてきている背景として，①規制導入の正当性に関する情報をより正確に
把握する必要があるという基本認識②各府省に定量化・金銭価値化に関するそ
れなりの蓄積ができつつあるという実務上の環境，を挙げている（行政管理研
究センター 2004, 87 頁）。

　しかしながら，コストや便益をどの程度定量化・金銭価値化できるのか，と
いう問題が常に付きまとう。行政管理研究センターによると，費用は大半で金
銭価値化が行われているものの，便益は利用する原単位，発生確率等の精度に
より，結果に大きな幅が生じる可能性があり，一律に定量化・金銭価値化とい
うスタンスではないという（行政管理研究センター 2004, 175 頁）。さらに，
死亡・疾病リスク低減の便益については，VSL（Value of Statistical Life：確
率的生命価値）・VSLY（Value of Statistical Life Years：確率的延命年価値）
や QALY 等を用いることが示されているものの，金銭価値化の具体的な方法
については明示されていない（行政管理研究センター 2004, 139 頁）という。
費用については，ある程度精度の高い積上げが可能であるものの，便益や効果
については予測の範疇を出ないことは否めない。しかしながら，不確実で大き
な影響を生じる可能性があるからこそ検討が必要である。精度がそれほど高く
ないとしても，条件を明示することで，誰もが分析を検証でき，必要であれば
条件を変え，より適した内容に修正することも可能である。

　また，行政管理研究センターによれば，RIA の費用・便益分析は精緻なモ
デルで算定することよりも政策実務上実用的な費用便益分析が志向されている
（行政管理研究センター 2004, 87-88 頁）。その観点から中泉も，正確な推計や
複雑な分析に固執する必要がないことを指摘する（中泉 2004, 212 頁）。また，
RIA の便益や費用の定量化・金銭価値化には，「原単位×対象数×発生確率」

などの算式により，概算的に定量化・金銭価値化することが多い（行政管理研究センター 2004, 89頁）。以上を踏まえ，本書で生成するモデルも同様のレベルを担保したい。後で詳しく整理するが，QALYは単純な掛け算で求められる。

　様々な規制の影響を貨幣換算する際に障害となるのがデータの不足であるが，「全く異なる他分野の規制であっても，代替データとしてこれが使用されているケースがある」（行政管理研究センター 2004, 95頁）という。この点についても本書で生成するモデルではRIAと同様のレベルを担保する。本書での検討対象は不確実な事象であり，データが不足している場合にはそれを明示した上で最も適していると思われる代替データを使用してリスク削減量を測定しうるモデルとする。

　また，規制の遵守率が実際の規制の効果に大きく影響するため，規制遵守の実態を加味した分析が必要であるが，これまでのRIAではそれを加味していないこと（規制遵守率を100％として分析を行っていること）が指摘されている（行政管理研究センター 2004, 176頁）。この点について本書では規制遵守率を重要な要素として位置づけ，規制遵守率がリスク削減の度合いに加味されるようモデルに組込む。

　このようなRIAは規制の質を高める試みの1つとして用いられ始めたが，「規制の動態的なコスト，すなわち生産性低下，ビジネス機会の喪失，イノベーション損失，成長低下といったコストを把握できない」（OECD 1997a, p. 216［2001, 311頁］）という批判もある。RIAが必要とされたのは，規制コストと便益との関係に焦点が当てられてきたからであるが，コストの中には，規制を実施する直接的な費用だけでなく，間接的に関係者に負わされるコストも存在する。行政管理研究センターによれば，規制のコストには①規制対象事業者や国民等に発生する規制遵守費用②規制主体となる政府に発生する行政費用③社会全体が負担するその他のコストである社会的費用，がある（行政管理研究センター 2004, 76-77頁）。

　またワイデンバウムは政府規制によって増加するコストとして以下の5点を挙げている。

40 第1章 モデル生成のための要素

① 政府の規制者の群れを扶養するために納税者が被るコスト
② 政府規制のもとでの財やサービス生産における追加的支出をカバーする ためになされる高い価格づけという形で消費者が被るコスト
③ 政府規制によって排除された業務に従事する労働者が被るコスト
④ 政府規制の負担を充たす余裕のない小規模企業の損失として現れる経済 へのコスト
⑤ 新しいかつよりよい製品へのシフト，生活水準の向上を阻害する結果と なる社会へのコスト （Weidenbaum 1979, p. 6）。

　以上を踏まえれば，規制が存在することによる効果だけでなく，コストも含めて社会全体としてトータルで考える必要がある。リスクの観点で言えば，目標リスクを削減するために行う施策によって生じる対抗リスクを分析に含めなければトータルとしてのリスク削減がどれだけできたか，を明らかにできないことはすでに整理したとおりである。コストもいわば対抗リスクの1つである。新たに発生するコスト分の資金を別の施策に利用していれば，別の目標リスク削減ができていたのである。したがって，コストもリスクトレードオフの一要素としてモデルに組込むこととする（要素6に包含）。
　本節前半では，規制をツールとしてどのようなリスクを削減し，どれだけの成果を出しているかに着目する必要があることを確認した。規制をツールとしてどれだけのリスク削減成果を出しているかについて明らかにすることは，規制評価そのものでもある。そこで，本節の最後に，政策評価および規制評価の議論において評価軸の変容が見られていることを確認する[9]。
　政策評価における定量化が進められたものの，「定量の枠組みからこぼれ落ちるもの」が決して重要でないとは言えないとの考え方や，政策評価制度そのもののパラダイム転換が必要であるとの指摘もある。新川は，東日本大震災のような「想定外」という点も踏まえ，わかりやすさのための形式的な客観性の装いではなく，普遍的に了解を得られるような客観性ないしは科学性を持つ評価が行われるべきであると指摘する（新川 2011, 1頁）。谷藤は「政策評価そのものを超えて，政治や行政のシステムへの成果を検証しようとする試み」（谷藤 2012, 6頁）とともに，行政の質向上や新たな価値形成に繋げるために，

経済性や効率性への志向から効果性や開放的な成果志向へ視点を転換すること が必要と指摘する（谷藤 2012, 9 頁）。

　規制評価についても，2007 年に規制の事前評価が義務づけられ，RIA が実施されたが，見直しの検討も始まっている。例えば政策評価審議会政策評価制度部会において岸本が，規制の事後評価を始めようとしていることに触れている（政策評価審議会政策評価制度部会委員懇談会議事録 2016 年 1 月 19 日，21 頁）。また谷藤が，事後評価を入れることを視野に既存のガイドラインを変えていくことが次の狙い（政策評価審議会政策評価制度部会委員懇談会議事録 2016 年 1 月 19 日，31 頁）だとしている。

　規制評価ワーキンググループでは，「事前評価のみならずレビューの実施について，レビューの対象範囲，評価手法についても具体的に検討」するとした（規制評価ワーキング・グループ 2016 年 2 月，10 頁）。それを受けて，2016 年 4 月 19 日に行われた第 61 回規制改革会議においては「事前評価の中で想定された費用・便益，あるいは想定外の効果の発現状況について，事後検証を行う」ことが規制見直し等の議論を行う際に適当であると示された（規制改革会議 2016 年 4 月 19 日，23 頁）。

　諸外国においても同様に，規制の事後評価について検討・実施がなされ始めている。OECD は，RIA による事前評価がなされている一方で，事後評価は遅れていると指摘し（OECD 2015, p. 119），各国の現状を整理している（OECD 2015, Ch. 6）。例えばアメリカでは大統領令 13563 号において，諸規則の事後分析を促し，分析によって学んだことに応じて修正，拡充，もしくは廃止する手法を考察することを指示した（Executive Order 13563, Sec. 6）。さらに大統領令 13610 号では，環境の変化に照らし，既存諸規則を残すことが正当化しうるかを審査するための事後分析を進めることが重要であると指摘している（Executive Order 13610, Sec. 1）。

　次に，複数の，質の異なる政策や規制を同列に評価するという観点からの議論も確認する。田辺は政策評価制度を「強制された自己評価」と表現し，外部監査との違いについて整理した。外部監査は政策や組織を横断する形で一様に適用可能なものと前提されているが，政策評価制度は各組織，各政策領域で個別評価の仕方を設計しており，横断的なものとなっていない（田辺 2006, 92

頁）[10]，と指摘する。また，深谷は現状の評価の問題のひとつとして，政策対象特性を個別に考慮せずにアドホックに施策の改善点を指摘して評価を実践している（せざるをえない）状況にある（深谷 2018, 15 頁）ことをあげている。さらに新川は以下のように指摘する。

　政策評価の実質が，具体的に何をどのように評価するかが各府省のそれぞれの政策分野における固有の特性による独自の評価を行うことで内部評価として限定的なものにとどまれば，政府全体の業績測定や府省間の業績比較ができないこと，政策優先順位を論ずるための素材を欠くことになる（新川 2002, 143 頁）。

　本書で提示するモデルの生成条件は，まさにこれらの指摘と認識を共有するものである。異なる領域における政策や規制であっても，それぞれの領域における特性に配慮しながら，質的な違いを捨象し，同一の尺度で比較可能にしうるという条件である。とりわけ，行政のシステムや活動を改革するための評価という観点からすれば，一つ一つの政策や規制の評価が個別に存立している状況よりも，それぞれの評価が同一の尺度で互いに比較可能な形で示されることには十分な意義があると思われる。

　これまでの議論の推移を追うことで，規制評価・政策評価に必要とされる評価の軸が変容してきていることが確認できた。変容のキーワードとしては「効率性だけでなく，効果性を含めた指標」「事前評価だけでなく事後評価にも有用な指標」「横断的，政府全体の業績測定を可能にする同一尺度」である。これらから，モデル生成に必要な要素が見えてくる。つまり，効果性に重点を置いて測定できること（要素 7 に包含），事後評価にも利用できること（要素 9 に包含），かつ同一尺度で比較可能であること（要素 8 に包含）を備えたモデルである。

第 6 節　まとめ

　本章では最初に，「航空分野において，政府による規制がどの領域で，どの

程度のリスク削減量をもたらしているかを測定しうるモデル」を提示した。モデルを構成する QALY については，モデルに組込む根拠として以下のとおり簡潔に触れた。今後起こりうる「起きて欲しくない何らかの事象」を規制によって阻止することで得られる獲得 QALY という概念は，本書で明らかにしようとしている「規制によるリスク削減機能がどれだけ果たされているか」を測定する上で有用である。

　その上で，第 2 節以降，モデルを生成するプロセスを明示した。とりわけ本章では，モデル生成に必要な要素を抽出した。第 2 節では，リスクをどのようなものとして扱うかについて政府活動の視点から明確にした。「ハザード×暴露＝リスク＝エンドポイントの生起確率」という構造から，ハザードも暴露もともに規制によってその大きさに影響を与えられるため，規制によってリスクを小さくできること（要素 1）を確認した。さらに，「危機」と比較してリスクは対象の時間軸が未来に向かい，これから起こりそうなこと，起こらないかもしれない不確実なことを想定していること（要素 2）を確認した。その上で，事象ごとに生起確率やリスクの大きさが異なり，かつ「大きさ」の概念を持つため，数量的に表すことが可能な側面を持っていること（要素 3）を確認した。

　また，人々のリスクに対する反応の主観度の高さを踏まえた上で，政府のリスク削減機能の果たされている度合いを明らかにしようとするならば，個人間で異なる主観的なリスクの削減ではなく，規制によってハザードや暴露をなくすことによる実質的・客観的なリスク削減の度合いを測定する必要があることを示した。実質的・客観的なリスク削減の度合いを測定するためには共通のエンドポイントが必要であり，政府活動のツールである規制が防ごうとしているハザードや暴露が減じられなければもたらされるものとは何か，という視点から「人の死」が適していること（要素 4）を確認した。

　ただし，現実世界に生じる事象は多岐に渡り，政府が対処すべきリスクも様々な領域に及び，質の異なる様々なリスクを削減しているため，政府活動の成果としてのリスク削減の度合いを測定しようとするならば以下の条件を満たす指標が必要であることを確認した。生命にかかわること，健康にかかわること，経済的得失なども含めたトレードオフまで反映し，かつ，生命価値の中

44 第1章 モデル生成のための要素

でも死に至るリスク以外に死には至らない事故や傷病のリスクなど比較的インパクトの大きくないリスクに対しても反映できる感度の高い指標である（要素5）。

　第3節では，政府活動の成果としてのリスク削減の考え方を整理し，リスクトレードオフを考慮することの重要性を指摘した。個人単位でみれば，リスク移転であっても，そのリスク削減に効果があったとみなすことも可能であるが，政府活動の視点からは単なるリスク移転ではリスクが削減されたことにはならない。政府活動の成果としてのリスク削減を考える際にはリスクトレードオフの要素をモデルに組込む必要があり，そのモデルにはリスクトレードオフが反映できる指標が必要になること（要素6）を確認した。

　第4節ではリスク削減を実現するツールとしての規制について，分析の対象とする規制の範囲をリスク削減の観点から確認した。その上で，法律，政省令，内規，許可，認可，届出，検査，報告，行政指導，給付行政，およびそれらが波及する政府以外の民間も含めた活動が一体となった1つのシステムとして広い範囲で捉えることとした。

　第5節では，規制の量や規制の形式による強さに着目しても，リスク削減に対する規制の効果を測定できないことを確認した。その上で，規制によるリスク削減効果を測定可能にするための指標に求められる要素を以下のとおり，3つ抽出した。①リスク削減の度合いを直接的に測定できること（要素7）。②領域を超えた異なる事象に対する規制の効果を測定するために，異なる価値を同一尺度で表すことができること（要素8）。③規制の有無によるリスク削減の大きさを比較できること（要素9）。これら必要とされる要素を踏まえると，リスク削減量がその指標として適切であると考えられた。次に，リスク削減量の概念を示し，要素7から要素9までをクリアすることから，リスク削減量を指標として採用することの妥当性を確認した。さらに，RIAは政府活動の成果を測定する枠組みとして有用であることから，本書で提示するモデル生成の際に担保するレベルとして参考にした。また，規制遵守率や規制が存在するコストもモデルに組込む必要性を確認した（要素6に包含）。さらに，政策評価および規制評価についての議論，とりわけ評価の軸が変容しつつある流れを整理した。変容のキーワードとしては「効率性だけでなく，効果性を含めた指

標」（要素7に包含），「事前評価だけでなく事後評価にも有用な指標」（要素9に包含），「横断的，政府全体の業績測定を可能にする同一尺度」（要素8に包含）であることを確認した。これまで確認してきた要素と併せ，モデル生成に必要な要素が揃った。これらの要素を満たすリスク削減量の表現形式について次章で検討する。

注
1　エンドポイントの表現には様々なものがある。既に引用したとおり，リスク評価およびリスク管理に関するアメリカ大統領・議会諮問委員会では「有害事象」としているし，中西は「どうしても避けたいこと」という表現をしている（中西 1995, 9頁）。ここでは本書の対象事例の性格を最も的確に表現できる「起きて欲しくない出来事」という表現を用いた。
2　不確実な状況下で合理的な人間が用いるべき意思決定ルールとして，ハーサニはマクシミン原理とベイズ主義を挙げ，ニューヨークに留まって好ましくない仕事をするかわりに生きながらえるか，シカゴに行って素晴らしい仕事を得るかわりに飛行機事故で死ぬ可能性を甘受するかを例として，マクシミン原理では死ぬ可能性を避け，ニューヨークを選ぶことになるとし，どれだけ低い可能性でもそれを避けようとして極度に非合理的な行動をとってしまうと指摘する（Harsanyi 1975, pp. 594-595）。
3　TENNESSEE VALLEY AUTHORITY v. HILL ET AL, 437 U.S. 153 (1978).
4　笠は「制度」についてこう表現している（笠 2002, 29頁）。
5　括弧内は筆者による。
6　括弧内は筆者による。
7　キールワンらは，スポーツや趣味の領域においてさえ，安全基準を作る協会や団体（governing bodies）が存在し，販売や使用に対する政府もしくはその他の技術的な安全規制が存在するとし，1970年代以降の規制緩和が進んだ時でさえ，ルールの数やそれらがカバーする対象が削減されるということからはほど遠く，事故や惨事が起こるたびにメディアでは，政府のコントロールの強化という政治的要求が高まりこそすれ，コントロールを弱めようという声は，あったとしても，めったにないという（Kirwan, Hale and Hopkins 2002, pp. 254-255）。
8　総務省ウェブサイト（http://www.soumu.go.jp/s-news/2004/040402_1.html）。
9　政策評価の評価軸の変容に関する議論について，本論で展開するロジックに直接的には影響しない詳細な経緯は Appendix 2 にまとめた。
10　どちらにも長所短所が存在することは田辺も指摘し，整理している（田辺 2006, 93-96頁）。

第2章

政府活動の成果を測定する
リスク削減量指標と表現形式の検討

第1節　モデル生成に必要な5条件に合致する表現形式の検討

　本章では，モデルに用いる指標として定めたリスク削減量について，測定したリスク削減量の表現形式を検討する。政府が削減すべきリスクの特性および規制によるリスク削減の観点で抽出した9要素から導いたモデル生成に必要な5条件は以下のとおりである。

　　条件1．リスク削減がどれだけ実現されているかを具体的に測定するために，規制によるリスク削減効果を客観的数値として，絶対量（効果性）を重視して示すことができること。
　　条件2．リスク削減が「どの領域で」実現されているかを明らかにするために，領域を超えた異なる事象に対しても，規制によるリスク削減効果を同一尺度で比較できること。
　　条件3．多くの人が共感できるエンドポイントとして設定した死だけでなく，死にまでは至らない事故や傷病など，比較的インパクトの大きくないリスクも反映できること。
　　条件4．生命にかかわること，健康にかかわること，経済的得失，規制が存在するコストなど，質の異なるトレードオフまで反映できること。
　　条件5．リスクの特性を踏まえて，これから誰にでも起こりうるが起きて欲しくない事象を規制によって阻止・緩和する効果を測定できるこ

と。

　これらの条件をクリアするかについて検討する際，条件を「クリアできない」という判定は，その手法では全くクリアできないということを必ずしも意味するものではない。多くの指標・手法は用い方次第で，主に利用される目的以外でも幅広く利用可能であるが，目的に照らしてより相応しい手法があればそちらを優先するという意図である。まずはこれらの条件をクリアするかどうかについて，これまで多くの評価で用いられてきた主な手法に焦点を当てながら検討する。

　詳細な検討は Appendix 3 にまとめているため，ここではモデルに必要な条件をクリアするかどうかに限定した検討にとどめる。最初に，RIA でも中心となっていた分析手法である費用効果分析（cost-effect analysis）と費用便益分析（cost-benefit analysis）についてである。費用便益分析は総便益から総費用を引いた純便益がプラスとなるかどうかを基準に，その施策を実施するかどうかを判断する分析手法である。費用便益分析と費用効果分析との違いは，比較対象が「金銭価値化された」数値か「金銭価値化されない」数値かである。費用効果分析では，短縮された時間や改善された数値等がそのまま示されるが，費用便益分析では貨幣という統一的な尺度で評価される（竹内 2003，384 頁）。よって，費用効果分析では，モデル生成に必要な 5 条件のうち，条件 2 の同一尺度での比較が適わない。

　次に費用便益分析についてである。リスクを対象とした際の便益算出方法としては VSL（Value of Statistical Life：確率的生命価値）[1] が多く用いられている。確率的生命価値は，ある死亡リスクを対象とし，そのリスクを削減するためにどれだけの金額を支払う意思（willingness to pay：WTP）があるかを問うものであり，その死亡確率で支払意思額を割って，確率的生命価値を算出する。

　その支払意思額を算出する手法として顕示選好アプローチと表明選好アプローチがある。顕示選好アプローチの代表例であるヘドニック賃金法は，リスクが高い職業に従事する労働者にはそれだけ賃金の上乗せ期待があるはずであるいう仮定のもとに，どれだけの賃金上乗せがあればどれだけのリスクを受

容するか（支払意思額と同価）を測るものである。しかしながら，ヘドニック賃金法を日本に適用することについては，リスクが高い職業であっても高賃金によるリスクの埋め合わせを見いだせないケースが多い（Kniesner and Leeth 1991, p. 86；Tachibanaki and Ohta 1994, p. 87）。表明選好アプローチの代表例である仮想評価法（Contingent Valuation Method）は，仮想のリスク削減事例を挙げ，それに対していくら支払う意思があるかをアンケートにより尋ねるものである。

　一方，確率的生命価値を用いることの限界を指摘する研究も多い。確率的生命価値を算出するための WTP は，あるリスクを受け入れるのと引き換えに欲しい額を意味する WTA（willingness to accept：受取補償額）と表裏一体の関係にあるが，通常 WTA をより大きく表示する傾向にあることが様々な先行研究によって指摘されている（Horowitz and McConnell 2002, p. 426）。さらに，WTP は当然，その回答者の所得に大きく左右されることが考えられ，結果として確率的生命価値が高く推定されれば，高所得者のリスクを軽減する方が「効率的」とされてしまう可能性がある。

　したがって，確率的生命価値は費用便益分析に欠かせない金銭価値化にとって有用であることは事実でありながら，その価値を算出する方法に固有の限界がある。リスクの高い仕事でもリスクプレミアムが必ずしも見受けられないこと，WTP と WTA に差異がある実態などからも，顕示選好でも表明選好でも「選好」の限界があるという点である。

　また，所得によって生命価値の金銭価値化に大きな差が生じるということは，規制によって削減されたリスク量を客観的に測定することが困難になるということである。所得レベル調整を施すことによってその差の補正ができなくもないが，数多くある手法の中でより確からしく測定できる手法を確認することがここでの目的である。したがって，条件1のリスク削減の度合いを客観的な数値で示すことが適わないだけでなく，条件3の死にまでは至らない事故や傷病など比較的インパクトの大きくないリスク削減の価値についても，所得差により多寡が生じてしまうこととなる。

　さらに，所得によって生命価値の金銭価値化に大きな差が生じる点は，とりわけリスクトレードオフが生じる時に大きな意味を持つ。対抗リスクが異なる

集団に生じるリスク移転の場合，金銭価値化を経由することで，高所得者から低所得者にリスクを移転させるだけで実質的な総リスク量は不変にもかかわらず，金銭価値化された総便益を高めることができてしまう。金銭的価値によって様々な価値を同一の尺度に変換して比較する費用便益分析は，条件が類似した施策ごとの効率性を問う際には有益であるものの，本書で提示するモデルを生成するための必要な条件をクリアできないことを確認した。

　次に損失余命（Loss of Life Expectancy）についてである。現実世界におけるマルチリスクを削減しようという営みにおいては，異なるリスクを同一の尺度で評価し，それぞれの政策や規制がそのリスクをどれだけ削減できるかが示されなければならない。そのような考え方から生まれてきたのが損失余命であり，起きて欲しくないことが起きた場合に失われる余命を損失余命という。事象が異なればそれによって引き起こされる健康状態も異なるが，最悪の状態は死であるとの仮定から，エンドポイントとして死をおく（岡 2003, 254 頁）。このエンドポイントである死への影響度，つまりリスクの重さの違いを表現する方法が，平均余命の短縮に着目した損失余命という尺度である（岡 2003, 255 頁）。この損失余命指標は，死に直接影響しない事象についても死亡率に寄与するものとして加味，換算できる尺度でありながら，極度に軽度な疾病は重度な疾病に比べ，余命損失への影響感度が低くなる弱点が指摘されている（中西 2003a, 202 頁；岡 2003, 257 頁）。この点については，死亡数は減っているが，死亡には至らない負傷や疾病などが増えている事例[2]も踏まえると，影響感度の低さという弱点の影響が大きくなると考えられる。

　これまでに整理した損失余命の特徴から，本書で提示するモデル生成のために必要な条件 3 の比較的インパクトの大きくないリスクの反映がしづらく，条件をクリアできない。また，条件 4 についても，経済的得失や規制が存在するコストなどの質の異なるトレードオフまでを射程に入れた指標とはなっていないことから条件をクリアすることが適わないと考えられる。

第 2 節　リスク削減量指標の表現形式としての QALY

　損失余命では条件 3（比較的インパクトの大きくないリスクも反映）をク

50 第2章 政府活動の成果を測定するリスク削減量指標と表現形式の検討

リアできないことを前節で確認した。その条件をクリアできるように，「傷病
の件数またはその頻度そのものを明示的に取り込んで，それを死亡の件数ま
たは頻度と統合し，1つの指標にまとめて提示する」（岡 2003, 257 頁）のが
QALY である。

　ここで QALY の検討に入るまえに，QALY を構成する QOL について整理
する。QOL は一般に生活の質，人生の質，生命の質などと訳される。コンテ
クストによってその訳され方が異なってくることが多い。QOL 概念について
の歴史的経緯については中西らが詳しい。中西らは QOL 概念の変遷を丹念に
追い，歴史的には基本的な居住環境をめぐる問題意識から生まれたが，近年で
はより包括的な概念として形成されてきており，その範囲は徐々に拡大しつつ
あるとしている（中西・土井 2003）。また，前田は QOL 研究の潮流を整理し
ている（前田 2009, 32-37 頁）。

　コンテクストや研究分野によって QOL の概念が異なるが，ここでは，
WHO の定義を中心に整理する。WHO は QOL を「諸個人が実際に生活し，
彼らの目標や期待，基準，関心と結びついている文化や価値観の中での彼
ら自身の生活状況に対する認識」（WHO 1997, p. 1）と定義している。その
QOL を構成する 4 領域 24 項目に，全体を通じた 2 項目を足した 26 項目が
WHOQOL26 である。それぞれの文化や価値観の文脈が重要とされるため，
WHOQOL26 の日本語版が 1998 年に発表されている。

　WHOQOL26 について解説した田崎らは，身体的領域，心理的領域，社会的
関係，環境領域の 4 つに，全体を通しての項目として 2 つを加えたものとして
表 6 のようにまとめている[3]。

　全体を通しての項目として，生活の質全体および健康全体に焦点があてら
れ，その他の 4 領域全てを包含した概念となっている。この全体を通しての項
目は，領域を超えた質の異なる事象についても同一の尺度で比較できる可能性
を与えてくれるものである。

　これまでの危機管理マネジメントを中心とした概念からは「死者数」「負傷
者数」「経済的損失額」という指標での評価をすることが一般的であり，経済
的損失額と死者数や負傷者数を同一の基準で比較することが困難であった。つ
まり，航空安全領域でのリスク削減と経済領域でのリスク削減のどちらが大き

表6　WHOQOL26 の構成項目

身体的領域	□日常生活動作　□医薬品と医療への依存　□活力と疲労　□移動能力 □痛みと不快　□睡眠と休養　□仕事の能力
心理的領域	□ボディ・イメージ　□否定的感情　□肯定的感情　□自己評価 □精神性・宗教・信念　□思考・学習・記憶・集中力
社会的関係	□人間関係　　□社会的支え　　□性的活動
環境領域	□金銭関係　□自由・安全と治安　□健康と社会的ケア：利用のしやすさと質 □居住環境　□新しい情報・技術獲得の機会　□余暇活動への参加と機会 □生活圏の環境　□交通手段
全体	□生活の質全体　□健康全体

出所：田崎・中根（2007），13 頁に WHO（1997），pp. 3-4 全体項目を追記。

いかといったような問題には答えることが困難であった。一方，全体を通しての項目である健康全体という観点からの QOL は，死も負傷も Q 値の低下として表現できる。また，QOL は生活の質全体を示す指標でもあるため，「生活の質を 1 年間向上させる」ためのコストを設定することで，経済的得失による QOL の変化を表現できる。つまり，異なる事象によってもたらされる死，負傷，経済的得失なども含めた様々なリスクの影響を，QOL の Q 値の変化として表すことができるということである。そのような QOL に，その状態が続く期間を積分した値である QALY を用いれば，異なる事象に対しても同一尺度での比較が可能となる。したがって，モデルに必要な条件 2 をクリアできると考えられる。

　このような QOL の Q 値を求める手法については Appendix 4 にまとめている。基準的賭け法，時間得失法，評点尺度法，人数得失法の 4 つが主なものであるが，それぞれメリット，デメリットはあるものの，一概にどれが優れているという根拠はないように思われる。本書の主旨からすれば，これらを適切に採用した研究業績をもとに，それぞれの事象における QOL の変化（Q 値）を参照することが適切だと思われる。これまでの先行研究をいわば膨大な QOL データベースとして活用することになる[4]。

　金銭価値化を経由すると所得によって生命価値に大きな差が出ることなどから，規制によって削減されるリスク量を客観的に測定することが困難になることはすでに確認したとおりである。QOL はその測定方法から主観性を有しつ

つも，その主観を測定手法的にも測定数的にも多く積み重ねることで客観性を増していくことが可能である。生命の金銭価値化を経由するのではなく，このQOL を経由して表現することで，モデルに必要な条件 1 の客観性を担保できると考えられる。

QOL についての整理を終えたため，実際に QALY を算出する過程を確認する。QALY の具体的な算出方法については Appendix 5 にまとめている。Appendix 5 で示すように，QALY を算出する過程はそれほど複雑なものではない。QOL の値およびその期間が得られれば，後は単純な積分のみである。このように QALY はある健康状態の期間と重度（QOL で反映）にのみ影響を受け，コントロールできると認識されているリスクかどうか，また強い恐怖を引き起こすリスクかどうかといったような極めて主観的な因子を考慮しない（Hammitt 2002, p. 992）。したがって，客観性が担保された QOL を用い，かつ算出の際にも主観的因子を考慮しない QALY はモデル生成に必要な条件 1 の客観性が担保できるといえる。

次に，QALY についての概要や議論を整理する。QALY が分析の指標として有効であるための条件として土屋は以下の 3 点を挙げている（土屋 1996, 67-69 頁）。

① ある健康状態がある程度続くと人は次第にその状態に適応するし，その適応状態も人によって，状況によって変化するものであるが，何らかの方法で異なる適応の段階を別個の健康状態として区別するのでない限り（＝ある段階で QOL が変化したとみなさない限り），その適応を考慮しない，あるいは適応する影響度は無視できるほど小さいと仮定する。

② QOL の Q 値が比例的数量であること。すなわち，複数の健康状態の間でその健康程度の差を比較し，かつその間隔を死（0）と完全な健康（1）との間で標準化すること。

③ QALY の値を個人間で比較すること。個人間比較が可能なのか，あるいはその理論的正当化が可能なのかという問題ではなく，そのようなものとして QALY をみなすという規約の問題である。

第 2 節　リスク削減量指標の表現形式としての QALY　*53*

　これらの条件について，ある特定の個人の 1QALY は他の人の 1QALY より
も大きい場合があるのではないか，あるいはそう扱う必要もあるのではない
かという議論もあるだろう。例を挙げると，妻子があり，家族の生活を担っ
ている夫の 1QALY と，独身で養う者のいない人の 1QALY はその大きさが違
うのではないかということである。このような価値判断をする指標はあるか
もしれないが，QALY はそのような価値の重み付けはしない。誰のものであ
れ，「人々の健康や生命をすべて等しい比重で扱う」（土屋 1996, 68 頁）のが
QALY である。

　その観点から，土屋は表 7 の例を引き合いに出している。

表 7　総 QALY 比較

プロジェクト	患者（受益者）数	放置した場合	1 人当たり効果	総 QALY
A	1 人	死亡	20QALY	20QALY
B	200 人	生存	0.1QALY	20QALY

出所：土屋（1996），75 頁。

　ある 1 人の患者の命を救い 20QALY を生産するプロジェクト A と，200 人
の Q 値を 1 年間 0.1 ずつ改善して 20QALY を生産するプロジェクト B との価
値を区別しないという例である。それらを比較して，土屋は効率性の観点から
費用の小さい方のプロジェクトに優位を認めるとしている。

　さらにその点について考えられる反論を整理している。20QALY × 1 人と
0.1QALY × 200 人はどちらも結果が 20QALY だからといって等価とみなすの
はおかしいという反論に対し，いくつかに分解し，応えられるとする。第一
に，QALY を個人間で比較したり，足し合わせることはできないという主張
に対し，個人間比較を行わなければ資源の効率的な配分ができず，人の命が関
わっているならば費用や効率性が無視されるのかという問題に行き着くとす
る。第二に，死とは単に健康状態が著しく悪い・無い（0）だけでなく，不可
逆であるという主張に対し，Q 値を求める際に，死の不可逆性を強調した設問
とそうでない設問との間で異なった回答が得られるかどうかを調べることで実
証的に解決される余地があると答えている。第三に，誰かが病気になったり，
死亡することは当人だけではなく，周りの人々の効用水準にも影響を与える

という主張に対し，社会的厚生関数の次元でそれを考慮することは適当ではないとする。やや乱暴な例と断りながら，土屋は，他の条件は全く等しい人々から誰か1人だけを救命できる場合には，最も友人や家族の多い人を救うべきとなってしまうとしている（土屋 1996, 75-76 頁）。

　次に QALY を用いた先行研究について整理する。岸本は QALY を用いて異なる種類のリスク比較を試み，トルエンを例に示した上で，化学物質だけでなく事故や疾病等の他のリスクとも比較しうる可能性があることを言及している（岸本 2008, 31-37 頁）。同様な視点からブレイザーらは，健康関連の意思決定のために有用な QALY の特徴を踏まえた上で，健康関連以外の領域との比較を可能にする手法を検討した。その際，健康関連 QALY を健康領域以外にも拡張する方法，幸福度を用いる方法，金銭価値化による方法の3つを挙げ，どのアプローチを選択すべきかという問いには，介入の効果測定のために何をカウントするかという重要な政治的決定を伴うことを指摘した（Brazier and Tsuchiya 2015, pp. 557-565）。

　キシモトらは，非死亡影響や生態系への影響などが十分考慮されていない点に注意が必要であるとしながらも，化学物質対策で 1QALY 獲得するための費用は医療健康対策で 1QALY 獲得するための費用に比べて高いことを示している（Kishimoto et al. 2003, pp. 291-299）。カスターらは献血された血液が西ナイルウィルスに感染していないかのチェックのためのスクリーニング政策について QALY を用いて分析を行っている（Custer et al. 2005, pp. 486-492）。大日は 1QALY 当たりの，社会が負担できる支払上限額を，日本における一般市民の価値観から表出したいと考え，調査した結果，平均 600 万円，中央値 100 万円という数値を得た（大日 2003, 121-130 頁）。同様に諸外国での QALY 当たりの社会負担上限額についての研究も多い。ローパシスらは，新技術の導入を素材に調査し，1QALY 当たりの負担を2万カナダドルが望ましいとした（Laupacis et al. 1992, pp. 473-481）。ナンシーらは，健康状態を向上させる技術についての価格的な価値判断をするために QALY を用い，2～3万ポンドというレンジを閾値として望ましいとしている（Devlin and Parkin 2004, pp. 437-452）。ジョージらは，オーストラリアでの薬剤認可について，どのレンジで認可および不認可されているかを分析し，1QALY 当たり 42,000 オース

第2節 リスク削減量指標の表現形式としてのQALY　55

トラリアドル以下であれば不認可にはなっていないことを明らかにしている（George et al. 2001, pp. 1103-1109）。

　QALYによる分析を航空関連に適用した研究として，グレーネフェルトらがある。グレーネフェルトらは，機内にAED（Automated External Defibrillator：自動体外式除細動器）を導入することの費用効果についてQALYを用いて分析した。乗客定員200人以上の機体にAEDを設置すると獲得QALY当たり35,300ドル，100−200人未満の乗客定員の機体に設置すると追加獲得QALY当たり40,800ドルが必要になるとし，全ての機体（乗客定員条件なし）に設置すると獲得QALY当たり94,700ドルが必要となるとの結果を得た。総じて大きな機体に設置するならば，QALY当たり50,000ドルで済み，費用効果は良好としている（Groeneveld et al. 2001, pp. 1482-1489）[5]。

　また，航空機騒音による心身への負の影響をQALYやWTPなどを用いて測定する研究もなされている（Rhodes et al. 2013；Sanchez et al. 2014など）。ジャオらは，心血管疾患や精神疾患のリスクを高める航空機騒音を素材に検討した。航空機騒音にさらされている居住者宅に遮音材を設置し，騒音暴露を65dBから55dBに下げることによる増分費用対効果比を求め，1QALY当たり11,163ドルという値が得られ，費用効果の高い施策だという（Jiao et al. 2017）[6]。

　このように整理してみると1QALYを獲得するのにどの程度のコストが必要か，もしくはどの程度のコストであれば費用効果が高いとみなせるかについての議論が中心であることが分かる。しかしながら，どの程度のコストで1QALY獲得できるかといった視点からの議論は管見の限り見られない。例えば100万円の資源があったとして，この100万円はどれだけのQALYを生み出せるのか，という視点である。この視点は，モデル生成に必要な条件4にある，経済的得失や規制が存在するコストのトレードオフの影響を分析に加味するためには欠かせない視点である。

　実際にどれだけのコストで1QALYを獲得できるかについては，既に確認したような先行研究が参考になると思われる。しかしながら先行研究では，1QALY獲得するのにどれだけのコストを支払う意思があるか，1QALY獲得するのに社会が負担する金額としての上限はどの程度であるべきか，というこ

とに焦点が当てられているため，どれだけのコストで1QALYを獲得できるかとは，必ずしも一致しない。確かに，お金があるからといって，QOLの高さが自動的に保証されるものではない。阿部によれば，お金がないこと＝QOLが低い，とはならないとしながらも，低所得層は健康，人間関係，食事，社会参加が欠如している割合が高く，中間層，富裕層よりもQOLが低くなる確率が高くなるとし，お金を持っていることがQOLを高める条件とはいえないものの，お金を持っていないことはQOLが低くなるリスクを高めるということはいえる，という（阿部 2017, 110頁）。そこでQALYを算出する基礎となるQOL構成概念の全体を通しての項目「生活の質全体」「健康全体」に戻って考えてみる。死や負傷は「健康全体」に影響する一方で，「生活の質全体」に影響するものとしては経済的状況がベースとなることが考えられる。そこから「生活の質を1年間向上させる」ためにはどれだけのコストが必要かを導き出したい。

　そのコスト算定の根拠として，例えば生活保護費が考えられる。2012年度東京都区部1級地・単身・20〜40歳モデルでは1人1年間で164万円である。しかしながら，この金額が果たしてQOLを0から1への変化，すなわち死から完全な健康への変化と同レベルの変化を，わずか1年間であったとしても起こすだけのインパクトを持つかどうかに大きな疑問が生じる。では国税庁長官官房企画課による「平成24年分民間給与実態統計調査」から得られる平均給与408万円（国税庁長官官房企画課 2013, 13頁）はどうだろうか。家族を養えることもQOLを高める要因であり，平均的にこの金額で「生活していかなくてはならない」「生活できている」という現実を踏まえれば，この金額を仮定することに一定の意味があると思われる[7]。また，この値はさらに適当なものへの変更は容易である。このように，QOLの「生活の質全体」を示す点に着目し，「生活の質を1年間向上させる」ためのコストを設定することで，経済的得失によるQOLの変化を表現できる。経済的得失によるQOLの変化が表現できれば，その状態が続く期間を積分することで，ある額の経済的得失によって得られるQALYが求められることになる。例えば競争促進規制によって生まれた消費者余剰によってどれだけのQALYが獲得できたか，を算定することができるということである。このように検討を積み上げていくことで，

モデル生成のために必要な条件 4 の経済的得失や規制が存在するコストのトレードオフの影響をモデルに加味することが可能になる。

第 3 節　QALY への反論と再反論，適用の工夫

　QALY についてはその用い方だけでなく，QALY そのものについても多くの反対意見が示され，またその反対意見に対する再反論がなされている[8]。QALY を提唱したウィリアムズは，QALY を指標として使うことに倫理的な観点から反対するタイプを以下の 4 通りに分けた（Williams 1996, p. 1795）。

①　（公の資源を投資することに）優先順位をつけること全てを倫理的でないとして反対する人
②　優先順位付けの必要性は受け入れるが医療倫理には反すると信じている人
③　優先順位付けの必要性は受け入れ，医療倫理にも反しないと信じているが，他の倫理的な理由で QALY を拒否する人
④　原則として優先順位付けを受け入れるが，実践としてどのようになされるべきかを明確にしたがらない人

　これらの反対に対して，QALY が完全ではないことへの共感を示しつつも，実践の場でどうしたら良い結果を導くことができるかという問いについては QALY が重要な役割を果たすことができるとしている（Williams 1996, p. 1803）。
　QALY に強く異議を唱えたのはハリスである。ハリスは，QALY は優先順位付けや資源配分に利用するには致命的な瑕疵があると主張した。致命的な瑕疵として，（不健康な人を健康な人より低価値とみなすこと，年寄りより若い人の価値を大きくみていることから）人間を平等に扱っていないこと，（QALY 獲得の費用が高い患者には資源配分が難しくなることから）差別的な行為を助長することを挙げている（Harris 1987, pp. 117-123）。
　ハリスが言うように QALY を，費用効果性を追求するツールとして用いる

58 第2章 政府活動の成果を測定するリスク削減量指標と表現形式の検討

場合，どのような状態にある人を救うべきかの議論になりがち[9]である。ベンソンが指摘するように，病気が治らなくても一年長生きすれば QALY がそれなりに獲得できてしまい，効果が上がっていないにも関わらず QALY の数値上は高く見えてしまうことから，低い QOL のまま生きるよりも，傷病を回復させることに重きをおく考え方（Benson 2017, p. 111）もある。大日らは虫垂炎手術と重度狭心症におけるバイパス手術について，費用効果の観点からはバイパス手術の方が優れていたと仮定すると，予算全てをバイパス手術に費やすことが費用効果の観点からは良いことになると指摘する（大日・菅原 2005, 174 頁）。

　それに対しニューマンは，QALY そのものが悪いのではなく，QALY を，費用効果性を追求する際の基準として厳格に適用することが受け入れられないのだろうと指摘する（Neumann 2011, pp. 1806-1807）。また，ノードらもコスト当たり QALY についてはヘルスケアというよりも工業的な生産性指標という認識および受容が必要である（Nord et al. 2009, p. S12）としている。

　QALY に関する議論を整理すると，その適用の仕方に工夫の余地があるように思われる。リスクの特性はすでに整理したとおり，すでに起こったことではなく，これから起こること，起こりそうなこと，起こらないかもしれない不確実なことである。「ハザード×暴露＝リスク＝エンドポイントの生起確率」の公式にあてはめて説明するならば，ハザードや暴露を下げる対処（規制）をすることで，これから起こることをやわらげたり，起こらなくさせることを目的としている。すでに起きてしまった（特定の誰かの）惨事や状態ではなく，（特定できない誰かに）これから起こりうるリスクに対処するということである。全ての人が平等にさらされるリスクをどれだけ削減できるかを測定するための指標およびその表現形式として QALY を用いることで，「どの施策が効率的か」が議論になったとしても，「今どういった症状の人を救うのか」という議論にはならない。したがって，モデル生成のために必要な条件5（リスクの特性を踏まえて，これから誰にでも起こりうるが起きて欲しくない事象を規制によって阻止・緩和する効果を測定できること）をクリアできる。

　とはいえ，使い方によってはどのような状態にある人を救うことが効率的かという議論になりやすい。有限な資源であるから，効率のいい方法でより多く

の人を救うというのが前提であるが，人の命はやはりみな同じ重さであるというのが一般的な感覚である[10]。ある特定の人の病と別の人の病の重みを比較しているのではないとしても，違和感が残る人がいるのは避けられない。しかしながら QALY を将来の，誰にでも起こりうるリスク削減に適用することを重視するならば，そのような懸念は払拭される可能性が高いと思われる。この点については DALY（Disability Adjusted Life years：障害質調整年）の考え方と比較すると理解しやすい。DALY とは，WHO の定義では「死が早まることで失われた年数と，完全な健康よりも低い健康状態で生きているために失われる年数との合計を時間換算した指標」（a time-based measure that combines years of life lost due to premature mortality and years of life lost due to time lived in states of less than full health.）（WHO ウェブサイト：http://www.who.int/healthinfo/global_burden_disease/en/index.html）である。

　QALY と DALY の違いについては様々な研究がなされている（Gold et al. 2002, pp. 115-134 や Airoldi 2007 など）。DALY は理想の状態から障害分[11] を引いた状態が今の状態であると考え，どうやってその差分を取り戻すかに焦点があてられる（中西 2003a, 205 頁）。一方，本書では QALY を用いる際に今完全な健康状態にある人も，障害のある人にも，誰にでも平等に可能性のある「今後の」リスクをどう削減するかに焦点をあてている[12]。DALY の考え方からすると，どの施策が効率的かという議論になり，どの症状の人を救うのか（誰を救うのかと同義）が効率的かという議論になる[13]。したがって，DALY では本書で解決を試みる問題に答えるために必要な条件 5（リスクの特性を踏まえて，これから誰にでも起こりうるが起きて欲しくない事象を規制によって阻止・緩和する効果を測定できること）をクリアすることが難しい。

　もちろん，DALY も QALY も単なる指標・表現形式に過ぎないため，使い方次第でこれまで述べたような違いは消えてしまうこともありうる。しかしながら QALY が，本書で提示するモデル生成に必要な条件をより確からしくクリアできるかどうか[14] について検証することが本書で QALY を用いる妥当性と蓋然性を担保することになると思われる。その点からすれば，QALY は条件 5 をクリアし，DALY はクリアすることが難しいことを確認できた。これまでに確認できた条件に加え，まだ残された条件についてもクリアできるかど

60　第2章　政府活動の成果を測定するリスク削減量指標と表現形式の検討

うかを検証することとする。

第4節　RIA および KPI と本書で用いる QALY の違い

　これまで QALY を用いた研究や分析方法について整理してきた。このような QALY が規制の成果を測定する試みである RIA とどのような関係にあり，どのような違いを見出せるかをここで確認したい。さらに KPI（Key Performance Indicator：重要成果指標）と QALY の違いについても簡単に整理する。

　まずは RIA との違いである。本書で扱うのは航空分野における政策や規制であるから，RIA の中でも航空に関するものと比較する。まず国土交通省による RIA 実施要領および 2015 年度の RIA として実施された「航空法の一部を改正する法律案の規制の事前評価書」をもとに，実際に行われている RIA 実施方法を整理する。

　その政策が事前評価の対象となるかどうかは「原則として各局等において判断」される（国土交通省政策統括官 2016 年 4 月，1 頁）。その判断に際して「規制の事前評価の対象として規制の緩和・廃止も含まれ，かつ省令，命令，通達等にも積極的な実施が求められることに留意する」とされている（国土交通省政策統括官 2016 年 4 月，2 頁）。この点においては本書でも「法律」に限定していないこと，全ての規制を対象として評価しているものではないことを RIA と整合させている。

　具体的な評価については「航空法の一部を改正する法律案」の規制事前評価書の内容（国土交通省 平成 27 年 7 月 13 日実施）[15] に沿って確認したい。まず，規制の目的，内容，必要性が整理されている。目的は無人航空機を飛行させる際の国土交通大臣の許可が必要な空域，飛行方法などのルールを定めることであり，内容は目的である許可が必要な空域，飛行方法の明示である。必要性については，無人航空機の急速な普及と今後の活用期待がありつつも，安全上の懸念があり，飛行に関するルールが存在しないことからも，他航空機との接触や落下等による地上への危害を防ぐことが挙げられている。また代替案として規制ではなく，ガイドラインとして公表し，自主的な取組みを促すことを

挙げている。規制の費用については遵守費用として許可申請に係る費用，許可審査に係る費用という文言のみが挙げられ，具体的な金額の明示はされていない[16]。また代替案では費用はかからないとしている。便益については無人航空機の安全な航行を実現することで地上の安全を確保することができるとしている。代替案の便益としてはガイドラインであるため罰則等の抑止効果が期待できないとしている。便益についても具体的な数値は示されていない[17]。また，そのためもあり，規制の効率性についても代替案と比較して国民の生命，財産に対する危害を防ぐことができることを，そのままの表現で示すのみとなっている。さらに評価書では日本経済再生本部や小型無人機に関する関係省庁連絡会議における議論にも触れている。事後評価，事後検証については平成 32 年度末までに実施するとした。規制の有効性については許可や飛行方法の設定によって安全を確保するものであり，有効であるとそのまま表現するのみである。

　まず確認しておくべきことは，QALY そのものは RIA でも用いられる，効果や便益等の測定値の表現形式の 1 つであるということである。したがって，QALY そのものと RIA は比較できるものではない。ここで比較しようとしているのは，本書で提示しようとしている QALY を用いたモデルの生成条件と先に示した RIA の具体例である。無人航空機に対する規制について，本書で提示するモデルで検討する場合，目的・内容・必要性の整理は同じ手順を踏む。しかしながら，評価書とは異なり，費用は具体的な金額を用いる。また評価書において表現された便益「無人航空機の安全な航行を実現することで地上の安全を確保することができる」については，その規制があることによって，そうでなければ失われていたであろう QALY（獲得 QALY）で表す。これはベースラインを設定して，規制の新設後の影響と比較することと方向性を同じくするものである。評価書では代替案およびその影響を示す一方で，本書で提示するモデルはそもそも特定の規制や政策の可否だけを問うものではなく，領域を超えた政府活動の成果を問うものであり，代替案の評価・検討という考えには馴染みにくい。ただし代替案の評価・検討ができないというものではない。有効性については，評価書においては単に有効であるということをそのままの表現で記すのみで，どの程度有効かということは示されない。本書では獲

得 QALY の絶対量をもとに有効性（効果性）を明らかにしうるモデルを生成する。

事後評価について，評価書においては平成 32 年度末までに実施するとしているが，RIA はそもそも事前評価の性質が強く，事後評価の性質を強くしていくべきとの指摘があることは既に整理したとおりである。QALY を用いた本書のモデルは，その規制があることによって実際に得られたリスク削減量を明らかにしようというものであり，事後的な性質を多分に有する。この点については政策評価が事後的に行われることを踏まえれば理解されやすい。その三者を時系列の観点から表 8 にまとめた。

表 8　RIA と本書の QALY を用いたモデルの対比

	時期	対象政策（規制）
RIA	事前	個別
個別政策評価	事後	個別
本書の QALY を用いたモデル	事後	複数

出所：筆者作成。

事前評価をメインとした RIA，事後に個々の政策について効果などを評価する政策評価，事後的に領域を超えた政策・規制について同一尺度で効果を測定する QALY を用いた本書のモデル，という構図である。このような構図において見るならば，本書で提示するモデルは RIA やこれまでの政策評価手法に取って代わるものではなく，それらと組み合わせて使うものとして位置づけられる。そうすることで，内容的には経済性や効率性ではなく，効果性を主に測り，時系列的には事前評価だけでなく，事後評価を加えることでこれまでの評価手法に対して補完の役割を果たすことができるものと考える。

次に KPI と QALY の違いについて，日本再興戦略で示された具体例をもとに整理する。日本再興戦略では達成すべき成果目標，すなわち KPI を示している（日本再興戦略 2013 年 6 月 14 日閣議決定，9 頁）。例えば，国内産米の生産コストを現状全国平均比 4 割削減することや，2030 年に訪日外国人旅行者 3,000 万人超を目指すことなど（日本再興戦略 2013 年 6 月 14 日閣議決定，11-20 頁），同一の尺度で比較できない性質の目標を掲げている。それぞれの

政策群における目標という性質上，当然のことであるが，本書のように，異なる領域の政策や規制を同列に評価するためには，同一の尺度が必要である。QALY は異なる領域の事象を同一の尺度で評価しようとする「尺度」そのものであり，成果目標そのものを示す KPI とは質が異なるものである。しかしながら KPI を，QALY を用いた数値で示すことも可能である。上記の例でいえば，国内産米の生産コストを現状全国平均比 4 割削減することで X QALY 獲得，訪日外国人旅行者 3000 万人超を達成することで Y QALY 獲得する，というものである。QALY は QOL と時間を積分した値であるから，コメの生産コストが（生産労力が）4 割削減されることによって（対象となる人の）Q 値が変化するならば，その QOL をもとにどれだけの QALY が獲得できるかが算出できる。同様に，外国人旅行者が 3,000 万人を超すことによって（対象となる人の）Q 値が変化するならば，その獲得 QALY が算出でき，国内産米の生産コスト減によって得られた効果と同一の尺度での比較が可能となる。

　当然ながら，KPI，QALY それぞれに特徴があり，用いる目的によって使い分けされるべきものである。しかしながら，本書で解決を試みる問題に答えるためには，異なる領域における質の異なる事象に対する規制によって実現されるリスク削減量という同一の尺度で評価できる QALY を用いることに妥当性と蓋然性を見出せる。

第 5 節　QALY を用いる妥当性と蓋然性

　本章ではこれまで，規制をツールとした政府活動の成果指標としてリスク削減量を測定する際，その測定値の表現形式として QALY を用いることの妥当性および蓋然性を検討してきた。本節では，これまでの検討結果をもとに，QALY を用いることの妥当性および蓋然性を確認する。

　まず，これまで様々な研究で主に用いられている手法や指標について，モデル生成に必要な 5 条件をクリアできるかを検討した。その際，条件を「クリアできない」という判定はその手法や指標では全くクリアできないということを必ずしも意味するものではなく，適用しようと思えば可能であるが，目的からしてより相応しい分析手法や指標があればそちらを優先するという意図で検証

を進めた。また，全ての指標を検証しているものではないが，主に用いられている指標を対象とし，エッセンスとしては概ね網羅されている。

費用効果分析ではその効果が目的に応じた単位，例えば助かった人数，節約できた時間，汚染濃度など，異なる質の数値がそのまま示され，条件2の同一尺度で比較できることに適わない。

金銭的価値という同一尺度で比較する費用便益分析は条件2をクリアできる。しかしながら，金銭価値化で用いる確率的生命価値については，以下のような限界が指摘されている。まず，リスクの高い仕事でもリスクプレミアムが必ずしも見受けられないこと。また，高所得者から低所得者にリスクを移転させるだけで，実質的な総リスク量は不変にもかかわらず，金銭価値化された総便益は高くなることなどである。とりわけ所得によって生命価値に大きな差が生じることは，規制によって削減されたリスク量を客観的に測定することが困難である。所得レベル調整を施すことによって補正ができなくもないが，本章では数多くある手法の中でより確からしく測定できる手法を確認することを目的として，以下のように判定した。モデル生成のために必要な条件のうち，条件1の「リスク削減の度合いを客観的な数値で示す」ことが適わないだけでなく，条件3の「死にまでは至らない事故や傷病など比較的インパクトの大きくないリスク削減の効果」についても，所得差による多寡が生じてしまい，適切でないと考えられる。金銭的価値によって様々な価値を同一の尺度に変換して比較する費用便益分析は，条件が類似した施策ごとの効率性を問う際には有用であるものの，本書で解決を試みる問題に答えるための必要な条件をクリアできないことを確認した。

損失余命については，条件3の比較的インパクトの大きくないリスクの反映がしづらいこと，条件4の経済的得失や規制が存在するコストなどの質の異なるトレードオフまでを射程に入れた指標とはなっていないことから，条件をクリアすることが適わないと判定した。

DALY は，今ある状態がどの程度理想と離れていて，その差をどう改善させるかに焦点があてられるため，条件5の「リスクの特性を踏まえて，これから誰にでも起こりうるが起きて欲しくない事象を規制によって阻止・緩和する効果を測定できること」をクリアすることが難しい。

第 5 節　QALY を用いる妥当性と蓋然性　　65

　KPI は，それぞれ異なる政策について同一の尺度では比較できない異なる目標を掲げ，それぞれが目標にどの程度達したかをもって政策の効果を測定するものであり，そもそも同一尺度で測定する指標ではない。

　QALY については以下のように整理し，条件5つをクリアできると判定した。金銭価値化を経由すると，所得によって生命価値に大きな差が出ることなどからリスク量を客観的に測定することが困難になる一方で，QOL は主観性を有しつつも，その主観を測定手法的にも測定数的にも多く積み重ねることで客観性を増していくことが可能である。さらに QALY はある健康状態の期間と重度（QOL で反映）にのみ影響を受け，コントロールできると認識されているリスクかどうか，また強い恐怖を引き起こすリスクかどうかといったような極めて主観的な因子を考慮しない（Hammitt 2002, p. 992）ため，条件1の客観性を担保できる。さらに，QALY を用いた分析では，その規制があることによって，そうでなければ失われていたであろう QALY を獲得 QALY とみなし，獲得 QALY の絶対量をもとに効果性を表現する。つまり，どれだけの QALY が獲得できたかを示すことで，どれだけその規制の効果があったかをみることが可能であることから，条件1の効果性重視の条件をクリアする，と考えられる。

　「死者数」「負傷者数」「経済的損失額」という指標では，互いを同一の基準で比較することが困難である。一方 QOL は，死も負傷も Q 値の低下として表現できる。また，QOL は生活の質全体を示す指標でもあるため，「生活の質を1年間向上させる」ためのコストを設定することで，経済的得失による QOL の変化を表現できる。つまり，異なる事象によってもたらされる死，負傷，経済的得失なども含めた様々なリスクの影響を，QOL の Q 値の変化として表すことができるということである。そのような QOL に，その状態が続く期間を積分した値である QALY を用いれば，異なる事象に対しても同一尺度での比較が可能となり，条件2をクリアできると考えられる。

　QALY は QOL とその QOL が続く時間を積分した値である。死には至らない事象も Q 値の低下として表現できる QOL を用いることで，QOL が0である死との影響度換算が可能であり，条件3をクリアすると考えられる。

　実際にどれだけのコストで1QALY を獲得できるかについては，「1QALY

獲得するのにどれだけのコストを支払う意思があるか」,「1QALY 獲得するのに社会が負担する金額としての上限はどの程度か」に焦点があてられた先行研究からは解を見出すことが難しいと思われる。そこで QALY 算出の基礎となる QOL 構成概念の「生活の質全体」に着目し,「生活の質を 1 年間向上させる」ためにはどれだけのコストが必要かに焦点をあて,平均給与 408 万円を設定した。

　このように,QOL の「生活の質全体」を示す点に着目し,「生活の質を 1 年間向上させる」ためのコストを設定することで,経済的得失による QOL の変化を表現できる。経済的得失による QOL の変化が表現できれば,その状態が続く期間を積分することで,ある額の経済的得失によって得られる QALY が求められることになる。このように検討を積み上げていくことで,経済的得失や規制が存在するコストのトレードオフの影響をモデルに加味することが可能になり,条件 4 をクリアすると考えられる。

　すでに起こったことではなく,誰にでも平等に可能性のある今後のリスクを削減するためにハザードや暴露を下げる対処（規制）をすることで得られるリスク削減量を示すのが QALY であり,条件 5 をクリアできると考えられる。

　以上,QALY は本書で解決を試みる問題に答えるために必要な条件 5 つをクリアすることを確認し,また QALY 以外の主な指標・表現形式では QALY ほどの蓋然性が認められなかった。繰り返しになるが,この点については QALY 以外の指標・表現形式が全く適用できないということではなく,より適切なものを選別するプロセスを経たということである。そのプロセスを経ることで,本書で提示するモデル生成にあたり,リスク削減量を指標とし,その測定値の表現形式として QALY を用いることの妥当性および蓋然性を確認した。

第 6 節　航空分野に QALY を適用する際の条件

　前節では,リスク削減量を指標とし,その測定値の表現形式として QALY を用いることの妥当性および蓋然性を確認した。しかしながら,航空に起因する医学的な内容に QALY を適用した研究は見られる[18]ものの,航空分野全体

を俯瞰した研究に QALY を適用した例は管見の限り見当たらない。そこで、本節では QALY を用いた研究について広くレビュー、分析し、ヘルスケア以外の分野で QALY を用いた研究が少ない理由を踏まえて、どのようにすれば航空分野の規制によるリスク削減量を QALY で適切に表現できるかを検討する。

QALY を用いた研究を広くレビューするにあたり、Google Scholar で「QALY」をキーワード、期間指定なし、関連性で並べ替え、英語と日本語のページ、で検索して表示される文献をレビューした（2021 年 6 月 4 日アクセス）。レビュー対象に適さないと思われるレターのやり取りや QALY に直接的な関連が見られない文献等は除いた上で、一度の検索で表示される上限 1,000 件で満たない件数分は期間指定で最新のものから設定、検索し、合計 1,000 件に達するまでを対象とした（2021 年 7 月 31 日アクセス）。その 1,000 文献を分野と分析方法によって分類したものが表 9 である。

ヘルスケア以外の分野を素材とした研究も 1,000 件のうちに入っているものの、QALY が開発されたそもそもの経緯からも、ヘルスケアを素材とした研究が圧倒的多数である。QALY 当たりの WTP を問うものや、QALY を用いることの是非を議論するものなどは事例適用とは別枠で集計した。事例適用は、ランダム化比較試験等による実験結果を QALY で表す研究、何らかの

表9　QALY を適用した研究分野と分析方法

分野	QALY そのもの	事例適用			計
		実験	シミュレーション	レビュー・メタ分析	
ヘルスケア	237	195	463	88	983
環境	1		2		3
食品			3		3
飲酒			1	1	2
喫煙			1	1	2
介護		1	1		2
教育				1	1
航空			1		1
虐待			1		1
貧困			1		1
労働			1		1
計	238	196	475	91	1,000

出所：Google Scholar での検索結果から筆者作成。

モデルを構築し，公開されたデータを投入してシミュレーションした結果を
QALY で表す研究，文献レビューからメタ分析によって QALY を導く研究に
大別される。

　レビューした文献 1,000 件のうち，圧倒的多数であったヘルスケア関連研究
に QALY を適用しやすい理由は以下の 2 点にまとめられた。①検証対象とし
ている術式・薬・治療法を処置（介入）するケースと処置しないケースの結果
（症状）を比較することで，QOL の値およびその QOL が存続する期間の差を
観察しやすい。そのため，処置によって得られる QALY を算出しやすい。②
処置した場合の結果は処置を施した個人内に現れるため，処置の影響レベルが
どの程度かの判断が個人を観察することで可能となる。

　他方，その他分野での適用例は少ない。航空分野での 1 件は既に引用したグ
レーネフェルトらの航空機内に AED を導入することの費用効果についての研
究である（Groeneveld et al. 2001, pp. 1482–1489）。航空機内にいる乗客がど
の程度の確率で心筋梗塞などの症状を発し，それに対して AED を使用するこ
とでどれだけ症状を改善できるかを QALY で示すものである。この研究の対
象は「今まさに治療が必要な個人」ではなく，「確率的に発生するかもしれな
いリスクを持つ個人の集団」である。生起確率的な違いに加え，リスク削減を
試みる対象が「個体（個人）」か「個体群（集団）」かの違いがある。

　医療においては個人の症状ごとに処置（介入）を選択する必要があり，個
体管理が基本である。当然ながら個体管理における介入の方が個体群管理に
おける介入よりもその介入による QOL 変化が直接的に反映されやすく，それ
に伴い QALY 算出もしやすいことから，QALY を適用しやすい。このような
QALY 適用のしやすさの違いが，分野ごとの QALY を適用した研究数にも影
響を与えていると思われる。そこで，個体管理や個体群管理などの管理レベル
とリスク管理のしやすさ（QALY 適用のしやすさ）の関係について確認する
ために，生態学の知見を借りることにする。

　パストロークは生態学の観点から，典型的なリスク評価は個体レベルに
注目するものの，個体群への関心がおざなりになっていることを指摘した
（Pastorok 2002, p. 3）。その上でパストロークはギンズバーグとともに，化学
物質が生態系に与えるリスクを管理する際にどのレベル（視点）で管理するこ

図5　管理レベルごとの生態学的な適切性と管理のしやすさ

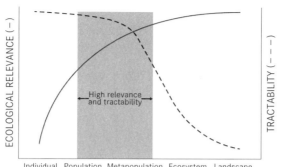

出所：Pastorok and Ginzburg (2002), p. 213.

とが望ましいか，また，それぞれのレベルでのリスク管理のしやすさを図5のようにまとめた。

彼らは個体群（Population）とメタ個体群（Metapopulation）の間での管理が生態学的な適切さも管理のしやすさも高くできると結論づけている（Pastorok and Ginzburg 2002, pp. 212-213）。

生態学が目的とするリスク削減は個体（individual），例えば特定の魚一匹のリスク削減を主眼としているのではなく，個体群，例えばその特定の一匹の魚が属する「種」のリスク削減を主眼としている。さらに高次のメタ個体群である魚類全般や広い範囲の生物全般，自然環境まで含んだ生態系（Ecosystem），人工的な構造も含んだ景観（Landscape）までを射程としている。

図5にあるとおり個体から個体群，メタ個体群，生態系，景観というように管理のレベル（視点）を上げていくことで生態学的に見たリスク削減の適切性が高くなる。すなわち生態系全般で見れば望ましい全体としてのリスク削減が可能になる。一方で，多くの要因が複雑に絡み合う高次のレベルになるにつれ，ある介入が，ある個体や個体群には有効であっても，メタ個体群や生態系の視点で見ればマイナスの影響が大きい場合，その介入の是非判断が困難になる。この関係が図5の直線と点線で示されている。本書で扱うリスク削減についても同様の関係が見出せる。国民の安全を確保する政府の役割は特定の個人のリスク削減だけが対象なのではなく，社会全体としてのリスク削減に注力す

70　第 2 章　政府活動の成果を測定するリスク削減量指標と表現形式の検討

べきものである。しかしながら，リスク削減の対象範囲を広げれば広げるほど，リスクも単一ではなくマルチなものとなり，シンプルな介入ではリスク削減が難しくなる。

　個体管理と個体群管理について，ヘルスケアの例に当てはめてみる。特定の症状がある特定の個人に対する個体管理は，目標とするリスクが明確なため，処置内容を明確にでき，比較的リスク削減がしやすい。一方で，「男性全体」や「日本人全体」といった個体群にレベルを上げると，目標とするリスクが 1 つではないため，リスク削減のための処置を選択しづらくなり，結果としてリスク管理が難しくなる。

　しかしながら個体群管理にも QALY を適用できる。例えばキムらは，ヒトパピローマウイルス関連疾患を目標リスクとしたヒトパピローマウイルスワクチン接種プログラムについて，少女への定期的なワクチン接種には高い費用効果を認めるものの，少年を含めると，獲得できる QALY 当たり費用が高くなりすぎることを示した（Kim and Goldie 2009, b3884）。この研究は性感染症の原因となるヒトパピローマウイルスに対し，その感染源になりうる男性にもリスク管理階層を広げた例である。個人個人のリスクを削減する目的もあるが，全体としてのリスクを削減する目的が強く，個体群管理の視点がより強い。

　キムらの研究から本書のために参考にできる点としては，もともと個体の状態を記録するのに適した QOL や QALY であるから，個体群管理に用いる際には個体管理と比べて適用のしやすさが減じるものの，適切な方法を用いれば個体群管理にも QALY を適用できるということである。ただし，このケースでの目標リスクはヒトパピローマウイルス感染という 1 つに絞られており，個体群管理とはいえ，リスク削減が比較的容易である。生態学の例や，政府の国民の安全を確保する役割という視点で見たようなリスク削減の難しさは，目標とするリスクが単一ではなく，複数存在するときにより大きくなるということであった。

　そこで複数の目標リスクを扱った研究にその解決プロセスを見出すことにする。ジアらは公開された調査データおよび追跡調査をもとにした疾病ごとの QOL および死亡率から，65 歳以上を対象として，うつ病，糖尿病，高血圧，心臓病，脳卒中，肺気腫，喘息，関節炎，癌のそれぞれによる損失 QALY を

推定した（Jia and Lubetkin 2016, pp. 1921-1929）。この研究は対象を個体群（65歳以上）とし，彼らの直面する複数のリスクの大きさを同一尺度で明らかにしようとするものである。

またダルジールらは文献レビューを通じてオーストラリアで行われた様々な症状に対する（予防も含めた）医療介入245例を分析した。分析結果として，25歳以下をターゲットとした介入は25歳超をターゲットとした介入よりも費用効果が低いこと，また，医療的な介入は生活習慣への介入よりも費用効果が低いことを指摘している（Dalziel et al. 2008）。

上記研究のような，複数の症状（複数のリスク）を扱い，かつ予防や対症療法といった介入の時期や種類の違い，年齢層や性別といった属性の違いなど

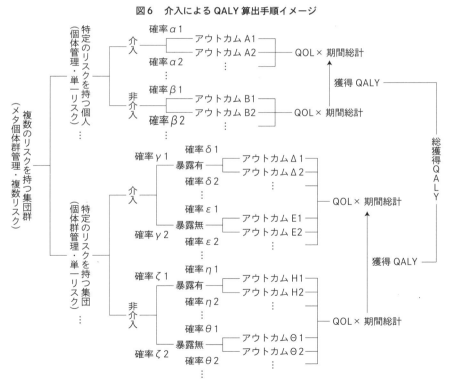

図6　介入によるQALY算出手順イメージ

出所：筆者作成。

72 第2章 政府活動の成果を測定するリスク削減量指標と表現形式の検討

様々なケースを同時に扱う研究であっても，一つ一つの作業としては単一のリスクを扱う際と同様の手順を積み重ねることで可能にしていた。そのような手順のイメージを図6に示す。

複数のリスクを持つ集団群（例としては日本国民全般というようなもの）は特定のリスクを持つ集団から成り，特定のリスクを持つ集団は特定のリスクを持つ個人から成っている。図6では便宜的にそれらを並列している。図中の「･･･」は単一ではなく，多数存在することを表現しており，例えば特定のリスクを持つ個人が多数集まって特定のリスクを持つ集団を構成していることを意味する。

特定のリスクを持つ個人に対しては，ある介入（治療）をする場合，$\alpha 1$，$\alpha 2 \cdots$ の確率でアウトカム A1，A2$\cdots$ に，介入しない場合，$\beta 1$，$\beta 2 \cdots$ の確率でアウトカム B1，B2$\cdots$ に至るとする。当然ながら，介入の効果は一様ではなく，また，介入による対抗リスク（副作用）の増加分も一様ではない。よって，介入によるアウトカムは1つではなく，多数生じることをアウトカム A1，A2$\cdots$ のように表現している。それぞれのアウトカムは介入による状態の変化（変化しない場合も含む）を表し，その状態の QOL と期間の積が QALY として算出され，介入と非介入での QALY の差が介入による獲得 QALY となる。この獲得 QALY 量で介入に費やしたコストを割ればこの介入による QALY 当たり単価が算出できる。

特定のリスクを持つ集団に対してはヒトパピローマウイルス感染予防としての HPV（Human Papilloma Virus：ヒトパピローマウイルス）ワクチン接種を例にプロセスを説明する。ヒトパピローマウイルス感染という特定のリスクを持つ集団には女性だけでなく男性も属する。介入としての HPV ワクチン接種をした場合で暴露（ヒトパピローマウイルスを持った人との性的接触）が γ1 の確率で発生し，その後 $\delta 1$，$\delta 2 \cdots$ の確率でアウトカム $\Delta 1$，$\Delta 2 \cdots$ に至り，暴露なしが $\gamma 2$（$=1-\gamma 1$）の確率で発生し，その後 $\varepsilon 1$，$\varepsilon 2 \cdots$ の確率でアウトカム E1，E2$\cdots$ に至るとする。非介入の場合も同様に HPV ワクチン接種をしない場合で暴露（ヒトパピローマウイルスを持った人との性的接触）が $\zeta 1$ の確率で発生し，その後 $\eta 1$，$\eta 2 \cdots$ の確率でアウトカム H1，H2$\cdots$ に至り，暴露なしが $\zeta 2$（$=1-\zeta 1$）の確率で発生し，その後 $\theta 1$，$\theta 2 \cdots$ の確率でアウト

カム Θ_1，Θ_2… に至るとする。それぞれのアウトカムにおける QOL と期間の積が QALY として算出され，介入と非介入での QALY の差が介入による獲得 QALY となる。この獲得 QALY 量で介入に費やしたコストを割ればこの介入による QALY 当たり単価が算出できる。ここまで記載すると分かるとおり，個人に対しても集団に対しても目標とするリスクが同一であれば，介入の効果を推定するプロセスに大きな違いはない。上記の例にあるように，暴露の有無によって推定手順の工程が増える程度である。

　複数のリスクを持つ集団群に対しては，ケースごとに上記のような特定のリスクを持つ個人と特定のリスクを持つ集団におけるプロセスを組み合わせることで獲得 QALY が算出できる。ただし，異なる種類の複数のリスクを持つ集団群に対しては，ある特定のリスク（目標リスク）を削減するための介入によって別のリスク（対抗リスク）がその集団群内の別の集団に生じることがありうる。個体管理のケースでは，介入の正作用も副作用も同一個体内で生じていたために，アウトカムのバリエーションとして検出しえていたが，メタ個体群管理では副作用が他集団に生じうるため，リスクトレードオフの効果を総獲得 QALY 算出時に加味する必要がある。

　ここまで QALY を用いたヘルスケア分野の研究をレビュー，分析し，その適用の仕方を手順ごとに分解して確認した。そうすることで，特定のリスクを持つ個人を対象とした個体管理でも特定のリスクを持つ集団を対象とした個体群管理でも，複数のリスクを持つ集団群を対象としたメタ個体群管理でも，QALY の適用が可能であり，QALY 算出プロセスに大きな違いがないことを確認した。次に，QALY を航空分野に適用する際に，ヘルスケア分野に適用する場合と同じレベルの確からしさを担保するためにはどのように進めればよいかを検討する。まず，適用する確率や QOL の値をどのように求めているのかを文献レビューから確認する。

　事例適用しているもののうち，方法としてはランダム化比較試験などによる実験，モデルを構築してデータを投入するシミュレーション，文献レビューからメタ分析の3つに大きく分類できた。介入群，非介入群を用意してランダム化比較試験などによって差を観察することで，対象となる新薬などの効果を測定することが望ましいものの，コスト的な障壁と人命救助観点からの障壁があ

74　第2章　政府活動の成果を測定するリスク削減量指標と表現形式の検討

る。人命救助的な観点からは対象者が当面命に直結するような状態にない場合のみ，このようなランダム化比較試験が倫理的にも実行可能である。例えば禁煙プログラムなどが挙げられる。また新薬の治験としても，命に関わる状態の患者の一方に新薬を，他方にプラセボを処方するという実験は倫理的に難しい。例えば新型コロナウィルス用ワクチンがすでに実用化され，かつ感染が拡大している状況で，新たなワクチンの治験をする際に新ワクチンとプラセボでの比較実験を行うことは，効果があるとされているワクチン接種の機会を治験者から奪うことになり，倫理的に実行が難しい。代わりに現状使用されているワクチンと比較して，新ワクチンが劣っていないことを証明する非劣勢試験，もしくは優れていることを証明する優越性試験が検討された（厚生労働省2021）。

　コスト的な障壁として，比較試験は介入・非介入それぞれの装置を用意して，それぞれの変化を観察する必要があり，時間もかかり，費用も膨らむなど，障壁が高い。また，これまで蓄積された知見，治験データなどを活用することで検証が可能なケースもあり，全てのケースにおいて実験が必ずしも行われているわけではない。事例適用研究766件のうち，実験は197件に過ぎず，文献レビューなどから得たデータをもとにマルコフモデルなどを用いてシミュレートしたものが475件と6割を超え，文献レビューからメタ分析を試みているものが94件で1割強である。

　シミュレーション研究の中にも，モデルに投入するデータ自体は公開されているランダム化比較試験の結果を用いたものも含まれている。例えばチュンらは，公開されたランダム化比較試験データから得られた確率をもとに，内視鏡的手根管開放術と開放型手根管開放術それぞれによって生じるアウトカムを推定し，専門家らの判断から測定したQOLと公開されているコストデータとを組合せることで，手根管症候群の治療における内視鏡的手根管開放術の費用効果性の高さを結論付けている（Chung et al. 1998, pp. 1089-1099）。また，マクリーンらは高齢者転倒予防のための集団運動プログラムを扱い，まず，公開されている実験データから年齢や性別ごとの高齢者転倒率およびその際の負傷率を試算した。負傷ごとのQOLやその期間についても，公開されているデータを使用してQALYを算出し，プログラム実施に関わる想定人件費，会

場費，設備費などと組合せることで，男性は女性よりも転倒した際の負傷率の低さなどから当該集団運動プログラムは女性だけに費用効果が高いことを確認した（McLean et al. 2015）。

　このように，オリジナルの実験から得られるデータだけで分析を進めるのではなく，何らかのモデルを構築し，これまでに蓄積された（確率に関するデータも含めた）公開データを投入してシミュレートすることで目的に合致した分析を進めている。介入コストについても上記2研究が示すように，公開されたデータや想定も含めた実費の積上げとしてモデルに組込むことが可能である。そうだとすれば，ヘルスケア分野だけでなく他分野においても，ヘルスケア分野と同レベルの確からしさを担保しつつ，モデルを生成し，図6に示した手順で，これまでに蓄積されたデータを投入したシミュレーションを進めればQALYを適切に適用できると考えられる。

　次に，ヘルスケア分野と同レベルの確からしさを担保するために，ヘルスケア分野でQALYが適用しやすい以下の2条件をクリアするための検討に入る。①検証対象としている術式・薬・治療法を処置（介入）するケースと処置しないケースの結果（症状）を比較することで，QOLの値およびそのQOLが存続する期間の差を観察しやすい。そのため，処置によって得られるQALYを算出しやすい。②処置した場合の結果は処置を施した個人内に現れるため，処置の影響レベルがどの程度かの判断が個人を観察することで可能となる，という2点である。そこで，ヘルスケア分野でQALYが適用しやすい前提条件を一つ一つ航空分野に当てはめて検討する。

　まず，条件①の1つ目の項目として，介入・非介入の比較試験がある。例えば騒音軽減のための介入である二重窓設置を考えてみる。二重窓を設置すると室内騒音が一定dB下げられるので，介入した場合と介入しない場合での室内騒音の比較が可能となる。介入した場合には図6のとおり確率$\gamma1$もしくは$\gamma2$で暴露の有無が分かれる。暴露は航空機発着があることで生じ，航空機騒音に晒される人数に影響する。室内騒音のレベルに応じてアウトカムΔが確率δで生じる。どの程度の室内騒音ならばどの程度の確率でどのようなアウトカムになるかについては，蓄積された研究データからQALY算出に必要な数値の推定が可能である。介入がない場合も室内騒音レベルが分かれば介入がある場合

と同様のプロセスでQALY算出のための数値推定が可能であり，これらを比較することにより，ヘルスケア分野でQALY算出をしている条件と同レベルを担保できると考えられる。

　次に条件①の2つ目の項目である介入のアウトカムによるQOLの値が観察しやすいことである。これについても騒音軽減の例をあてはめてみる。ヘルスケア分野における研究でも，必ずしも対象者からの直接回答によってその都度QOLを測定していたわけではなく，蓄積されたデータを用いてQALY算出にあてていた。航空騒音軽減においても同様に蓄積されたデータを利用することが可能である。二重窓設置により室内騒音が低減することで在室時の騒音暴露量が減じられ，その騒音量であれば確率$\delta 1$でアウトカム$\Delta 1$，確率$\delta 2$でアウトカム$\Delta 2$が生じることが蓄積されたデータから推定できる。アウトカム$\Delta 1$，$\Delta 2$の状態でのQOLも蓄積された公開データから投入することが可能であり，ヘルスケア分野でQALY算出をしている条件と同レベルを担保できる。

　次に条件①の3つ目の項目であるQOLの存続期間が観察しやすいことである。騒音軽減にあてはめれば，項目2つ目と同じように二重窓設置によって室内騒音が低減し，航空機騒音そのもののハザード量が変化するまでは暴露量が変化しないため，項目2つ目でのQOLが一定のまま存続する期間が明確である。暴露量が変化する例としては，夜間飛行が拡大されることや飛行ルートをより低空にすることなどで暴露量が増加するケースが想定される。暴露量である室内騒音レベルが変化すればそれに伴ってアウトカム，QOLも変化する。このような変化はヘルスケア分野でいうと，それまでの状態から何等かの症状変化によりQOLが変化することに相当する。どちらもQOL変化に合わせてQALY算出が可能である。よってQOLの存続期間についてもヘルスケア分野でQALY算出をしている条件と同レベルを担保できる。

　最後に条件②の項目である介入効果の判定である。ヘルスケアの場合，その症状にある個人に対して処置がなされ，その効果は症状改善などの形でその個人に現れるため，判定がしやすい。副作用についてもその個人内で現れることからリスクトレードオフを検証しやすい。これについても航空騒音のケースにあてはめてみる。二重窓設置によって室内騒音レベルがどれだけ下がるかについては，設置する二重窓の防音性能によって決定するため，室内騒音を減じる

効果の判定は容易である。室内騒音がもたらす QOL への影響については蓄積されたデータが利用できる。このように，対象となる集団（航空騒音への暴露という特定のリスクを有する集団）内での介入効果についてはヘルスケア分野と同様のレベルを担保できる。

問題となるのはリスクトレードオフの影響判定である。二重窓設置による当該住戸内住人にとってのリスクトレードオフとしては，窓を開ける際に 2 つの窓を開ける手間程度であり，いわば副作用が対象個人内に収まっており，これも QOL に影響を与えるものであれば加味することが可能である。

次に二重窓設置ではなく，深夜の飛行禁止時間設定という介入をした場合を考えてみる。この場合の目標リスクは当該住戸内住民が感じる騒音であり，対抗リスクには航空便を減らされることによる航空会社および利用客の便益低下がある。目標リスクを持つ対象集団とは異なる集団に対抗リスクが生じるものであり，メタ個体群管理をする際にはこの対抗リスクまで考慮する必要がある。当該住戸内住民にとっては深夜時間帯の騒音暴露がなくなり，QOL が向上する一方で，深夜時間帯に離着陸できないことにより，利用客や航空会社が得られたであろう経済的利益を失うことになる。すでに確認したとおり，「生活の質を 1 年間向上させる」ためのコストを設定することで，これらの経済的得失による QOL の変化を表現できるため，飛行禁止時間設定という介入の対抗リスクもマイナスの獲得 QALY（＝損失 QALY）として表現できる。

つまり，個体を対象とした場合と同様に，メタ個体群を対象とした場合もプラスのアウトカム（獲得 QALY）とマイナスのアウトカム（損失 QALY）の合計で総獲得 QALY が導かれる。トレードオフの影響範囲が目標リスクを持つ集団に留まらず，他の集団に波及する点は，ヘルスケア分野での介入による副作用がその個人内に留まるという特徴とは異なるものの，介入効果判定プロセスの本質は変わらない。

以上のように整理してみると，決定的な因子はやはり，目標とするリスクの生起確率と介入をした場合のそのリスクの生起確率の変化である。またそのリスクが生起した場合にどのようなアウトカムに至り，そのアウトカムは QOL をどのように変化させるかである，と分かる。これらの因子をどれだけ確からしく定められるかがポイントである。定め方としては，実験から求めてもよい

し，蓄積されたデータから利用してもよいことはこれまでの文献レビューで確認した。

　しかしながら本書で扱う航空分野では，航空騒音の他に航空機事故や航空機テロのリスクを扱う。これらは不確実性が極めて高く，その生起確率を求めたとして，どの程度確からしいと判断できるだろうか。まず航空機事故について検討する。航空機事故については事故後の調査によってその原因解明が進められ，それらの積み重ねによる各種の統計がある（例えば Boeing 2020 など）。統計には機体，使用年数，航空会社，発生地，発生タイミング，死傷者数などのデータが含まれ，事故につながる事象が発生する頻度などのデータも公開されている。当然，ある事象の発生を防ぐための装置をつけた機体とつけない機体を何度も運航させて比較試験をすることは現実的ではない。しかしながら，蓄積されたデータをもとに，その装置がある場合とない場合で，ある特定の事象が発生した確率を比較することにより，その装置の効果を推論することができる。ある事象の発生により至ったアウトカム（死傷者数など）が分かれば，その状態がどの程度の QOL に値するかについても，これまで蓄積されたヘルスケア分野でのデータから推論することも可能である。したがって航空機事故に関しては，決定的な因子である目標リスクの生起確率と介入した場合の生起確率の変化，目標リスクが生起した場合のアウトカム，そのアウトカムがもたらす QOL の変化を確からしく推定することができると考えられる。

　次に航空機テロについて検討する。ポズナーは，テロの脅威分析とテロ対策は確率をもとにして形成されなければならないとし，ある出来事の確率を定量化することはできないが，確率が高いか低いかということは算定できるとしている（Posner 2007, pp. 1-2）。そのような考え方のもと，航空機テロに関するリスクとその対策の費用便益を分析した研究を参考にしながら，図6で示したような確率とアウトカムのツリーを形成できるかを検討する。

　エゼルらは，知能を持ったテロリストの行為を確率的に推定していくことの難しさを認めつつ，テロのような複雑なイベントでもそれを構成する一つ一つの因子に分解し，それぞれの生起確率を算出しやすくすることで，全体の生起確率算出の確からしさの担保を試みている（Ezell et al. 2010, pp. 575-589）。それに対しブラウンらは，エゼルらの主張である自然災害や工学系システムに

おける確率論的リスク分析をテロリスク分析にも同じように適用できるとする証拠が具体的に示されていないと指摘した。その上で，伝統的な確率論的リスク分析は，過去のデータをもとに組み立てていることから，攻撃ターゲットの状況に応じて行動を変えることのできるテロリストには有効ではなく，防御側の状況を理解した上で応変するテロリストの行動をモデル化しなければリスクを適切に評価できないと主張した（Brown and Cox 2011, pp. 196-204）。

　確かにテロリストの行動は自然災害とは異なり，ランダムに発生するものではなく，テロリストがテロを起こそうとするかどうかにかかっているため，過去のデータから発生そのものの確率を推定することは確からしさを担保できないように思われる。しかしながら，介入は発生の端緒や意図そのものを阻止することだけではなく，発生した際の影響を最小限に抑え，完遂までには至らせないことも目的としている。この点はブラウンらが重視する「どこが大きなリスクとなりうるかの推定」から「重要インフラのレジリエンスを高めること」への移行（Brown and Cox 2011, p. 204）という方向性と合致する。ヘルスケア分野でも，初期症状の発生そのものを阻止することに主眼を置くのではなく，発生した症状を緩和，治療するための方法としての介入を対象とし，分析しているものが多数である。

　ヘルスケア分野と同等の確からしさを維持しつつ QALY を適用するには，発生そのものの確率も重要な因子であることは認識しつつも，発生した場合の介入の効果に焦点を当てて検討を進めることがよいと思われる。発生確率に焦点をあてないことが適切でないという指摘に対し，ヘルスケア分野での癌発生部位を例に考えてみる。胃がんが癌治療の第一位の時代もあれば，大腸がんが第一位の時代もあるように，生活環境や習慣などによってそれぞれの発生率が変化する。この発生率そのものを変化させようという介入もあるが，介入の大部分は手術を含む治療であり，発生した後の介入によって，死に至らないように（癌の完遂にまでは至らせないように），状態を改善することに注力するものである。同様に，テロリスクについて，発生確率の算定は困難だと考えられるものの，完遂にまでは至らせない確率であれば，蓄積された知見をもとにヘルスケア分野と同程度の確からしさを担保できるものと考えられる。

　以上を踏まえて，航空保安については，発生した場合の介入効果を QALY

80 第2章 政府活動の成果を測定するリスク削減量指標と表現形式の検討

で算出するために必要な条件について，航空保安施策の費用便益分析を行った
スチュアートらを参考に確認する。スチュアートらは，想定されるセキュリ
ティ施策ごとに，どの程度の確率でテロを阻止することができるかを積み重
ね，それら施策全体としてのテロの阻止率を算出し，その確率が確からしいか
については感度分析を行うとともに，他の研究で算出されている数値と比較す
ることで確からしさを担保した（Stewart and Mueller 2013, pp. 893-908）。
本書ではスチュアートらの検証した方法に準拠する形で検討を進めることで，
QALY算出に伴う図6における介入による確率的な数値を得ることとする。
確率的な数値が得られれば，それに伴うアウトカムに相当するQOLデータを
用いることでQALY算出が可能になる。したがって，ヘルスケア分野におけ
るQALY適用と同様に，航空保安領域においてもQALYを適用できると考え
られる。

　以上，ヘルスケア分野におけるQALY適用と同じ確からしさで航空分野に
QALYを適用する方法を検討してきた。対象の違いはあるものの，ヘルスケ
アで適用しているQALYを航空に適用することは可能であり，十分な確から
しさを担保できると考えられる。次節では第1章冒頭で提示したモデルを再提
示した上で，提示したモデルがこれまでに整理してきた条件をクリアできるこ
とを確認する。

第7節　まとめ―モデルが条件をクリアできることの確認

　これまで整理してきたヘルスケア分野でのQALY適用研究を参考に，「航空
分野において，政府による規制がどの領域で，どの程度のリスク削減量をもた
らしているか」を測定しうるモデル生成のプロセスをまとめたものが図7であ
る。図7では，「どの領域で」に答えるために航空分野をリスクの性質に応じ
て4つの領域に分類している。

　それぞれのリスク削減のための介入（規制）がもたらすアウトカムに至る確
率，アウトカムがもたらすQOL，介入の対象数，QOLが継続する期間の積か
ら介入ごとの獲得QALYが導かれる。リスクAの消費者余剰機会損失に対す
る介入のアウトカムは，リスクB，C，Dのそれとは異なり，ある一定の時期

第7節　まとめ―モデルが条件をクリアできることの確認　*81*

に実施された競争促進規制を1つのセットとみなし，そのセットによって生み出された消費者余剰をもってアウトカムとみなす。

　全てのリスクに共通の条件として，介入によるアウトカムと非介入によるアウトカムの差を介入の純粋な効果とみなすものの，消費者余剰は既にそのような加減がなされている。目標リスクを削減するために生じた対抗リスク（介入

図7　モデル生成のための手順イメージ

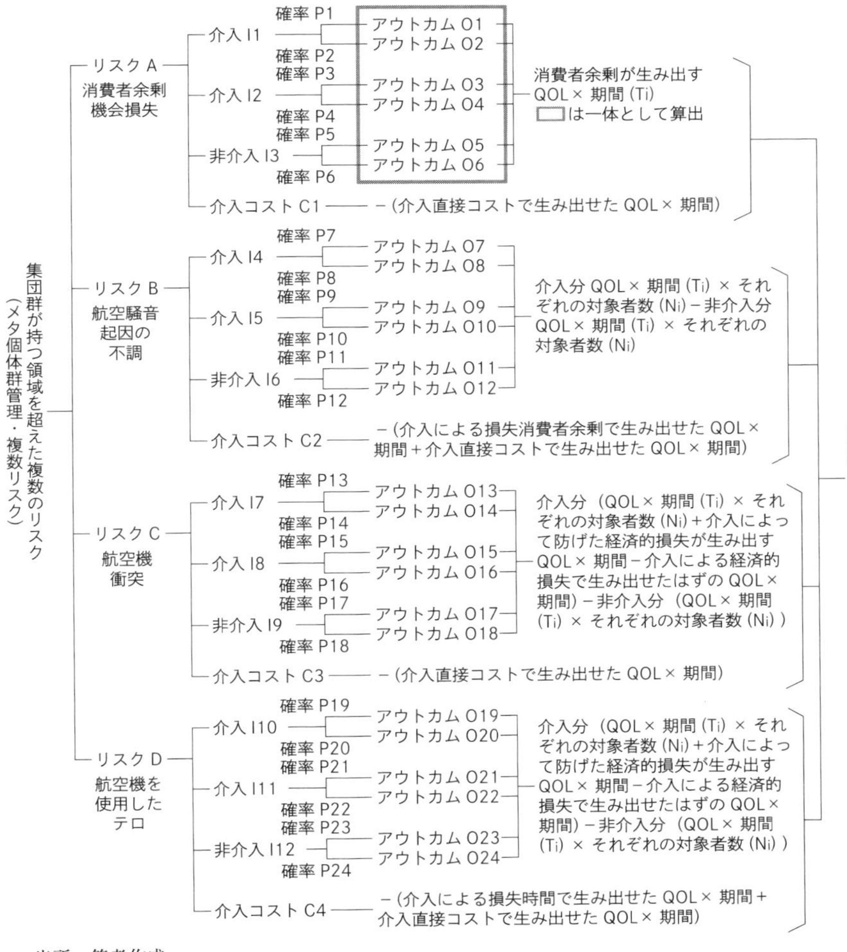

集団群が持つ領域を超えた複数のリスク（メタ個体群管理・複数リスク）

リスクA 消費者余剰機会損失
- 介入I1 ── 確率P1 ── アウトカムO1 / アウトカムO2
- 介入I2 ── 確率P2・確率P3 ── アウトカムO3 / アウトカムO4 ── 確率P4・確率P5
- 非介入I3 ── アウトカムO5 / アウトカムO6 ── 確率P6
  - 消費者余剰が生み出すQOL×期間 (T_i) ☐ は一体として算出
- 介入コストC1 ── −（介入直接コストで生み出したQOL×期間）

リスクB 航空騒音起因の不調
- 介入I4 ── 確率P7 ── アウトカムO7 / アウトカムO8
- 介入I5 ── 確率P8・確率P9 ── アウトカムO9 / アウトカムO10 ── 確率P10・確率P11
- 非介入I6 ── アウトカムO11 / アウトカムO12 ── 確率P12
  - 介入分QOL×期間 (T_i) ×それぞれの対象者数 (N_i) −非介入分QOL×期間 (T_i) ×それぞれの対象者数 (N_i)
- 介入コストC2 ── −（介入による損失消費者余剰で生み出したQOL×期間＋介入直接コストで生み出したQOL×期間）

リスクC 航空機衝突
- 介入I7 ── 確率P13 ── アウトカムO13 / アウトカムO14
- 介入I8 ── 確率P14・確率P15 ── アウトカムO15 / アウトカムO16 ── 確率P16・確率P17
- 非介入I9 ── アウトカムO17 / アウトカムO18 ── 確率P18
  - 介入分（QOL×期間 (T_i) ×それぞれの対象者数 (N_i) ＋介入によって防げた経済的損失が生み出すQOL×期間−介入による経済的損失で生み出せたはずのQOL×期間）−非介入分（QOL×期間 (T_i) ×それぞれの対象者数 (N_i)）
- 介入コストC3 ── −（介入直接コストで生み出したQOL×期間）

リスクD 航空機を使用したテロ
- 介入I10 ── 確率P19 ── アウトカムO19 / アウトカムO20
- 介入I11 ── 確率P20・確率P21 ── アウトカムO21 / アウトカムO22 ── 確率P22・確率P23
- 非介入I112 ── アウトカムO23 / アウトカムO24 ── 確率P24
  - 介入分（QOL×期間 (T_i) ×それぞれの対象者数 (N_i) ＋介入によって防げた経済的損失が生み出すQOL×期間−介入による経済的損失で生み出せたはずのQOL×期間）−非介入分（QOL×期間 (T_i) ×それぞれの対象者数 (N_i)）
- 介入コストC4 ── −（介入による損失時間で生み出したQOL×期間＋介入直接コストで生み出したQOL×期間）

総獲得QALY

出所：筆者作成。

コスト，介入によって生じた経済的損失）や介入によって防ぐことのできた経済的損失なども加減変数として組み入れる。

図7を数式で表現すると以下のとおりであり，第1章の冒頭に提示したモデルである。

$$\sum_{i=1}^{n} (P_i O_i N_i T_i + \frac{C_{oppotunity\, i} - C_{intervention\, i}}{C_{QALY}}) = 総獲得 \text{ QALY （リスク削減量）}$$

P：介入によってもたらされるアウトカムが生じる確率であり，複数の値（例：当該規制の実施率が10％であり，実施対象の50％がアウトカム O に至る規制であるなど）が組み合わせられる場合もある

O：介入によってもたらされるアウトカム（状況）の QOL

N：介入した対象（者）数

T：介入によってもたらされるアウトカムが継続する期間

i：図7における確率，アウトカム，対象（者）数，期間のバリエーションであり，介入の種類と数に応じて変化する

n：介入数と介入によってもたらされるアウトカムの数によって変化する

C_{QALY}：QOL を0から1に1年間上げるコスト

$C_{intervention}$：介入に必要な直接コスト

$C_{oppotunity}$：介入によって生み出される消費者余剰（＋），介入によって失われる消費者余剰（－），介入によって防ぐことができる経済的損失（＋），介入によって生じる経済的損失（－）

総獲得 QALY：規制によるリスク削減量

アウトカム O は正の数値だけでなく，負の数値も取りうる。介入による目標リスク削減でもたらされた QOL はそのまま正の数値として表される。介入によって生じた対抗リスクが QOL を変化させる性質のものであれば，その QOL は負の数値でアウトカム O の1つとして表される。$C_{oppotunity}$ と $C_{intervention}$ は目標リスクを削減したもの（介入によって生み出される消費者余剰，介入によって防ぐことができる経済的損失）と対抗リスクが生じたもの（介入に必要な直接コスト，介入によって生じる経済的損失）とみなすことが

第7節　まとめ—モデルが条件をクリアできることの確認　　*83*

できる。このように単純なモデル式でありながら，目標リスク削減と対抗リスク発生を同時に表現している。既に確認したように QALY 算出プロセスはもともと単純なものであり，このモデルもそれに沿ったものにした。

　このモデルが「航空分野において，政府による規制がどの領域で，どの程度のリスク削減量をもたらしているか」に答えうることは，第1章第1節において，モデルに組込むべき指標とその測定結果の表現形式に求められる条件1から条件5までに合致していることを示し，既に確認している。その上で，クリアしなければいけない課題がある。確率的生命価値という「生命の金銭価値化」を否定して QALY を採用したにもかかわらず，このモデルには「いくらあれば 1QALY 獲得できるか」という変数である C_{QALY} を組み込んでいることから，金銭的価値を QALY 換算しようとしていることの妥当性をどう担保するかである。この課題をクリアすることがこのモデルの妥当性をさらに高めるため，以下のように整理した。

　このモデルに組み込んだ C_{QALY} は，否定した「生命の金銭価値化」とは異なるものである。C_{QALY} は，実際にいくらあれば，生活の質全体の指標でもある QOL を1年間向上させられるのかという，「金銭的価値を QALY 換算する」ための変数である。「生命の金銭価値化」すなわち確率的生命価値は，リスク削減に対する支払「意思額」であり，所得の違いやリスク感度の違い等の主観によってその額が大きく異なることがある。一方 C_{QALY} は，この金額があれば1年間生活できる（生活の質を向上させられる）「実態の額」である。つまり，あるリスクに対する感度や金銭的な価値観が異なる層であったとしても，この金額で1年間生活できる実態の額が設定される。このように，否定したのは「生命の金銭価値化」であり，「金銭的価値の QALY 換算」ではない。さらに，「航空分野において，政府による規制がどの領域で，どの程度のリスク削減量をもたらしているか」に答えるためには，規制の効果を直接的な健康状態だけでなく，経済的得失まで含めて測定することがモデルには求められる。これらを踏まえれば，生命の金銭価値化の弱い点である「主観的なリスク感度」に拠らない変数（実際にいくらあれば QOL を1年間向上させられるのか）を組み込み，規制の効果である経済的得失を QALY 換算することに妥当性がある，と考えられる。

84 第2章 政府活動の成果を測定するリスク削減量指標と表現形式の検討

　最後に，このモデルに割引率を組込むべきかについて検討する。今現在使うことのできる100万円と10年後に初めて使うことのできる100万円を比較すると，後者の方が価値が低いとされ，費用便益分析などにおいては将来的に見込める便益を現在の便益と比較するために一定の割引率を用いた減価が行われる。

　その際使用される社会的割引率の大きさについて，総務省行政評価局政策評価課は「確立された値はないが，日本では，各府省の評価マニュアル等において社会的割引率を4％と設定している例が多い」（総務省行政評価局政策評価課 2017年7月，15頁）という。また，大谷らの調査によれば主要先進国で公共事業評価に適用される社会的割引率は国や対象とする施策による差があるものの，概ね2〜10％の範囲で設定されている（大谷ほか 2013, I_163-171頁）。福田らは，実践的に広く使用されている医療経済評価ガイドラインが存在しないという課題認識から，分析手法に関するガイドラインを作成し，割引について以下のようにまとめている。将来に発生する費用やアウトカムは割引を行うことを原則とし，年率2％割引を推奨する。分析期間が1年未満あるいは短期間でその影響が無視できる程度であるときは割引を行わなくてよい。公共事業での4％割引には過大投資を防ぐ目的から合理性があるが，医療分野での高めの割引率設定は小児等の将来の健康を大きく割引くことになり課題がある（福田ほか 2013, 635-636頁）。当然ながら割引率が高いほど，将来の価値をより低く評価することになる。

　このように投資の観点で検討する際には割引率の適用に異論はないものの，割引率を金銭価値にではなく，生命価値に適用することに対しては検討の余地がある。ホロウィッツらは，将来的に救われる命が割り引かれるべきか，割り引かれるとしたらどの程度の割引率を用いるべきかについて，リスク特性に応じて異なる割引率を用いるべきであるという課題認識を持ち，あるリスクに対する個人の割引率を導き出す方法を考案した。学生を対象に実施したところ，将来救われる命は現在の命の価値と同じ価値であるとは見做さない学生が多数であるものの，割引率ゼロを選択している学生も少なからず存在したことを報告している（Horowitz and Carson 1990, pp. 403-413）。クロッパーらも，将来救われる命は割り引かれるべきか，明日救われる命と同価値として扱

第7節　まとめ—モデルが条件をクリアできることの確認　*85*

われるべきかに答えるために，無作為に抽出した対象に電話調査を行い，圧倒的多数の回答者が将来救われる命には低い価値を与える結果を示したと報告している（Cropper et al. 1992, pp. 469-472）。確かに，一般の生活者の選好はこれらの報告に現れているといえるかもしれないが，そもそも QALY には時間選好の因子が含まれており，さらに割引くと重複割引となるという指摘もある（MacKeigan et al. 2003, pp. 165-169）。

　フリードマンは，導入した最初の年だけに 800 人の命が救われる規制と，導入 10 年後の年だけに 1,000 人の命が救われる，どちらも同じ額の費用がかかる 2 つの規制を例として，割引率 3％なら前者，割引率 1％なら後者が有利になるとし，割引率の違いで結果が大きく変わることを指摘した。その上で，割引率を適用するということは，未来の命は現在の命よりも軽いという前提を明確に採用していることとなり，危険な前提であるとし，割引率ゼロ％を採用すれば全ての命を同じ価値として扱うことができると結論づけている（Friedman 2020, pp. 63-64）。

　未来の命を現在の命よりも軽く扱うという前提は，とりわけリスクトレードオフが生じる時に大きな意味を持つ。目標リスクを削減する際に生じる対抗リスクが異なる集団に生じる場合（例えば高所得者から低所得者にリスクが移転する場合）と同様に，現在に生きる人々の目標リスクを削減し，将来世代に対抗リスクを発生（リスク移転）させるだけで，同じ数の命が失われる同じ結果であっても，インパクトを減じることができてしまう，ということである。個人の範囲内で見たリスク削減策としてであれば，このような選択は意味があると言えなくもない。しかしながら，政府が果たすべき国民の安全を確保する役割という観点からすれば，実質的な総リスク量は不変にもかかわらず，割引率を適用して形式的なリスク量を変化させるだけで，その役割を果たしたとは言いづらい。この観点からすれば，当然，将来の命を割り増しすることも望ましくない。

　また，「ヘルスケア予算が固定で，増分費用効果比に基づいて意思決定されるならば，費用もヘルスゲインも同率で割引くことが望ましい」（Claxton et al. 2011, p. 2）というクラクストンらの指摘は，増分費用効果比を求めるのではなく，規制によるリスク削減の絶対量を求めようとするモデルには，割引率

適用が適切ではないことを裏付けていると思われる。

　以上を踏まえ，公共投資抑制の観点から施策ごとの効率性を問う際には割引率適用が有益であるものの，本書で生成するモデルには割引率を含まないことが妥当であると考えられる。

　モデル提示としてはこれで1つの解答を得たことになるが，第3章において，このモデルを用いて「航空分野において，政府による規制がどの領域で，どの程度のリスク削減量をもたらしているか」の答えを導くプロセスを例示する。その過程で得られる含意を明らかにすることで新たな研究課題を提示することが可能になると考える。

注

1　確率的生命価値は統計的生命価値とも訳されるが，本書では確率的生命価値を用いることとする。また，生命価値という言葉がそもそも誤解を招く名前であり，死亡リスクが減少することの価値とみなすのがより正確であるとの指摘もある（Boadway 2006, p. 25［2005, 27頁］）。

2　例えば岸本は，自動車事故死者数（事故後24時間以内）が1992年には人口10万人当たり9.2人から1996年には人口10万人当たり7.9人にまで下がった一方，負傷者数は1992年10万人当たり678人から1995年には742人に増加したことをもって，死者数だけの観点では全体としてのリスク削減には貢献できないとしている（岸本1998, 98頁）。

3　各項目についての詳細は田崎・中根（2007）を参照のこと。

4　データベースの一例としてテングスは，154本の先行研究レビューによって1,000種のQOL推定値を収集した（Tengs and Wallace 2000, pp. 583-637）。テングスらが対象とした研究のうち，51％が対象者に直接問う手法（基準的賭け法，時間得失法，評点尺度法のいずれか）を採用し，32％が専門家による数値推定，17％がQuality of Well-Being（QWB）Scale, Health Utilities Index（HUI），EuroQolなどのツールを用いた推定であった。その中には同じ健康状態であっても研究者によって異なるQOL値を推定しているものもある（Tengs and Wallace 2000, pp. 583-637）ため，一定の幅があることを前提として用いる必要があるが，QOLデータベースとしての価値は高い。

5　同様の研究としてCram et al.（2003），pp. 466-473がある。

6　ジャオらの研究は本書で目的とする「規制によるリスク削減量測定」と方向性を同一にするものであるが，本書では医学的な内容に限らない事象も含めて対象としていることが大きな相違点である。また，航空機騒音による心身への影響を扱った諸研究は総じて，騒音による負の影響そのものに焦点を当てているのに対し，本書では，その負の影響（リスク）を規制によってどの程度削減できるのかに焦点を当てていることに違いがある。

7　仮に408万円に平均寿命に近い84年を乗じると3億4,272万円となり，先行研究で示されている確率的生命価値に対する認識（例えば岡2002, 40頁）と概ね合致する。

8　QALYに関する論争を整理した日本語文献としては坂井（1992），246-272頁や橋本（1998），53-64頁などがある。

9　ハリスが批判するのも「どちらか一方を助けるとしたらどちらを助けるか」という問いに答える

注　*87*

基準として用いた場合の QALY という点である（Harris 2005, pp. 373-375）。

10　ウィリアムスのまとめた QALY に倫理的に反対する人（Williams 1996, p. 1795）もこの感覚を持っているだろう。

11　マザーズらは様々な文献レビューから多くの症状についての disability weight を整理している（Mathers et al. 2001, pp. 1076-1084）。

12　初期の QALY は限られた資源の配分のための意思決定のための指標という側面が強く，それについての批判に対し，QALY を進化させようという努力が続けられてきた（例えば Smith et al. 2009, pp. S1-4）。また，同号の収録論文には他にも QALY を進化させようとする取組みが網羅的に紹介されている。ただし，本書での QALY の用い方はそれとも若干異なっている。

13　DALY を用いて健康影響の比較分析および政策の効率分析を行った研究として Hollander et al. (1999), pp. 606-617 があるが，DALY で効率を扱うとどの人を救うかの議論になりやすい。また，ラシュビーらは DALY を価値中立的に紹介し，その使用について賛否の土台となる議論を展開している（Fox-Rushby and Hanson 2001, pp. 326-331）。

14　ベンが指摘するように，目的が異なればそれに適した測定手法，ツールは異なってくる（Behn 2003, pp. 586-606）。

15　以下の内容は同書からそれぞれの項目について簡単にまとめたものである。

16　政策評価審議会政策評価制度部会の下に設置された規制評価ワーキング・グループは，各府省の規制事前評価において，費用項目が定量化されないことについて，公表データや検討段階でのヒアリング，市場調査等から参考となるものが整理されているなど，実際には可能であり，一部であっても定量化，金銭価値化を強く望むと指摘する（規制評価ワーキング・グループ 2016 年 2 月, 5 頁）。

17　同様に，規制評価ワーキング・グループは以下のように指摘する。経済的被害や事故の防止といった観点から実施する規制に係る便益の算定に当たっては，単に「被害が軽減される」や「事故が防止される」ではなく，「どの程度軽減される又は防止される」との評価が望まれ，ベースラインとしての現状においてどの程度の被害が発生しているかなどから推計が可能とする（規制評価ワーキング・グループ 2016 年 2 月, 7-8 頁）。

18　第 2 章第 2 節で示したとおり，Jiao et al. (2017)；Cram et al. (2003)；Rhodes et al. (2013)；Sanchez et al. (2014) などがある。

第3章

モデルを用いたリスク削減量測定プロセスの例示

第1節　航空分野における規制領域

　本節では航空分野における規制領域について整理し，提示したモデルを用いたリスク削減量を測定するプロセスを例示するためのベースとする。まず，航空分野を素材とした政策研究および規制に関する研究について簡潔に触れる。経済学および法学からのアプローチは多いものの，政治学，行政学からのアプローチは比較的少ない。経済学的な分析についてはそれぞれの節にて整理することとし，ここでは政治学，行政学的な視点からの研究について整理する。

　松並は日英の航空民営化・規制緩和を素材に，個別の政治・行政過程に対するイデオロギーの影響を考察している（松並 1996, 167-192 頁）。高松はイギリスの航空民営化・規制緩和がその後の政治過程にどのような影響を及ぼしたかについて分析している（高松 2010, 395-425 頁）。また，秋吉は日米の航空輸送産業における規制改革過程を制度，アイディア，政策学習という3つの分析視角を用いて分析し，なぜ特定の政策およびアイディアが採用され，それがどのように変容したかとの問いに答えようとした（秋吉 2007）。河越も政策アイディアに着目し，EC における規制緩和なき自由化についての政策過程を説明した（河越 2011, 401-423 頁）。深谷は政府と産業の相互作用を明示的に取り込んだ分析フレームを構築し，航空・石油・通信の各セクターにおける規制緩和の実態を実証的に描いている（深谷 2012）。李は日中の航空交渉過程を分析し，国家間における政治とビジネスの連動関係についてまとめている（李 2000, 15-44 頁）。全体的に政策過程，政治過程を扱ったものが多い。

　本書の目的は，これらの先行研究を踏まえつつ，「航空分野において，政府

による規制がどの領域で、どの程度のリスク削減量をもたらしているか」に答えうるモデルの生成である。そのモデルによって、政府活動の成果を明らかにする可能性を拓き、その過程で現状の政策評価・規制評価手法では掬いきれないものを補完することで、これまでの研究に行政学的観点からも新たな視点を加えることができると考えている。

　すでに整理したとおり QALY を用いた研究としては、その性質上、医療・生命関連の素材を対象としての研究が主である。航空を素材にした研究もあるが、対象を医療関連に限定したものである。また、金が行政学の観点から英国国立医療技術評価機構（NICE：National Institute for Health and Clinical Excellence）を素材に分析した際に、NICE が QALY を重要な指標としていることに触れている（金 2012, 75 頁）ものの、直接的に QALY を用いたものではない。そのような状況に対し、本書では政府活動の成果である規制によるリスク削減の度合いを測定可能にするという目的のもとで QALY を組み込んだモデルを提示した。政治学や行政学とは必ずしも近しくない分野において有用とされる手法を、政治学・行政学が抱える課題に適用し、その課題に応えることは行政学的にも意義があるものと思われる。

　次に、航空に関する規制の特徴について整理する。まず、国際的枠組みによる規制と国内規制との調和が挙げられる[1]。そもそも、航空は単一国家の領域内においてのみ行われるものではないことから、国際的な枠組みが歴史的に不可欠であった[2]。国境を越えた問題に対応するために、各国の規制を調和させる必要性が議論されてきたのは自然な流れであり、国際的ルールと国内規制の整合性が課題であることは他の領域と同様である。では、具体的にそれらの関係をみていく。

　航空規制には「条約（treaty）と国内立法（national law）が存在し、条約は、航空法がそれを中心として発達してきたことと、航空法における規律統一の重要性のために、他の法分野におけるよりも特に重要な地位を有している」（関口・工藤 2007a, 5-6 頁）。しかし各国の市場は「歴史的・文化的に形成され（中略）、規制のあり方が各国によって異なることにも合理性がないわけではなく、この相反する方向性をどう均衡させるかが問われている」（須網 2003, 65 頁）ことも踏まえなければならない。

国際民間航空条約（シカゴ条約）37条は，「各締約国は，航空機，航空従事者，航空路及び付属業務に関する規則，標準，手続及び組織の実行可能な最高度の統一を，その統一が航空を容易にし，且つ，改善するすべての事項について確保することに協力することを約束する」としている（外務省条約検索ウェブサイト：http://www.mofa.go.jp/mofaj/gaiko/treaty/pdfs/B-S38-T2-1149_2.pdf）。それを実現するためにICAOによる国際標準や勧告の採択や改正が行われる。締約国は条約にしたがって国際標準を遵守する必要があり，履行できない場合，ICAO理事会への通告が義務づけられている（川原 2002, 66-67頁）。

国際標準との整合については，航空法第1条に「国際民間航空条約の規定並びに同条約の附属書として採択された標準，方式及び手続に準拠して」とあり，国際民間航空条約附属書改定に合わせて，航空法令・告示が改正され，国際標準等への整合がなされていく。

以上は国際規制が国内規制に及ぼす影響に焦点を置いた整理である。一方，国内規制が国際規制に影響を及ぼすことも少なくない。ドレズナーは，遺伝子組み換え作物を素材に，経済のグローバル化それ自体が世界的な政策的収斂をもたらすというよりも，国家，とりわけ大きな市場を持つ国家が国際的な規制の調和に果たす役割が大きいことを指摘している（Drezner 2005, p. 856）。航空分野に関して言えば，アメリカがその大きな市場を持つ国家として考えられるだろう。したがって，アメリカの規制制定や規制緩和の流れを踏まえることが，国際的枠組み，さらに日本の規制枠組みを理解する上で重要となる。

さらに，ある象徴的な事象，すなわちこれまでの規制では対処できない重大なハザードへの暴露が発生した場合，その発生国だけでなく，他国でも同様のリスクに晒されていることが考えられる。その場合，発生国で実施される新たな規制が，他国および国際的にも実施されるように，象徴的な事象および新たな規制に焦点を当てることにも意義がある。

以上のことに鑑みると，航空分野は国際的な規制の枠組みが国内規制に影響を与える事例として格好の素材となる。また，その逆も同様に格好の素材となる。リスク削減に際して，ある国の事例はそのまま国際的にも一般化しうる。どこかでありうるリスクはまた，別の国や地方で起こりうるリスクであるとい

うことであり，1つの象徴的な事象への対処が国際的な規制として新たに形成
されていく合理性を有している。このことは，本書において全ての規制を対象
とするのではなく，領域ごとの象徴的な規制に焦点を当てる理由でもある。

　では，次に業界団体が果たす機能について森田を参考に整理する。規制につ
いて論じる際に，業界団体の機能は重要である。森田によれば業界団体は「多
数の事業者を統合し，事業者の意見を集約し，利益を代表する機関が必要で
あることに基づいて組織されたものであり，業界の利益のために様々な活動を
行っている」（森田 1988, 122 頁）。その具体的機能，行為として政策決定過程
への働きかけ，技術開発，事業者間の相互扶助等が挙げられる。また，森田は
業界団体自身が行政機関の指示・命令に基づいて行うこともあれば，それに先
行して行われる自主規制があるとし，業界団体は「行政機関の出す指示・命令
を末端の事業者まで浸透させ，周知徹底せしめる経路としても機能」し，「事
業者に対する指導や違反行為の抑制といった監督活動を，業界団体が行政機関
にかわって行う」（森田 1988, 123 頁）としている。このように，その業界に
対する規制に大きな影響を持つ業界団体について確認する必要があるため，以
下に航空事業関連の業界団体の概要を整理する。

　民間航空会社の国際的業界団体として IATA（International Air Transport
Association：国際航空運送協会）がある。大竹は IATA について以下のよう
に報告している。

　　1945 年に設立され，2010 年 12 月時点での加盟航空会社は 118 カ国 230 社
　であり，定款として以下の定めがある。①世界各国国民のための安全，確実
　且つ経済的な航空運送を発達させ，航空産業を推進し，これに関する問題を
　研究し②直接もしくは間接に国際航空運送事業に従事している航空運送企業
　間の協力機関となり③ ICAO 及びその他の団体に協力すること（大竹 2011,
　41 頁）。

　また，IATA での決議は「ICAO 総会でも報告され，産業界の自主行動計画
として承認される」（大竹 2011, 43 頁）など，業界団体として政策への影響力
を有している。

92 第3章　モデルを用いたリスク削減量測定プロセスの例示

　国内については，全日本航空事業連合会がある。1954年2月に任意団体として18社の会員会社で発足し，1963年社団法人として設立された。2012年時点での会員社数は62社であり，定款として以下の定めがある。

　　①航空事業に関する諸般の調査研究②航空事業に関する統計の作成並びに資料及び情報の蒐集③航空事業に関し，政府，国会その他に対する意見の具申及び請願④航空事業に関する意見の交換⑤航空関係図書及び会誌機関紙の刊行。全日本航空事業連合会として，規制緩和等に関する要望など，航空法の改正やこれに伴う諸基準の改訂等により生ずる変化が事業活動に多大な影響を与えないよう業界の要望の反映に努めたり，安全規制の強化等についても会員各社の経験等を踏まえた改善要望を行っている（全日本航空事業連合会ウェブサイト：http://www.ajats.or.jp/）。

　上記のような国際的な業界団体および国内の業界団体は本書で扱う規制の制定段階にも大きく影響したと考えられるが，本書で着目するのは，その業界団体の影響も含めた実質的な規制遵守率である。団体の構成員であり，実際の運航を行う航空会社がその規制をどれだけ遵守しているかが，規制の効果に影響する。本書で提示したモデルはそのような規制遵守率も変数として加味されている。したがって，個別の業界団体がどのような動きをし，どのような影響を与えたかについては対象の中心から外れるため，ここでは業界団体が規制の各プロセスにおいて影響を与える重要なアクターであることを確認するという程度にとどめたい。

　次に規制領域について検討する。一般的に規制は社会的規制と経済的規制に分けられる（大山1996, 68頁）が，本書では，その規制が対処しようとしている目標リスクの性質から，社会的規制をさらに航空安全規制・航空保安規制[3]・（狭義の）社会的規制に分類し，それらに経済的規制を加えた4領域を設定する。その上で各領域における規制によるリスク削減量を測定する。

　各規制領域の詳しい整理はそれぞれを扱う節で行うとして，ここではまず，規制領域ごとの目標リスクの具体例を示すことで領域のイメージを共有する。航空安全規制の目標リスクは航空事故である。航空機の墜落や航空機同士の衝

突はもちろん，バードストライク等もこの領域の目標リスクである。これらは航空保安規制の目標リスクである航空機テロと比較すると，その性質がさらにクリアになる。航空安全規制領域と航空保安規制領域を分けるものは，リスクを生み出す対象が故意であるか否かである。例えばテロリストは「弱い」ところを見つけ，攻撃することが可能であり，わざわざ「強い」ところに挑む必要はない。航空保安以外でも，リスクの受け手の脆弱性がリスクの大きさに影響するものの，航空保安では脆弱性によってリスクが大きく変化する。狭義の社会的規制領域の目標リスクは，航空機騒音による心身の不調や航空機が排出する二酸化炭素などによる環境変化，離島路線廃止等により交通手段がなくなること等が挙げられる。経済的規制領域の目標リスクには，「過度な競争による」安全性低下や不公正競争による運賃高止まりなどがある。

　経済的規制も社会的規制も互いに影響するため，単純な二分法では論じることが難しい（大山 2002, 125 頁；片岡 1990, 119-120 頁）。その上さらに，社会的規制を狭義の社会的規制，航空安全規制，航空保安規制に分類し，4 つの規制領域ごとのリスク削減量を測定することに対して考えうる議論としては，それぞれの規制が 4 つの領域にきれいに分類できるのか，ということであろう。1 つの領域にとどまらず，2 つもしくは 3 つの領域にまたがる規制があるのではないかという議論である。複数の領域にまたがり，いずれかの単独の枠内に収まらないものであれば，その規制により得られる QALY が算出できたとしても，それぞれの規制領域でどの程度の獲得 QALY があるか，という判別が極めて困難になる。

　そのような懸念を払拭するために，本節では航空法の一つ一つの条項について，図 8 のようにそれぞれの領域のどこに当てはまるかを基準に分類し，法律レベルでは図 8 の③や⑦など複数の領域にまたがる条項があることを確認した上で，個別規制レベルでは②，④，⑬，⑭などの単独の枠内に収まることを示す。以下それぞれの枠についての説明および対象となる航空法の条項である。

① 航空安全・航空保安・社会的・経済的規制領域のどれにも属さないものであり，航空法 §3-8（航空機の登録）航空法 §54-2（管理規程）§55（飛行場の設置者等の地位の承継）§56-4（公共用施設の指定等）§57

図 8　規制領域分類

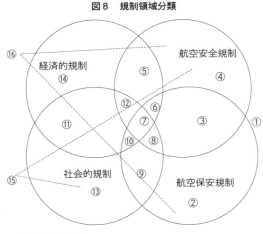

出所：筆者作成。

（国籍等の表示）などが含まれる。（航空機の登録）については，登録が必要な理由として航空保安や航空安全に根拠を求めているともいえるが直接的な規制を示したものとはいえない。

② 　航空保安規制領域に属しながら，航空安全・経済的・社会的規制領域には属さないものであり，航空法§73-2§73-4（安全阻害行為等の禁止等）§126（外国航空機の航行）§128（軍需品輸送の禁止）などがある。

③ 　航空安全規制と航空保安規制両方の領域に属しながら，経済的・社会的規制領域には属さないものであり，航空法§12（型式証明）§13（型式証明）§16（修理改造検査）§20（事業場の認定）§30（技能証明の取消等）§47（飛行場又は航空保安施設の管理）§53（禁止行為）§56-3§61（航空機の運航の状況を記録するための装置）§73（機長の権限）§73-2（出発前の確認）§74（危難の場合の措置）§75§76（報告の義務）§76-2§80（飛行の禁止区域）§85（粗暴な操縦の禁止）§86（爆発物等の輸送禁止）§86-2§87（無操縦者航空機）§89（物件の投下）§90（落下さん降下）§98（到着の通知）§99（情報の提供）§99-2（飛行に影響を及ぼすおそれのある行為）§113-2（業務の管理の受委託）§133（航空運送代理店業の届出）などがある。

第1節　航空分野における規制領域　　*95*

④　航空安全規制領域に属しながら，航空保安・経済的・社会的規制領域に
は属さないものであり，航空法 §10（耐空証明）§11.1 §11.2 §14（耐空
証明の有効期間）§14.2（耐空証明の効力の停止等）§17（予備品証明）
§18（発動機等の整備）§22（航空従事者技能証明）§23（技能証明書）
§24（資格）§25（技能証明の限定）§26（技能証明の要件）§27（欠格
事由等）§28（業務範囲）§29（試験の実施）§29-2（技能証明の限定の
変更）§31（航空身体検査証明）§33（航空身体検査証明）§34（計器飛
行証明及び操縦教育証明）§35（航空機の操縦練習）§35の2（計器飛行
等の練習）§36（国土交通省令への委任）§51（航空障害燈）§51-2（昼
間障害標識）§52（類似燈火の制限）§56（第一種空港等の特例）§58
（航空日誌）§59（航空機に備え付ける書類）§60（航空機の航行の安全
を確保するための装置）§62（救急用具）§63（航空機の燃料）§64（航
空機の燈火）§65（航空機に乗り組ませなければならない者）§66 §67
（航空従事者の携帯する書類）§69（最近の飛行経験）§70（酒精飲料
等）§71（身体障害）§71-2（操縦者の見張り義務）§88（物件の曳航）
§72（航空運送事業の用に供する航空機に乗り組む機長の要件）§77（運
航管理者）§78 §79（離着陸の場所）§81（最低安全高度）§81-2（捜索
又は救助のための特例）§82（巡航高度）§82-2（航空交通管制圏等にお
ける速度の制限）§83（衝突予防等）§83-2（特別な方式による航行）
§84（編隊飛行）§91（曲技飛行等）§92（操縦練習飛行等）§93（計器
飛行及び計器航法による飛行）§94（計器気象状態における飛行）§94-2
（計器飛行方式による飛行）§95（航空交通管制圏における飛行）§95-2
（航空交通の管理）§95-3 §96（航空交通の指示）§96-2（航空交通情報
の入手のための連絡）§97（飛行計画及びその承認）などがある。

⑤　経済的・航空安全規制領域に属しながら，航空保安・社会的規制領域に
は属さないものであるが，航空法にはみられない。

⑥　経済的・航空安全・航空保安規制領域に属しながら，社会的領域には属
さないものであり，航空法 §100（許可）§101（許可基準）§102（運航
管理施設等の検査）§104（運航規程及び整備規程の認可）§106（運送約
款の認可）§114（事業の譲渡及び譲受）§115（法人の合併及び分割）

§116（相続）§119（事業の停止及び許可の取消し）§123（航空機使用事業）などがある。

⑦　航空安全・航空保安・社会的・経済的規制領域全てに属するものであり，航空法§39（申請の審査）§43（飛行場又は航空保安施設の変更）§44（供用の休止又は廃止）§45§48（許可の取消等）§55-2（国土交通大臣の行う飛行場等の設置又は管理）§112（事業改善の命令）§113（名義の利用，事業の貸渡し等）§125（許可等の条件）§129（外国人国際航空運送事業）§129-5（事業の停止及び許可の取消）などがある。

⑧　航空安全・航空保安・社会的規制領域に属しながら，経済的規制領域には属さないものであり，航空法§37（航空路の指定）§38（飛行場又は航空保安施設の設置）§42（完成検査）§56-2§134（報告徴収及び立入検査）などがある。

⑨　航空保安・社会的規制に属しながら，航空安全・経済的規制領域には属さないものであるが，航空法にはみられない。

⑩　航空保安・社会的・経済的規制領域に属しながら，航空安全規制には属さないものであるが，航空法にはみられない。

⑪　経済的・社会的領域に属しながら，航空安全・航空保安規制領域には属さないものであり，航空法§107-2（運航計画等）§111（協定の認可）§111-2（協定の変更命令及び認可の取消し）§111-3（公正取引委員会との関係）§129-4（事業計画等の変更命令）などがある。

⑫　航空安全・経済的・社会的規制領域に属しながら航空保安領域には属さないものであり，航空法§50§107-3（混雑飛行場に係る特例）§108（事業計画等の遵守）§109（事業計画の変更）などがある。

⑬　社会的規制領域に属しながら航空保安・航空安全・経済的規制領域には属さないものであり，航空法§10.4.2（騒音の基準）§10.4.3（発動機の排出物の基準）§15.2（耐空証明の失効）§19（航空機の整備又は改造）§40（公共用飛行場の告示等）§41（飛行場の工事の完成）§46（公共用飛行場又は航空保安施設の告示）§110（私的独占の禁止及び公正取引の確保に関する法律の適用除外）§118（事業の廃止）§129-3（事業計画）などがある。

⑭　経済的規制領域に属しながら航空保安・航空安全・社会的規制領域には属さないものであり，航空法 §54（使用料金）§105（運賃及び料金）§107（運賃及び料金等の掲示）§120（許可の失効）§120-2（外国人等の取得した株式の取扱い）§129-2（運賃及び料金の認可）などがある。

⑮　社会的・航空安全規制領域に属しながら航空保安・経済的規制領域には属さないものであり，航空法 §14.2（耐空証明の効力の停止等）§49（物件の制限等）§68（乗務割の基準）などがある。

⑯　航空保安・経済的規制領域に属しながら社会的・航空安全規制領域には属さないものであり，航空法 §127（外国航空機の国内使用）§130（外国人国内航空運送の禁止）§130-2（本邦内で発着する旅客等の運送）などがある。

　上記のとおり，航空法においては，それぞれの領域にまたがる条項も多いことを確認した。では，個別的な政策や規制，基準などはどうだろうか。航空法のように，法律レベルでは複数領域にまたがるような条項であったとしても，その実施のための施行規則もしくは省令および個別的施策と階層が下がるにつれ，その目的が明確になり，各規制領域のいずれかの枠内により強く位置づけられる傾向にある。これは，排他的なものではないが，分類できないものではない。本書で扱う規制および個別的政策は経済的規制領域で競争促進（図8における⑭に相当），社会的規制領域で騒音規制（図8における⑬に相当），航空安全規制領域で航空機空中衝突事故防止規制（図8における④に相当），航空保安規制領域で航空機テロ防止（図8における②に相当）である。これら具体的，個別的政策となるとその目的が明確となり，各領域に位置づけられる。したがって，2つもしくは3つの領域にまたがる規制があり，純粋に領域別のリスク削減量を測ることは困難ではないかという疑問に答えることができると考えられる。この点を踏まえた上で，各領域における象徴的な規制によるリスク削減量を測定する。そうすることで，それぞれの領域における全ての規制によるリスク削減量を測定してはいないものの，「航空分野において，政府による規制がどの領域で，どの程度のリスク削減量をもたらしているか」に答えうるモデルである可能性を示す。

98   第3章　モデルを用いたリスク削減量測定プロセスの例示

　次に，モデルを用いて答えを導く際の前提となる条件について整理する。リスクを扱う場合には不確実性が少なからず伴う。しかし，不確実ながらも，ある仮定を置きながら，かつ明示しながら検討を進めるというのがリスクを削減するために必要な出発点である。

　まず，提示したモデルに投入するデータは先行研究などでこれまでに蓄積された公開されているものを用いる。具体的には，それぞれの分野での先行研究で示された QOL や疫学的なデータ等である。第2章で QALY を用いた研究をレビューした際に整理したように，事例適用研究 766 件のうち，実験は 197 件に過ぎず，文献レビューなどから得たデータをもとにマルコフモデルなどを用いてシミュレートしたものが 475 件と 6 割を超えていた。それらは，何らかのモデルを構築し，これまでに蓄積された公開データを投入してシミュレートすることで目的に合致した分析を進めていたことから，本書もそれらにならう形をとる。また，オリジナルの数値を独自調査等から導かず，公開データを用いることで，本書で提示するモデルによって，規制によるリスク削減量を測定することが可能であることを第三者が検証しやすい点を重視した。これにより，検証可能性を高めることができると考えられる[4]。

　もう1つは分析の時間軸についてである。どれだけの期間を対象とするかによって，規制の効果は変化しうる。1 年に限ればプラスの効果があったものが，100 年間でみればマイナスの効果を生じることもありうる。この点については以下のように整理した。それぞれの規制の特性から最適と思われる対象期間を設定し，明示した上でリスク削減量を測定する。こうすることで，対象期間をより長期に変更しようとした際には試算の条件も当然変化し（期間が長くなったことによる影響が具体的に加味され），ケースごとに試算「方法」は同一でありながら，異なった効果の試算が可能なモデルであることの確認ができると考えている。

　最後に，領域ごとに対象とする目標リスクとそのリスクを削減するための具体的規制の選び方について確認する。本節で確認したとおり，航空分野において生起したリスクは，その生起が地域的個別事象であったとしても，分野特性から，そのリスク削減のための規制が国を超えて新たに形成されることが多い。したがって，領域ごとに，時機的にも内容的にも象徴的な目標リスクを選

定し[5]，そのリスクを削減するための具体的規制にはどのようなものがあり，それが実際にどれだけのリスクを削減できるかについて検討することで，一地域にとどまらないリスク削減の実態を明らかにすることも射程に入ると考えられる。また，第2章でレビューした1,000件のQALY関連研究およびその他の先行研究においても，目的に合致した一定数の薬や治療法を選定し，QALYを適用しており，医療全体にQALYを適用している例は管見の限り見当たらない。対象を限定してQALYを測定し，それらを足し上げることも可能であるが，医療全体を網羅してQALYを測定することは現実的には極めて困難である。本書で扱う規制についても，QALYを用いた先行研究に依拠する形で，存在する全ての規制を対象とするのではなく，目的に合致した規制に絞って対象とする。

　このような条件で，本書で提示したモデルを用いて答えを導くことの再現性を担保するためには，分析者によって選択される目標リスクや規制に偏りがないことが求められる。それに対し，それぞれの領域で共有されている知見を参考に，象徴的な規制や目標リスクを選定した。その上で，モデルの変数に投入するデータは公開データを使用することで，分析者の選好の違いによる影響が排除できると考えられる。

　獲得QALY算出には直接関わらないものの，規制実施の際の必要追加コストについても条件を明示しておく。本書では規制実施のためのコストについては，当該規制実施のためにのみ費やされる直接的なコストのみを考慮する。例えば規制実施の前段階における審議会など，意思決定に関する費用は加味しない。これらの意思決定コストは，全ての規制および全ての規制領域に共通するものであり，当該規制を実施することに限定されたコストではないとの考えからである。この点については，省庁が実施する規制の事前評価ないし事後評価と基準を同じくするものであり[6]，次節で改めて確認する。

第2節　経済的規制領域

　本節では経済的規制領域を対象として，モデルを用いてリスク削減量を測定するプロセスを例示する。経済的規制は「民間の事業及びその経済活動に対す

る規制のうち，社会的規制に当たるものを除いた規制である」（大山 1996, 68 頁）。他の領域と同様，象徴的な規制（政策）を素材とする。どの領域にも共通することとして，モデルに組み込んだ P（確率），O（アウトカム），N（対象数），T（期間），$C_{oppotunity}$（機会費用），$C_{intervention}$（直接費用）にどのような値を投入することが適切かを理解するため，検討する領域について詳細に整理する。

かつて航空市場は広義の社会的規制だけではなく，経済的規制においても最も強い規制を受ける市場の1つであった。その根拠とされているもののうち，経済的規制に関するものは，①経済的保証，②幼稚産業保護，③競争促進，④不公正競争防止，⑤経済発展，にまとめられる。

①の経済的保証については，航空輸送事業においては安全の維持が最も重要な基盤であり，航空会社の経営状態が不安定であれば，その安全維持がおろそかにされかねないとの考えによるものである。

②の幼稚産業保護については，「外国航空会社と対等に渡り合えるだけの競争力を備えるまでの間，ナショナルフラッグキャリアを保護・育成しようという考え方」（長谷川 1997, 14 頁）であり，航空産業だけにとどまらず，その他の産業においても見られることである。

③の競争促進については，航空市場は自然独占が成立しやすいとされてきたことによる。空港発着枠の制約や機体調達などの費用埋没性とともに，航空市場では自然独占形態となりやすいと考えられた。

④の不公正競争防止については，公正な競争促進のためには発着枠の配分などに関して規制が必要と考えられた。発着枠は，航空輸送市場において必要不可欠なインフラであり，事業者はその所有する枠内での事業展開しかできない。発着枠の有限性に鑑みればそこに規制が必要とされる根拠がある。また，政府補助や著しい低賃金雇用によって競争上優位にある航空会社とのアンフェアな競争からナショナルフラッグキャリアを保護するためにも，国際的な規制が必要とされた（長谷川 1997, 15 頁）。

⑤の経済発展については，航空輸送産業の外貨獲得への寄与，観光部門等への経済連関効果を期待できることから，ナショナルフラッグキャリアを育成することが経済発展に不可欠とされた（長谷川 1997, 15 頁）。

第2節　経済的規制領域　　*101*

　このような根拠のもとに経済的規制がなされてきたのに対し，後ほど触れる
45・47体制廃止から新規航空企業参入という競争促進に果たした政府の役割
は大きい。また，今後の羽田空港および成田空港における発着枠増加という将
来予想にも鑑みれば，競争促進が本節で扱う象徴的な規制として相応しいと考
えられる。

　まず，経済的規制緩和の流れから，どのように競争が促進されてきたかをト
レースしたうえで，これらの競争促進規制がどれだけの QALY を獲得できる
のか（リスク削減ができるのか）に焦点をあてる。目標リスクとして航空市場
における競争のない非効率がもたらす消費者余剰の機会損失を置き，リスク削
減規制もしくは削減のための具体的政策として競争促進を選定する。競争促進
規制の具体的内容として，以下を設定した。

　　ダブル・トリプルトラッキング基準の緩和（第一次），割引運賃設定の弾
　力化，幅運賃制度の導入，ダブル・トリプルトラッキング基準の緩和（第二
　次），ダブル・トリプルトラッキング基準の廃止，参入規制の緩和・需給調
　整規制の撤廃，路線毎の免許制から事業毎の許可制への変更，運行ダイヤ
　の認可制から原則届出制への変更，運賃規制の緩和（認可制から事前届出制
　へ），羽田空港の発着枠の再配分，北海道へのスカイマーク就航に伴う羽田・
　千歳空港の発着枠割り当て，羽田空港第二ターミナルビル供用開始に伴う航
　空各社の搭乗橋配分（内閣府政策統括官 2010, 7 頁）

　これら一体的な競争促進規制による獲得 QALY を算出する。今後これらの
一体的な競争促進規制をまとめて称する際には「一体的な競争促進規制」と括
弧つきで記載する。

　航空市場が強い規制を受ける市場の1つであった理由については既にまとめ
たとおりであるが，それらが緩和されていった経緯についてもここで整理した
い。他の国々にも大きな影響を与え，経済的規制を撤廃したとされるアメリカ
の例に基づいて整理する。

　1970年代後半のアメリカにおいて，航空市場は規制撤廃の対象となった。
それらの根拠となったのがコンテスタビリティ理論である[7]。ボーモルらの定

義によれば，完全にコンテスタブルな市場とは，潜在的な参入者が存在し，かつ以下の２つの特性を持つ市場である。

　　①潜在的参入者が制限なしに，ある産業の既存企業が利用しうるのと同等の市場の需要に供し，同等の生産技術を用いることが可能であること，②潜在的参入者が既存企業の現在の価格で参入による収益性を評価すること，つまり，新規参入による拡大が低価格をもたらすと認識していたとしても，彼ら自身の価格で既存企業の価格を下回ることを受け入れられるかどうかを判断できること（Baumol et al. 1982, p. 5）。

　完全な競争（perfect competiton）状態をいうのではなく，完全にコンテスタブル（perfectly contestable）であることのみを意味している（Baumol et al. 1982, pp. 13-14）。つまりコンテスタビリティ理論とは，独占的な状況でも，常に潜在的新規参入企業の存在が想定されることにより，競争的な料金が成立し，資源配分が効率的になるというものである（戸崎 1995, 16 頁）。コンテスタビリティ理論が成立するには，①同質材生産②強力な潜在的参入者の存在が与える既存企業への制約可能性③参入・退出障壁のなさ④価格による潜在的参入者の既存企業に対する市場参入性，という前提条件が満たされなければならない（増井・山内 1990, 134 頁）。

　航空事業者にとって必須でありながら，不足していた発着枠も，空港の新規開発を含む発着枠の増加により改善がなされ，航空機についても中古市場やリース市場が成長し，参入障壁が低くなったことにより，航空市場はコンテスタブルであるとの認識がなされた。そのような状況のもと，1978 年に国内航空規制緩和法が施行され，民間航空に関わる参入・撤退，運賃などの経済規制が撤廃された。さらに 1980 年には国際航空規制緩和法が施行され，本格的な競争の時代に入る[8]。1985 年にはそれまで経済的規制を担当していた CAB（Civil Aeronautics Board：民間航空委員会）が廃止され，安全規制に関しては FAA（Federal Aviation Administration：連邦航空局）が担当することになる。結果として，規制緩和初期には新規参入が急増する。乗客は 1980 年の２億５千万人から，1999 年には６億人を超えた（ANA 総合研究所 2008, 44

第2節　経済的規制領域　　*103*

頁）。その大量輸送を可能にしたのがハブアンドスポークシステムの採用である。ノンストップ便だけでは，需要がそれほど大きくない都市間においては大型機での運航がかなわず，1機当たりの運航効率を高めることができなかった。それに対し，ハブアンドスポークシステムでは，様々な空港間をハブでつなげるということが可能になり，乗客としては乗り換えで最終目的地までの所要時間が増加するデメリットがあったものの，効率的な大量輸送が可能となった。その大量輸送により，運賃の引き下げが可能になった。

　運賃を引き下げる際，効率化分での引下げであれば航空事業者の経営体力を削ぐことにはつながらないが，競争激化による値下げ競争となったため，徐々に体力的に劣る航空会社が市場から撤退し，航空事業者数は緩和以前のレベルにまで減少する。結果的に大手5社の輸送旅客数，発着枠の占有率が上昇することとなった。運賃が下がった路線もあるが，上がった路線もあるといった状況が生まれた（全体としては下がる傾向にあったのは確かである）[9]。

　次に，日本における規制緩和の流れについて整理する。日本の航空規制緩和に関する著作は多数あるが，比較的新しいものとして，深谷によくまとめられている（深谷 2012, 79–128頁）。ここでは深谷がまとめた流れに沿って，日本の航空規制プロセスを簡単にトレースする。表10は深谷（2012, 79–128頁），須網（2003, 65–66頁）を参考にまとめたものである。

　航空法制定，施行により，国内航空輸送産業への参入規制としての免許制，運賃・料金規制としての認可制などの規制枠組みが作られた。1970年代に入るといわゆる45・47体制が成立し，国際線および国内線幹線を日本航空，国内線幹線および国内線ローカル線を全日本空輸，国内線ローカル線を日本エアシステムが運航するという体制となる。規制としては，路線ごとに必要な免許制，運賃の認可制といった参入規制と価格規制が主たるものであった。その規制の根拠として，「航空環境の変化に左右されることなく安全運航を着実に確保することにより利用者利便の増進を期すこと」（昭和45年11月20日閣議了解）および「定期航空運送事業3社それぞれの事業分野を明らかにし，過当競争を排して，その共存共栄をはかること」（昭和47年7月1日運輸大臣通達）とされた。幼稚産業とされてきた航空輸送産業の保護育成のため競争制限型の政策に重点が置かれ，それが利用者利便につながるものとされたのである。

104　第 3 章　モデルを用いたリスク削減量測定プロセスの例示

表 10　日本における規制緩和の流れ

1952 年	航空法制定，施行 航空庁を内局の航空局とし，運輸大臣の諮問機関として航空審議会の設置を規定
1953 年	日本航空株式会社法施行，日本航空が国際線も運行
1970 年	閣議了解「航空企業の運営体制について」
1972 年	運輸大臣通達「航空企業の運営体制について」
1986 年	運輸政策審議会最終答申「今後の航空企業の運営体制の在り方について」
1987 年	日本航空株式会社を廃止する等の法律施行，日本航空完全民営化
1996 年	一定範囲内で自由な価格設定を認める幅運賃制度導入 スカイマークエアラインズ，北海道国際航空（エア・ドゥ）設立
1998 年	スカイマークエアラインズ，北海道国際航空（エア・ドゥ）就航
2000 年	路線ごとの免許制から事業ごとの許可制に変更 幅運賃制度廃止，事前届出制による自由運賃制導入
2002 年	日本航空，日本エアシステム経営統合 スカイネットアジア航空就航 北海道国際航空（エア・ドゥ）民事再生法を申請
2004 年	スカイネットアジア航空が産業再生機構の支援下に
2006 年	スターフライヤー就航

出所：深谷（2012, 79-128 頁），須網（2003, 65-66 頁）を参考に筆者作成。

　規制緩和の流れは 1986 年の運輸政策審議会による「今後の航空企業の運営体制の在り方について」の最終答申により加速を始める。答申の中では安全運航を基本としながらも，競争を通じた利用者利便，国際競争力の強化を目指すことが示され（昭和 61 年 6 月 9 日運輸政策審議会最終答申），規制緩和の基本的な考えとなった。

　ここまでの流れの根本にあるのは，アメリカやイギリスと同様に新自由主義の考え方による行政改革の進展であるとされる（吉田・高橋 2002, 149 頁）[10]。航空以外の産業に関しても，行政改革の視点から，公社民営化をはじめとする規制緩和が進められた。

　具体的な規制緩和の推進は，45・47 体制の廃止である。運輸政策審議会答申の趣旨に沿い，国内航空においては高需要路線を中心にダブル・トリプルトラック化（国内航空路線就航会社の 2 社化および 3 社化）を，国際線については複数社化を推進した（国土交通省ウェブサイト：http://www.mlit.go.jp/

hakusyo/transport/heisei08/pt2/828302.html)。唯一の国際線就航企業であった日本航空の民営化もそれに寄与した。「日本航空株式会社を廃止する等の法律」により，日本航空はそれまでの政府と民間の共同出資という形から完全民営化された。これら競争促進を目的とした規制による枠組みの中，各社は新路線への参入を進めながら割引運賃設定も始める。競争促進効果が価格の面でも一定の効果を生み出したといえよう。競争状態となった航空業界では，CRS（Computer Reservation System：コンピューター予約システム），FFP（Frequent flyer program：マイレージサービス），コードシェア（共同運航）などにより，顧客囲い込み戦略が進められた。このように，45・47体制の廃止は規制撤廃ではなく，競争を促進する規制へと変化したということができる[11]。

　旧航空法では，路線ごとの免許制，かつ運賃設定にも運輸大臣の認可が必要であったが，1996年には一定範囲内で自由な価格設定を認める幅運賃制度が導入された。2000年には，路線ごとの免許制から事業ごとの許可制に変更，運賃についても幅運賃制度は廃止，事前届出制による自由運賃制が導入され，参入と価格設定についての自由化が大きく進んだ（須網 2003, 65-66頁）。

　スカイマークエアラインズと北海道国際航空（エア・ドゥ）の就航は，37年ぶりの日本の航空輸送産業における新規参入（内閣府政策統括官 2001, 12頁）であった。これまで羽田空港発着枠の容量不足から困難であったものが，新規参入を促進する目的で行われた新規発着枠の優先配分により可能となったものである。

　新規参入・価格自由化の枠組みの中，2002年日本航空と日本エアシステムの経営統合により，国内のメガキャリアは日本航空と全日本空輸の2社となり，規制による競争促進政策が，寡占状態を生み出す結果となった[12]。新規参入はこの後も続き，2002年にスカイネットアジア航空，2006年にスターフライヤーが就航している。しかしながら，エア・ドゥが2002年に民事再生法を申請し，2004年にはスカイネットアジア航空が産業再生機構の支援下となり，両社は全日本空輸と業務提携をすることで再生を目指すこととなる。

　これまで見てきたように，「政策が実現すべき内容は有効競争に誘導するバランスのとれた国家介入」（OECD 1997b, p. 82［2000, 108頁］）である。コン

106 第3章 モデルを用いたリスク削減量測定プロセスの例示

表11 競争促進規制と獲得 QALY

目標リスク削減のための 具体的規制	目標 リスク	消費者余剰 （百万）	獲得 QALY （1年当たり）	必要追加 コスト （百万）	対抗 リスク	損失 QALY （1年当たり）
国内航空の競争促進規制①ダブル・トリプルトラッキング基準の緩和（第一次）②割引運賃設定の弾力化③幅運賃制度の導入④ダブル・トリプルトラッキング基準の緩和（第二次）⑤ダブル・トリプルトラッキング基準の廃止⑥参入規制の緩和・需給調整規制の撤廃⑦路線毎の免許制から事業毎の許可制へ⑧運行ダイヤの認可制から原則届出制への変更⑨運賃規制の緩和：認可制から事前届出制⑩羽田空港の発着枠の再配分⑪北海道へのスカイマーク就航に伴う羽田・千歳空港の発着枠割り当て⑫羽田空港第二ターミナルビル供用開始に伴う航空各社の搭乗橋配分	消費者余剰の機会損失	5,610	1,375	1	追加コスト	0
リスクトレードオフ後の正味獲得 QALY（1年当たり）	1,375					

注：QALY 値は小数点第一位を四捨五入。
出所：内閣府政策統括官「規制・制度改革の経済効果」のデータをもとに獲得 QALY を筆者算出。

テスタビリティのメカニズムが完全には機能しないとしても，適切な安全性と環境規制に配慮して，競争を育むことで社会的に有益な結果をもたらすためには，規制が必要との認識である。新規航空会社が既存の航空会社と公正な競争を行うためには，需要のある時間帯に需要のある空港を使用できることが必要である。しかしながら，現在の空港には発着枠が足りないケースがある。したがって新規参入は事実上困難である[13]。空港と航空は一体として考える必要があり，公正な競争のためには政府が介入して競争ができる条件を整える必要がある。この点からも，本節では競争促進規制を素材として選定する。

　これまで航空に関する経済的規制およびその緩和，競争促進規制について整理した。それらを踏まえた上で，目標リスクに競争がないことによる消費者余

第2節 経済的規制領域　*107*

剰の損失を置き，そのリスクを削減するための競争促進規制によってもたらされる獲得 QALY（リスク削減量）を算出した結果が表 11 である。

　規制緩和・競争促進の効果を数量的に評価する標準的な手法は消費者余剰アプローチである（金本 2004, 2 頁）との前提から，競争促進規制による消費者余剰をモデルに投入する。社会的規制領域で取り上げる航空機による騒音規制，航空安全規制領域で取り上げる航空機空中衝突防止規制，航空保安規制領域で取り上げる航空機テロ防止規制とは異なり，一つ一つの個別規制および政策が各々どれだけの効果を生み出したかについては測定が困難であるという現実がある。そこで経済的規制領域では，第2章第7節の図7で示したとおり，ある一定の時期に実施された競争促進規制を1つのセットとみなし，それらのセットによって生み出された効果すなわち消費者余剰をモデルに投入することとする。したがって，このケースではモデルの P，O，N，T に個別の数値を投入するのではなく，それらが一体となって生み出した成果を $C_{oppotunity}$, $C_{intervention}$, C_{QALY} に投入して算出することになる。

　内閣府政策統括官は，1992 年 10 月に実施された国内航空におけるダブル・トリプルトラッキング基準の緩和等の効果を以下のように捉えている。1993 年度以降の相対価格（平均運賃／消費者物価指数（総合））の低下による消費者余剰の増加分から，トレンドおよびジェット燃料価格の寄与分を除去して求めた価格低下を，規制・制度改革によって生じた効果とした（内閣府政策統括官 2010）。それによると，2005 年度から 2008 年度にかけての利用者メリットの，2005 年度を基準とした増加分は 156 億円となったとしている（内閣府政策統括官 2010, 8 頁）。

　本節で国内航空のみを対象としているのは，国際航空は二国間交渉をベースにした協調・交渉が大きく影響するものであり，一国の政府が実施しうる競争促進効果を測定するという目的からは国内航空に対象を限定することが適切であることを踏まえた結果である。

　競争促進策が実施されなければ 156 億円の消費者余剰が生まれなかったとすれば，その額を規制（競争促進策）がない場合の損失消費者余剰とみなすことができ，1 年間分の損失消費者余剰は 156 億円 ÷ 3 年 ＝ 52 億円とみなすこととする。52 億円を GDP デフレーターで 2012 年価格に修正すると 56.1 億円

($C_{oppotunity}$ に投入）となる。算出の対象期間として，内閣府政策統括官が算出した利用者メリットと同期間の3年を基準として1年間の成果をみることとする。

　次に競争促進規制による対抗リスクについて検討する。まず，競争が行われることによる安全への影響が考えられる[14]。経済的規制を緩和，撤廃し，競争を促進することが目標リスクである消費者余剰の損失を防ぐことを可能にする一方で，競争が過度に行われ，安全のためのコストを削ってでも全体のコストを下げようとするインセンティブが働くことが考えられる。またその一方でそのような懸念は実証できないという見方も強い[15]。

　ビエターは規制撤廃による航空便拡大が，管制や空港容量拡充が伴わず，便の遅れなどのオペレーション的な問題を引き起こしたけれども，様々な研究によれば安全に関しては問題を引き起こしてはいないとしている（Vietor 1994, p. 88）。ローズは1955年から1990年までの事故率を検証し，規制緩和以降，安全性が増す長期的な傾向が続き，規制緩和と事故との相関が見られないことを指摘した。1987年から1990年の事故率が傾向ラインよりも高いことを指摘しながらも，その増加がその他の原因よりも規制緩和が原因であるとするデータもないとしている（Rose 1992, pp. 75-94）。八代は，過当競争が安全への配慮を妨げるのであれば，独占企業が最も安全となるが，そうはならず，事故が起こった場合でも独占企業なら利用者減の影響は小さいため，安全対策のための超過利益分を競争制限によって保障することは逆効果であると主張する（八代 2000, 18頁）。

　経済的規制緩和・競争促進が安全性に影響しないと考える側の主張としては以下に集約されよう。①競争を抑制すれば安全対策が重視されるという保証はない②競争下では事故の際の消費者離れが規制下よりも深刻になる③失われた人命はかえってこないということは，安全規制の必要性を正当化するが，競争を否定する理由にはならない（中条 2000, 184-185頁）。

　しかしながらアメリカでの規制緩和後の「全体の」事故率は変わっていないかもしれないが，ある特定の会社の事故率が高かったことに注意する必要がある。また，事故を起こした会社でも，事故から長期間が過ぎていなくとも繁忙期には座席が埋まる状況が生まれている現実[16]からすれば，事故があれば淘

汰されるというのは必ずしも現実化しているとは言えない。「事故が起きてからでは失われた人命はかえってこない」ということが，競争を否定する理由にはなり得ないことは確かであるが，競争によるコストダウン要請が，安全性の部分でコストダウンしようという意思を生じさせることも事実である[17]。ただし，そのコストダウンをしたとしても，効率化に繋がるならば，それがそのまま安全性の低下に繋がるとは限らないことも事実である。

　これまで双方の主張を整理したように，競争促進規制による対抗リスクとしての安全性の低下については確定的な根拠が見られないため，ここでは対抗リスクに安全性の低下を算入しないこととする。

　次に検討する対抗リスクは，競争促進規制実施のための必要追加コスト（$C_{intervention}$ に相当）である。目標リスク削減に費やしたコストは，それに費やさなければ別のリスクを削減するために費やすことができたコストである。その点からすれば，コストがかかること自体でリスクトレードオフが生じており，コスト発生を対抗リスクとみなす必要がある。

　必要追加コストを算定するために，まず，国土交通省が公開している規制の事前評価書を参考にする。国土交通省航空局安全部が 2019 年 3 月 7 日に実施した規制の事前評価では，7 つの具体的な規制を取り上げている。規制の新設や拡充にあたるものについては遵守費用が発生するものの，規制が緩和されるものについては遵守費用が発生せず，緩和措置に伴って必要な手続きが変更されることによる負担があったとしても軽微である，としている。行政費用について，規制の新設や拡充にあたるものについては報告管理などの費用が発生するものの，規制が緩和されるものについては行政費用の増加はない，もしくは比較的軽微であるとしている（国土交通省ウェブサイト：https://www.mlit.go.jp/common/001277925.pdf）。

　また，経済産業省製造産業局航空機武器宇宙産業課が 2019 年 3 月に実施した規制の事後評価では，航空機製造事業法に係る無人機の規制閾値の見直し（規制緩和）が評価され，遵守費用，行政費用ともに新たな費用の発生はないとしている（経済産業省ウェブサイト：https://www.meti.go.jp/policy/policy_management/RIA/30fy-RIA/jigohyoukasyo_yoshi.pdf）。

　さらに，航空以外の規制評価書も確認する。経済産業省経済産業政策局地

域経済産業グループ地域企業高度化推進課が 2018 年 3 月に実施した規制の事後評価では，工場立地法の規制対象業種の見直し（規制緩和）が評価されている。ここでも遵守費用，行政費用ともに新たな費用の発生はないとしている（経済産業省ウェブサイト：https://www.meti.go.jp/policy/policy_management/RIA/29fy-ria/29fy-RIA-kougyouricchihou-jigo-main.pdf）。

　総じて，規制緩和については遵守費用，行政費用ともに必要追加コストは発生しない，もしくは軽微であることが確認できる。本書における経済的規制領域で対象とした競争促進規制はまさしく規制緩和であり，本書での必要追加コスト算出は，上記のような省庁による規制の事前評価ないし事後評価の考え方に依拠することとする。実際，他社との競争のために航空会社等が負担したコストはあったとしても，競争「促進」のためのコストは実質的には生じていない。航空会社が負担する競争のためのコストは本業そのものの運営コストであるため，必要追加コストとしては計上しない。しかしながら，規制の事前評価書や事後評価書に見られるように，遵守費用ないし行政費用に「軽微」な額が発生するケースも踏まえ，必要追加コストとして最低単位の 100 万円（$C_{intervention}$ に投入）を計上することとする。

　次に競争促進規制が，目標リスクである消費者余剰の機会損失を阻止することによって損失を免れた経済的利益により，どれだけの QALY を獲得できるか（C_{QALY} に相当）である。第 2 章で検討したとおり，QALY 算出の基礎となる QOL 構成概念のうちの全体を通しての尺度「生活の質全体」に対する因子としては経済的状況がベースとなることが考えられるため，「生活の質を 1 年間向上させる」ためにはどれだけのコストが必要かに焦点をあて，平均給与 408 万円（C_{QALY} に投入）を用いる。

　したがって，競争促進規制によって獲得できる 1 年当たり QALY は，P，O，N，T の変数を含まずに $\sum_{i=1}^{n} (\frac{C_{oppotunity\,i} - C_{intervention\,i}}{C_{QALY}})$ のみで算出され，(56.1 億－100 万)÷408 万＝1,375QALY（小数点第一位を四捨五入）となる。必要追加コストを他のリスク削減に向けていれば獲得できたであろう QALY，すなわち対抗リスクによる損失 QALY は 100 万円÷408 万円＝0.25 であるが，本書を通じて QALY 値の小数点第一位を四捨五入することに統一

しているため 0 となる。したがって，獲得 QALY および損失 QALY を含めたリスクトレードオフ後の 1 年当たり正味獲得 QALY は 1,375 と算出される。

第 3 節　社会的規制領域

本節では社会的規制領域を対象として，モデルを用いてリスク削減量を測定するプロセスを例示する。社会的規制には通常，安全規制などが含まれる（大山 1996, 68 頁：日本リスク研究学会 2006, 20 頁）。しかし本書では，その規制が対処しようとしている目標リスクの性質から，社会的規制のうち，航空安全規制，航空保安規制を独立の領域として検討するため，本節では狭義の社会的規制を対象とする。狭義の社会的規制とは環境規制，社会的航空サービスなどである。

本節でも他の領域別検討と同様，社会的規制領域における象徴的な規制（政策）を取り上げる。本節では，航空機の騒音規制がその対象となる。全世界の二酸化炭素排出総量のうち，「航空分野からの排出量が約 2％（2007 年）であり，航空交通需要の年率 4.7％成長という見込み」（山口 2011, 38 頁）という点からは，二酸化炭素排出規制はさらに象徴的かつトピック的なものであることが考えられる。また，欧州連合において 2006 年 12 月に，EU 域内を離着陸する航空機を対象に温室効果ガスの排出規制を導入することを決め，2012 年に適用されたことなども踏まえればなおさらである。しかしながら，二酸化炭素排出が地球環境や人類に対してどの程度の影響を及ぼしているかについて，確定した知見が得られていないように思われる[18]ため，本節で扱う象徴的な規制は騒音規制とする。

また，社会的航空サービス（離島路線維持など）も重要な社会的規制ないし政策の 1 つである。航空輸送が不可欠な離島路線をどう維持していくかであるが，これまで高収益を見込むことのできる，いわばドル箱路線の利益で，収益を見込むことが困難な路線を賄っていたことも事実である。これらの議論については戸崎に詳しい（戸崎 1997, 31 頁）。このような社会的航空サービスの重要性は認識しながらも，騒音規制を取り扱うこととする。その理由として，羽田空港および成田空港における新滑走路整備による発着数の大幅な増加という

112　第3章　モデルを用いたリスク削減量測定プロセスの例示

変化があげられる。このことは航空騒音起因の不調というリスクを高める可能性を有し，それを政府がどのように削減しているかの検討には良い素材だからである。

　まず，騒音がどのようにして生じるのか，騒音にはどのようなタイプがあり，どのような影響があるかを理解する。次に，それらのマイナス影響を防ぐための規制や取組みについての概要をトレースする。そこでは規制という形をとらなくとも，関係事業者の取組みの中で規制目的を達成しうるケースが存在することも含めて概観する。目標リスクに航空機騒音起因の不調を置き，リスク削減規制もしくは削減のための具体的政策として①航空機の低騒音化②発着時間の制限③住宅用防音対策への助成④騒音のための移転補償，を選定し，リスク削減量を算出する。

　篠原らは，航空機騒音について，発生区分や時間変動区分，騒音源となる航空機の形態，発生位置などから図9のようにまとめている（篠原他 2010, 24頁）。

　現状，エンジン「そのもの」の騒音排出量は小さくなってきているが，「エンジン騒音に埋もれていたそれ以外の騒音源の対策が，今後の全体騒音低減のためには有効」（河内 2010, 3頁）とされる。「それ以外の騒音源」の主なもの

図9　航空機騒音区分

発生区分	時間変動区分	騒音源となる航空機の形態	発生位置
飛行騒音	単発騒音	上空通過（離陸後のリバーサルフライトなど）の騒音	上空
		離陸上昇時の騒音	上空
		着陸のための周回飛行時などの騒音	上空
		着陸進入時の騒音	上空
		離陸滑走時の騒音	滑走路上
		着地後のリバースの騒音	滑走路上
		戦闘機の離陸直前のエンジン試運転の騒音	滑走路上
地上騒音	単発騒音もしくは準定常騒音	タクシーイング（航空機の自走）時の騒音	空港場内（誘導路上）
	準定常騒音	APUが稼働する際の騒音	空港場内（エプロン）
		航空機の整備に伴うエンジン試運転の騒音	空港場内（エプロン）
		戦闘機の出発前のエンジン調整音	空港場内（エプロン）
		ヘリコプターのホバリング・タクシーイング	空港場内（エプロン）

出所：篠原他（2010），24頁より抜粋。

として空力騒音があり，空力騒音とは，飛行機に風が当たった時の空気の流れが発生する音をいう（河内 2010, 3-4 頁）。

空力騒音については空港周辺で問題になる。空港周辺においては離着陸のために高度が低くなることから，騒音の影響を受けやすいためである。そのため，「離陸時はエンジン出力を最大にし，離陸経路を高くすることで地上との距離を大きく」（河内 2010, 4 頁）する騒音対策が採られている。また，着陸時には図 10 のような連続降下方式が実用化試験に入っており，従来の低速度水平飛行する場合と比べ，騒音対策効果が大きいとされる（河内 2010, 4 頁）。このような騒音対策により，今後対処すべき騒音暴露は，ジェットノイズの激甚騒音からエンジンのファン音の「低レベル騒音の高頻度暴露」へと変化しているという（篠原他 2010, 21 頁）。

次に，航空機騒音に関する規制について，その歴史や基準の変容についてトレースする。そもそも航空機が運航することで，人やモノを高速度で移動させることができる一方で，騒音というデメリットも生じる。また，航空機の騒音が与える影響は特定の国だけに生じるものではなく，就航があればどこでも生じうるものである。

ICAO は航空機騒音についての規制を第 16 付属書にて定めている。坂本らによれば，日本の航空法も ICAO が定める騒音規制に適応した騒音基準適合制度を持ち，有効な騒音基準に適合しない航空機は，航空の用に供することができない（坂本・三好 1999, 130 頁）。その騒音「基準」は当然，技術の進歩により変更されるべきものであり，ICAO 航空環境保護委員会（Committee

図 10　騒音対策のための降下方式

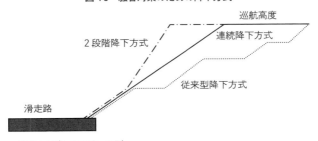

出所：河内（2010），5 頁。

on Aviation Environmental Protection) によって，航空機の騒音証明に影響を与えるような技術上の進歩について絶えず検討し，改良された騒音軽減技術の採用を促進することとされている（坂本・三好 1999, 113 頁）。

　そのような騒音基準を作るには，なんらかの指数が必要となるため，まず騒音基準の指数についての概要を整理する。航空機騒音の評価指標には様々なものがあり，WECPNL（Weighted Equivalent Continuous Perceived Noise Level：加重等価平均感覚騒音レベル）は音響の強度，頻度，発生時間帯，継続時間などを加味し，夜間及び深夜について重み付けを行ううるささ指標である（大和市ウェブサイト：http://www.city.yamato.lg.jp/web/content/000009919.pdf，34 頁）。例えば，成田空港周辺の専ら住居の用に供される地域の環境基準は70WECPNL 以下とされている（成田空港ウェブサイト：http://www.naa.jp/jp/csr/ohanashi/noise/noise03.html）。

　ただ，大和市によれば，WECPNL を採用している国は少数派であり，国際的には，等価騒音レベルが採用されているという。等価騒音レベルは，ある時間の騒音エネルギーを平均したもので，間欠的な騒音も反映される。夜間の騒音に重み付けをした昼夜騒音レベル（Ldn），夕方と夜間に重み付けをした昼夕夜騒音レベル（Lden）がある（大和市ウェブサイト：http://www.city.yamato.lg.jp/web/content/000009919.pdf，36 頁）。

　WECPNL を採用していた日本であったが，2007 年 12 月「航空機騒音に係る環境基準について」の一部改正を告示し，時間帯補正等価騒音レベル（Lden）へ変更することとなった（平成 19.12.17 環境省告示第 114 号）。その理由として，中央環境審議会は答申の中で以下を挙げている。2002 年に成田空港での B 滑走路供用開始により便数が増えた一方で，WECPNL 値が下がるという逆転現象が確認されていること。また，エネルギー積分により騒音の総暴露量を評価できる Lden といった等価騒音レベルを基本とした評価指標が諸外国の航空機騒音評価手法として主流となっていること，である。騒音基準変更の際に示された数値は，専ら住居の用に供される地域類型 I の基準値として57dB以下，I 以外の地域であって通常の生活を保全する必要がある地域類型 II の基準値は 62dB以下とされた（「航空機騒音に係る環境基準の改正について」中央環境審議会答申 2007 年 6 月 29 日）。

航空機騒音に対して採りうる選択肢として，①航空機の低騒音化，②発着回数，発着時間の制限，③防音堤・防音林・防音壁の整備や防音サッシに対する助成，④騒音のための移転補償，が挙げられる。まず，直接的な方法としては，航空機の就航を騒音レベルで規制することである。ICAOでは様々な航空機の騒音証明値をICAO Noise DBとしてデータベース化しており（柳澤2011, 25頁），就航規制の基礎となっている。

また，成田空港では2005年10月から，低騒音航空機の導入を促進する目的で，騒音レベルに応じた着陸料金制度を導入している（谷他 2010, 95頁）。図11は成田空港における航空機材別の発着回数の推移を示したものである。B777などの，より低騒音な新型機材への入れ替えが進んでいることがうかがえる（谷他 2010, 94頁）。騒音レベルに応じた着陸料金制度は規制ではないものの，低騒音航空機の増加に少なからず寄与していると考えられる（谷他 2010, 95頁）。現在実施されている規制がICAO Chapter3基準であるにもかかわらず，こういった傾向にあることは，関係する機関や事業者による取組みが，規制の要求する水準を超えてプラスの影響を与えていることが想定される。この点については，乗客の機内騒音暴露を防ぐ目的も，規制がなくとも機

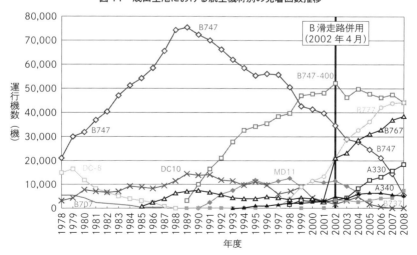

図11 成田空港における航空機材別の発着回数推移

出所：谷他（2010），94頁。

116　　第3章　モデルを用いたリスク削減量測定プロセスの例示

材改良による騒音低減インセンティブが働く理由として考えられる。

　さらに成田空港の騒音対策の取組みとして，騒音対策区域外への影響範囲を最小限にとどめることを目的とする飛行コース幅を設け，合理的理由がなく逸脱した航空機については便名を公開し，国土交通省を通じて航空会社に対する指導を行っているという（谷他 2010, 95 頁）。

　以上，航空機騒音に対する規制だけでなく，規制によらない事業者の取組みによって航空機騒音が抑えられてきたことも確認した。これらを踏まえ，対象とする規制によってどれだけのリスクが削減されているかを算出する。

　目標リスクに航空機騒音起因の不調を置き，そのリスク削減のための規制・政策として，①航空機騒音規制，②発着時間の制限，③住宅用防音対策への助成，④騒音のための移転補償，を選定したうえで，獲得 QALY（リスク削減量）を算出した結果が表 12 である。

　算出に必要なプロセスについて確認する。まず①の航空機騒音規制についてである。騒音が人間に及ぼす影響には聴覚障害，聴取障害，睡眠影響，作業妨害，精神的影響（不快感）があるとされる（長田 1989, 3-6 頁）。本書の対象である航空の場合，とりわけ労働基準としての規制ではなく，一般の人々を対象とした規制基準としてみた場合，聴覚障害は起こりにくく，睡眠影響や精神

表 12　　航空機騒音に対処する規制と獲得 QALY

リスク削減のための具体的規制	目標リスク	規制実施率	獲得QALY（1年当たり）	必要追加コスト（百万）	対抗リスク	損失QALY（1年当たり）
航空機騒音規制	航空騒音起因の不調	100%	0	0	－	－
発着時間の制限			10,520	0	夜間制限による損失消費者余剰56 百万円	14
住宅用防音対策助成			7	2,109	追加コスト	981
移転補償			3	1,894		
リスクトレードオフ後の正味獲得 QALY（1年当たり）	9,535					

　注：QALY 値は小数点第一位を四捨五入。
　出所：筆者作成。

的影響が中心的な問題となる。また，睡眠影響は，騒音による心身影響および
生活影響の中でも，最も低レベルの騒音暴露によって生じる影響とされている
（後藤・金子 2011, 12 頁）。不眠は様々な原因で起こるが，騒音による不眠や
昼間の過剰な眠気は，暑さ・寒さなどによる不眠と同様，環境因性睡眠障害と
呼ばれ，これは環境要因がなくなれば改善する不眠とされている（後藤・金子
2011, 12 頁）。

　また，騒音による睡眠影響の現れ方には個人差が大きいため，曝露量と集団
内で影響を受ける人の割合の関係を把握する必要がある（影山 2009, 17 頁）。
さらに騒音暴露と睡眠との関係について，レベル変動が大きい場合（ピークレ
ベルが暗騒音より 10dB 以上高い場合を言う）には，騒音レベルが低くても睡
眠影響を生じやすい（影山 2009, 20 頁）。

　これらの知見に基づき設定された屋内音環境指針では，音の発生が不規則・
不安定な地域で騒音による睡眠影響を生じないためには，室内において騒音レ
ベル 35dB 以下が望ましいが，高密度道路交通騒音のように騒音レベルがほぼ
連続的・安定的である場合には 40dB でもほぼ睡眠影響を免れることができる
とされた（影山 2009, 20-21 頁）。また，WHO は騒音の健康影響の疫学調査や
実験研究等の科学的知見に関する文献調査を行い，「欧州夜間騒音ガイドライ
ン」を発行している（WHO Regional Office for Europe 2009［2009］）。

　次に航空機自体の規制について確認する。ICAO は 1970 年代頃に製造され
たチャプター 2 騒音基準適合機について，1995 年 4 月以降は段階的に運航を
制限し，2002 年 4 月以降は全面的に運航を禁止するとした。これにより，規
制として「飛べない」のはチャプター 3 を満たさない機体となった[19]。図 12
は ICAO 騒音基準 ICAO チャプター 3 と ICAO チャプター 2 の最大離陸重量
別の騒音レベルを示したものである。最大離陸重量 40 万ポンド 2 発エンジン
の場合，チャプター 2 では 105dB 基準であったのに対し，チャプター 3 では，
2 発エンジンで 98dB 基準となり，チャプター 3 の適用により－7dB の効果があ
る。40 万ポンド 4 発エンジンではチャプター 3 で 102dB 基準となり，チャプ
ター 3 適用により－3dB の効果がある。

　機体の主流が 2 発エンジンになっていくため，ここでは 2 発エンジンを対
象として検討する。ICAO チャプター 3 が採用されたときの屋外騒音レベルは

118   第3章 モデルを用いたリスク削減量測定プロセスの例示

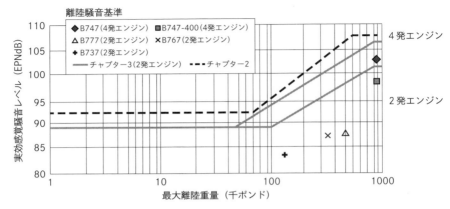

図12 ICAO騒音基準

出所：日本航空CSR報告書2006。

98dBである。この時，室内の騒音レベルがどの程度になるかが重要である。既述のとおり，騒音による影響は耳元における騒音レベルが大きく関係するためである。平均的な家屋防音量として，21dBを採用する。この数値は国や文化の違いによって左右されるとしながらも，窓を開けて生活したいという要望も考慮された数値として，低めの値を取っている（WHO Regional Office for Europe 2009, executive summary, p. 14［2009, 7頁］)[20]。よって，室内騒音レベルは77dBとなる。また，ICAOチャプター3は実施率100%（変数Pに加味）である。

規制対象は特定飛行場[21]（函館空港，仙台空港，新潟空港，東京国際空港，大阪国際空港，松山空港，高知空港，福岡空港，熊本空港，大分空港，宮崎空港，鹿児島空港，那覇空港）に成田空港，関西国際空港，中部国際空港を加えた16空港（変数Nに加味）とする。

チャプター3適用の場合，屋外98dB室内77dBであり，チャプター2規制のままでは屋外105dB，室内84dBである。ここで変数Oを検討するために騒音に起因する健康への影響について，European Environment Agencyによるデータを参照する。表13は航空機騒音といらだち[22]の用量反応関係を示したものである（European Environment Agency 2010, p. 32）。

European Environment Agencyによれば，75dBではほぼ100%の人が影響

を受ける（変数Pに加味）。つまり，チャプター2（室内84dB）でもチャプター3（室内77dB）でも，その差による変数Oへの違いが出ない。変数Oに違いが出ないとすれば，モデル$\sum_{i=1}^{n}(P_iO_iN_iT_i)$部分で算出される獲得QALYは0となる。規制がリスク削減の機能を果たしたといえるのは，その規制の純粋な「寄与分」だけである。このケースのように，規制が要求する基準よりも実態が上回っている場合には規制の効果とみることはできない。

　航空機騒音は地上への影響のみではなく，機内乗客への影響も少なからずある。顧客獲得施策の1つとして，規制が要求する基準よりもさらに高いレベルでの騒音対策および機材性能の向上による騒音低減インセンティブが働いていることが考えられる。必要追加コストおよび機会費用についても，各航空会社が購入する機材費に上乗せされているが，企業の顧客獲得施策の1つとして，規制がなくとも機材改良による騒音低減インセンティブが働くため，実質0円とみなすことができる。

　したがって，モデル$\sum_{i=1}^{n}\left(\dfrac{C_{oppotunity\,i}-C_{intervention\,i}}{C_{QALY}}\right)$部分で算出される獲得QALYも0となる。

　次に②発着時間制限についてである。NAA（成田国際空港株式会社）では，航空機の離着陸によって発生する騒音の影響を調べるため，空港内および空港周辺に34カ所の騒音測定局を設置し，年間を通じて24時間体制で騒音レベル（2秒間の最大値：dB（A））を上空音および地上音にて観測し，リアルタイムで表示している。離着陸ピーク時（午前および夕方）を中心にみると，最大レベルで90dB程度が観測される（成田空港ウェブサイト：http://airport-community.naa.jp/library/noise/）。

　夜間発着規制がなければ昼間同様，これらの騒音が観測されるであろうから，その場合の屋外騒音として90dBを採用する。しかしながら，90dBを観測するエリアの住宅は空港至近に位置し，移転補償および防音対策の対象となるであろうため，それ以外の住宅は90dBより低い騒音暴露となり，屋外85dBと仮定する。したがって，室内騒音レベルとしては85−21（家屋防音量）＝64dBとなる。また，夜間発着がないとすれば，暗騒音レベル（航空機騒音がない場

120 第3章 モデルを用いたリスク削減量測定プロセスの例示

表13 航空機騒音といらだちの用量反応関係

L_{den}	Function	Lower	Upper
45	46.04	39.09	53.11
46	48.84	41.83	55.88
47	51.65	44.61	58.63
48	54.44	47.42	61.33
49	57.22	50.24	63.98
50	59.96	53.05	66.57
51	62.65	55.85	69.08
52	65.29	58.61	71.51
53	67.85	61.34	73.85
54	70.32	64.00	76.08
55	72.71	66.60	78.21
56	75.00	69.12	80.23
57	77.18	71.55	82.12
58	79.25	73.88	83.91
59	81.21	76.11	85.57
60	83.04	78.23	87.11
61	84.76	80.23	88.54
62	86.36	82.12	89.85
63	87.84	83.89	91.05
64	89.20	85.54	92.14
65	90.45	87.07	93.13
66	91.59	88.48	94.02
67	92.62	89.78	94.82
68	93.56	90.97	95.53
69	94.40	92.05	96.16
70	95.15	93.03	96.71
71	95.82	93.92	97.20
72	96.41	94.71	97.63
73	96.93	95.42	98.00
74	97.39	96.05	98.32
75	97.78	96.61	98.60

出所：European Environment Agency, p. 32.

合の騒音レベル）は深夜の住宅街同様の 30dB と想定される。

　成田空港は夜間（午後 11 時から午前 6 時）発着制限を設けており[23]，関空・中部・羽田の 3 空港は 24 時間発着が可能となっている。この 4 空港以外は深夜フライトの需要が低いと考えられるため算出対象にはしない。規制がなかったとしても，わざわざ深夜時間帯に到着する便を航空会社が用意するメリットがないからである。ここでは，羽田空港を参考に，その時間帯にどの程度フラ

イトが潜在的にありうるかを試算した。羽田の国内・国際の午後11時から午前6時までの発着回数は1日26便である[24]。これと同数が規制により，成田空港で離発着できないと仮定する。影響範囲を成田空港周辺9市町（成田市，富里市，香取市，山武市，栄町，神崎町，多古町，芝山町，横芝光町）人口合計40万人（変数Nに加味）とする。

欧州騒音ガイドラインによれば，60−65dBで人口の17％が睡眠妨害に至る（図13）。航空機騒音といらだちの用量反応関係によれば，64dBで89％がいらだちを起こす（表13）ため，影響範囲40万人のうち，睡眠妨害を17％（変数Pに加味），いらだちを89−17＝72％（変数Pに加味）の住民が起こすと仮定した。睡眠妨害を構成する住民は，既にいらだちを構成する層に組み込まれているであろうため，差をもって算出した。また，それぞれの影響がもたらすQOLの低下については，European Environment Agencyがまとめた数値を参照する。表14は健康状態とQOLの重みづけをまとめたものである（European Environment Agency 2010, p. 19）。

睡眠妨害は0.07（変数Oに加味）のQOL低下，いらだちは0.02（変数Oに加味）のQOL低下[25]をもたらす。発着時間規制によって得られる1年当たり

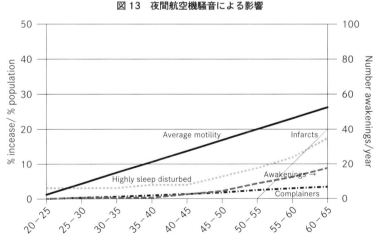

図13　夜間航空機騒音による影響

出所：WHO Regional Office for Europe, p. 106.

122 第3章　モデルを用いたリスク削減量測定プロセスの例示

表14　健康状態とQOL重みづけ

Health condition	Disability weight
Mortality	1.000
Non-fatal acute myocardial infarction	0.406（WHO）
Ischaemic heart disease	0.350（de Hollander, 1999）
High blood pressure	0.352（Mathers, 1999）
Primary insomnia	0.100（WHO, 2007）
Sleep disturbance	0.070（WHO, 2009）
Annoyance	0.020 WHO（Preliminary） 0.010（Stassen, 2008）; 0.033（Müller-Wenk, 2005）
Cognitive impairment	0.006（Hygge, 2009）

出所：European Environment Agency, p. 19.

QALY（リスク削減量）は，モデルの $\sum_{i=1}^{n}$ $(P_iO_iN_iT_i)$ 部分で，睡眠妨害にさらされる割合0.17（変数P）× QOLの低下分0.07（変数O）×成田近郊の影響を受ける人数40万人（変数O）× 1年（変数T）＋いらだちにさらされる割合0.72（変数P）× QOLの低下分0.02（変数O）×成田近郊の影響を受ける人数40万人（変数O）× 1年（変数T）＝10,520（小数点第一位を四捨五入）となる。検討対象期間（変数Tに加味）は夜間発着規制というすぐに効果が現れるものの性質上，1年間とした。

　費用については，追加コスト（$C_{intervention}$）は特段ないものの，発着制限があることによってフライトができないならば，損失消費者余剰が発生する。すなわち対抗リスクであり，変数 $C_{oppotunity}$ で反映される。ここで対象とする空港は成田空港のみである。関空，中部，羽田はすでに24時間運用であり，その他地方空港は深夜フライトの需要が低いと考えられるため算出対象にはしない。損失消費者余剰をどう求めるかについて，羽田空港における夜間発着便数が成田空港における夜間発着需要の一定の参考になると思われるが，これらの便が発着できた場合の消費者余剰はどのように算出すべきであろうか。成田空港ではない別の空港の夜間発着制限が存在しない場合の利用者便益を推計した研究があるものの，競争促進規制を分析する際に用いた内閣府政策統括官による消費者余剰の算出条件とは一致しないため，ここでは内閣府政策統括官によって算出された数値から仮定することとする。

　内閣府政策統括官によれば，ダブル・トリプルトラッキング基準の緩和等

の「一体的な競争促進規制」による消費者余剰は1年間で5,609百万円（GDPデフレーターによる2012年価格修正後）であった（内閣府政策統括官 2010）[26]。これは「一体的な競争促進規制」が生み出す消費者余剰であり，成田空港の夜間発着制限による損失消費者余剰がそれらに対してどれだけの重みがあるかを判定しなければならない。夜間発着制限がなかったとしても，実質的な増便は羽田空港と同様26便程度と想定されること，および，便数増がそのまま価格低下，すなわち消費者余剰に直接つながるわけではないことから，その重みをセット全体の1％と仮定する。とすれば，成田空港夜間発着制限による損失消費者余剰は56百万（変数 $C_{oppotunity}$ に投入となり，

$$\sum_{i=1}^{n} \left(\frac{C_{oppotunity\,i} - C_{intervention\,i}}{C_{QALY}} \right)$$ にあてはめれば，必要追加コスト（$C_{intervention}$）

は0，CQALYには平均給与408万円を投入し，損失QALYは14（小数点第一位を四捨五入，獲得QALYとして見ればマイナス14）となる。

　次に③住宅用防音対策への助成である。騒音暴露を削減するための手段の1つとして，住宅の防音性能を上げることが考えられるが，当然ながらこのような防音設備には費用がかかるため，それを補助する制度がある。これは政府活動のうちの給付によるリスク削減にあたる。その概要について，成田空港の例をもって説明する。公共用飛行場周辺における航空機騒音による障害の防止等に関する法律に基づき，国土交通省が告示した騒音区域内の住宅が防音工事の対象となり，家族構成人数などから費用上限が設定され，NAA（成田国際空港株式会社）が負担する。住宅防音工事は住宅の開口部に防音アルミサッシ等を用いて防音効果を高めることを目的とする（NAA 2011）。

　防音工事に支出した金額について，成田空港地域共生財団によれば，2010年度の防音工事関連助成事業支出は表15のとおりである（成田空港周辺地域共生財団 2011）。

　成田空港関連のみで単年度に8,600万円の支出をしていることになる。これに加え，特定飛行場における住宅防音対策関連助成支出を用いて，航空機騒音に対する住宅防音対策費用を算出する。特定飛行場についての住宅防音工事補助は2009年度で18億円である（国土交通省航空局空港部環境・地域振興課 2010）。2010年度も同額を想定する。関西国際空港および中部国際空港につい

124　第3章　モデルを用いたリスク削減量測定プロセスの例示

表15　民家防音工事助成事業の実施状況

工事の区分	受付 (件数)	認定 (件数)	交付決定		確定	
			件数	金額（円）	件数	金額（円）
改築済住宅防音工事	1	1	2	7,345,268	2	7,345,268
告示日後住宅防音工事	12	12	13	36,678,138	13	32,476,317
空調機追加工事	29	29	26	8,556,116	28	8,711,118
後継者住宅防音工事	15	15	11	21,348,810	10	16,629,181
隣接地区住宅防音工事	25	25	22	11,827,452	34	20,841,103
合計	82	82	74	85,755,784	87	86,002,987

出所：成田空港周辺地域共生財団（2011），1頁。

ての数値が得られないため，成田の数値と同数と仮定して適用する。全国の主要空港の住宅防音助成費用として特定飛行場分18億＋成田空港分8,600万×（関空・中部国際を含めた3空港分）3＝2,058百万と推定する。これをGDPデフレーターで2012年価格に修正すると2,109百万（$C_{intervention}$ に投入）となる。

　次に対象件数と対象人数についてである。表16は，特定飛行場周辺地域の全対象家屋（約11万8千戸）のうち，住宅防音工事を施工した家屋数の割合（住宅防音工事を施工した家屋数／空港周辺地域の全対象家屋）を示したものである。

　実績値の推移から，年間0.05％の進捗であると想定できる。よって，特定飛行場については，11万8千戸の母数のうち，年間施工件数は11万8千×0.0005＝59戸と想定できる。

　関空，中部国際空港を成田空港と同数と仮定すると，防音工事施工戸数は（表15から）87件×3空港＝261戸となる。国内全体の総計は（成田・関空・中部国際分）261＋（特定飛行場）59戸で合計は320戸となる。これらの施工戸数に対し，影響する人数を算出するためには，1世帯当たりの人数

表16　住宅防音工事を施工した家屋数の割合

過去の実績値				(年度)
H17	H18	H19	H20	H21
94.6%	94.7%	94.7%	94.8%	94.8%

出所：国土交通省航空局空港部環境・地域振興課「業績指標152
航空機騒音に係る環境基準の屋内達成率」。

が必要となる。ここでは，2010年の国勢調査による1世帯当たりの平均人数2.46人（e-Statウェブサイト：http://www.e-stat.go.jp/SG1/estat/List.do?bid=000001037709&cycode=0）を採用する。影響する人数は，年間で住宅防音工事が行われる世帯数320戸×2.46人＝787人（変数Nに投入）となる。

　では，これら防音対策がどれだけの音量を削減できるのか。その際には建物性能に関する知見が参考になる。防音，遮音のレベルは遮音性能値で示される。通常，開口部・窓は外壁よりも遮音性能値が低いのが一般的であり，防音措置については，開口部・窓を重点的に行うことが効率がよい。そのため，開口部・窓の防音対策を基準に試算する。遮音性能は，JIS（日本工業規格）にて等級が定められ，T-1（25等級）であれば25dB，T-2（30等級）であれば30dB，T-3（35等級）であれば35dB，T-4（40等級）であれば40dBの削減効果が見込める。一枚窓でサッシを交換する場合，T-2までが限界とされているが，現在ある窓の内側にあたらに窓を設置して二重窓にすることで，T-3と同等もしくはそれ以上の効果が得られる。費用的にも安価で済むため，二重窓対応が望ましい。今回の試算では，二重窓対応をしたと仮定し，T-3での性能，－（マイナス）35dBを採用する。成田での離着陸ピーク時（午前および夕方）を中心にみると，最大で90dB程度が観測される（成田空港ウェブサイト：http://airport-community.naa.jp/library/noise/）。二重窓対策後の家屋内騒音は90dB－35dB＝55dBとなる。

　防音工事をしない（家屋防音量のみ）場合，90dB－21dB（家屋防音量）＝69dBの屋内騒音暴露量であり，20％の人が睡眠妨害を受ける（図13）。それが55dBになれば睡眠妨害を受ける確率が10％下がる（変数Pに投入）。睡眠妨害はQOLを0.07下げる（変数Oに投入）ので，モデルに投入すると，0.1（変数P）×0.07（変数O）×787（変数N）×1（変数T）≒5.51のQALY獲得となる。

　航空機騒音とそれによるいらだちとの用量反応関係（表13）から，防音対策をしない場合（家屋防音量のみ）の騒音レベル90dB－21dB（家屋防音量）＝69dBならば，94.4％の人がいらだち，住宅防音工事をした場合の騒音レベル55dBでは72.71％がいらだちを覚える。このいらだちを覚える層には睡眠妨害を受ける層（10％）が含まれているため，それらの差をもって算出する。よって，この施策で削減されるいらだつ人の割合は，94.4－72.71－10＝11.69％（変

数Pに投入）となる。

　また，表14から，いらだちはQOLを0.02下げる（変数Oに投入）ので，モデル$\sum_{i=1}^{n}(P_iO_iN_iT_i)$にあてはめると，1年間の住宅防音工事により，0.1169（変数P）×0.02（変数O）×787人（変数N）×1年（変数T）≒1.84のQALYが獲得できることとなる。

　1年当たり合計獲得QALYは5.51＋1.84＝7.35となり，小数点第一位を四捨五入して獲得QALYを7とする。対象期間としては，防音措置というすぐに効果が現れる性質上，1年間とした。住宅防音助成の対抗リスクは追加費用のみであり，移転補償の追加費用とともに算出する。

　次に④移転補償についてである。成田空港での移転補償実績から，国内特定飛行場および成田・関空・中部国際の移転補償件数を試算する。騒特法に基づく移転補償は1990年度から移転補償を行ってきた。NAAによれば，芝山町菱田中郷地区10戸（1993年10月），成田市芦田地区8戸（1995年8月），芝山町大里田辺野地区11戸（1996年4月），芝山町住母家地区9戸（1998年12月），芝山町菱田地区13戸（1999年10月），芝山町芝山地区11戸（2002年9月）及び成田市芦田地区18戸（2003年4月）の集団移転対策を実施している（成田空港ウェブサイト：http://www.naa.jp/jp/csr/kankyo_taisaku.html）。

　移転補償は新規開港や既存空港滑走路の拡大などに付随して生じるものであり，毎年必ず生じる性質のものではない。しかしながら，それらが生じる年の移転件数を年平均にならすことにより変数Nや変数$C_{intervention}$を仮定することが可能になる。成田での1993年10月以降2003年4月までの11年間の移転補償件数は上記のとおり合計で80件であり，年平均7件となる。他空港の数値が入手できないため，ここでは成田を基準とし，他空港を同数と仮定する。とすると，7×16（特定飛行場数＋成田・関空・中部国際）＝112件／年となる。費用については，土地代はほぼ0円とみてよいだろう。既設の住宅の解体に150万円，新築費用として1,500万円程度と仮定する（それぞれの価格は筆者の調査した安全側の市場価格）。移転1件当たり費用合計は1,650万円となり，1,650万×112件＝1,848百万円／年の費用がかかる。これをGDPデフレーターで2102年価格に修正すると1,894百万円（$C_{intervention}$に投入）になる。

では，移転補償はどれだけの騒音値でなされているだろうか。本書で扱う移転補償は，用地買収時の移転などについては含まない。なぜならば，騒音によるリスクを政府がどれだけ削減するかに焦点があてられているため，そもそも空港造成に必要な用地に住宅があった場合の移転は対象に含めるべきではない。したがって，具体的な騒音値がデータとしてなくとも，空港近隣の最大騒音値を適用することで移転前の騒音値とすることが適当である。したがって，住宅防音工事の際に用いた90dBを採用する。家屋防音量を考慮すれば室内騒音は90dB－21dB（家屋防音量）＝69dBである。これが移転後には55dBに削減されると仮定する。1戸当たり2.46人家族とする（平均世帯人数）と，変数Nには112件（軒）×2.46人が投入される。

防音工事の際と同様に，移転をしない（家屋防音量のみ）場合，90dB－21dB（家屋防音量）＝69dBの屋内騒音暴露量であり，20％の人が睡眠妨害を受ける（図13）。それが55dBになれば睡眠妨害を受ける確率が10％下がる（変数Pに投入）。睡眠妨害はQOLを0.07下げる（変数Oに投入）ので，モデルに投入すると，0.1（変数P）×0.07（変数O）×112×2.46（変数N）×1（変数T）≒1.93のQALY獲得となる。

航空機騒音とそれによるいらだちとの用量反応関係（表13）から，移転をしない場合（家屋防音量のみ）の騒音レベル90dB－21dB（家屋防音量）＝69dBならば，94.4％の人がいらだち，移転をした場合の騒音レベル55dBでは72.71％がいらだちを覚える。このいらだちを覚える層には睡眠妨害を受ける層（10％）が含まれているため，それらの差をもって算出する。よって，この施策で削減されるいらだつ人の割合は，94.4－72.71－10＝11.69％（変数Pに投入）となる。

また，表14から，いらだちはQOLを0.02下げる（変数Oに投入）ので，モデル $\sum_{i=1}^{n}$（$P_i O_i N_i T_i$）にあてはめると，移転により，0.1169（変数P）×0.02（変数O）×112×2.46（変数N）×1年（変数T）≒0.64のQALYが獲得できることとなる。

合計で1.93＋0.64＝2.57となり，小数点第一位を四捨五入して1年当たり獲得QALYを3とした。対象期間としては，毎年度行われるものでないことか

128　第3章　モデルを用いたリスク削減量測定プロセスの例示

ら，成田空港の11年間の実績をベースとして11年間を平均して1年間の数値を見出し，移転補償という性質上すぐに効果が現れるものであるから対象期間を1年間とした。

　次に移転の場合の対抗リスクについて検討する。移転しなければならない場合の心理的コストについては考慮しないこととする。近隣住民間で築き上げてきた生活圏の喪失など，当人にとっては重要であると考えられるものの，この種のものをリスクとして考慮すると，国民のテロへの恐怖などと同様に無限に広がり得るし，かつ的確な数値算定は困難である。リスク削減量は，特定の個人・集団の状況を考慮してその数値の重みづけに変化を与えるような指標ではなく，どの個人・集団の健康や生命も同じ状況であれば同じ重みづけをして，客観的に扱う指標である。したがって，算出時に考慮する対抗リスクは規制実施のための必要追加コストのみとなる。

　これまで整理してきた追加コストは，③住宅用防音対策助成で2,109百万円，④移転補償で1,894百万円であり，合計4,003百万円（2012年価格，変数$C_{intervention}$ に投入）となる。$\sum_{i=1}^{n}(\frac{C_{oppotunity\,i}-C_{intervention\,i}}{C_{QALY}})$ にあてはめると，$C_{oppotunity}$ には0，C_{QALY} には平均給与408万円を投入し，損失QALYは981（小数点第一位を四捨五入，獲得QALYとして見ればマイナス981）となる。

　これまで算出したQALYを整理すると以下のとおりである。目標リスク削減による1年当たり獲得QALYは，航空機騒音規制で0，夜間発着時間制限で10,520，住宅用防音対策への助成で7，騒音のための移転補償で3，合計で10,530である。対抗リスク発生による1年当たり損失QALYは，夜間発着制限による損失消費者余剰分で14，住宅用防音対策への助成と騒音のための移転補償のための必要追加コスト分で981，合計は995となった。リスクトレードオフ後の1年当たり正味獲得QALYは9,535である。

第4節　航空安全規制領域

　本節では航空安全規制領域を対象として，モデルを用いてリスク削減量を測定するプロセスを例示する。航空安全規制とは航空機事故（Aircraft

Accident）を防ぐための規制であることから，まず，航空機事故とは何かを確認する。国際民間航空条約第13付属書によれば，（航空機）事故とは，

　航空機の運航に関連して発生するものであり，人間を乗せた航空機の場合では，いかなる1人でもが飛行目的で航空機に搭乗した時から全ての人が降り終えるまで，もしくは人間を乗せない航空機の場合では，飛行目的で移動する準備が整った時から飛行終了かつ第一推進システムがシャットダウンするまでに，以下のことが発生した場合をいう。①航空機内で，もしくは航空機（の一部）および航空機から剥がれたパーツに接触，もしくはジェット噴射への直接暴露によって，死亡もしくは重症者が発生，②航空機の構造的強度，性能，飛行特性に有害な影響を及ぼし，かつ，通常であれば大きな修理や影響を受けた部分の交換を必要とするような航空機の損傷もしくは構造的な破損，③航空機が行方不明もしくは完全にアクセスできない（ICAO 2020b, p.1-1）

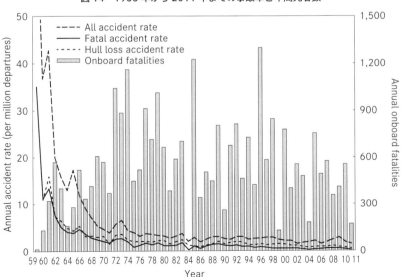

図14　1955年から2011年までの事故率と年間死者数

出所：Boeing (2012), p. 16.

ことをいう。この定義に従って検討を進める。

図14は1955年から2011年までの世界全体の事故率と年間死者数を示したものである（Boeing 2012, p. 16）。また，図15は1992年から2011年までの，世界全体の航空機の発着回数と飛行時間を示したものである（Boeing 2012, p. 13）。

図14にあるように全体の事故率は，航空揺籃期と比較すれば近年は低い率を保っている。しかしながら，図15が示すように，航空全体の飛行時間，発着数では着実にその数を伸ばしている。事故率低下がそれほど進まないならば，今後の航空輸送量が伸びていく見通しの中，「全体の率が多少下がったとしても，全体の数が増えていくことになり，受け入れられるものではなくなってくる」（Patankar and Taylor 2004, pp. 2-3）。これらに対する政府のリスク削減機能はどれだけ果たされているだろうか。事故を防ぐための規制は多い[27]。その中でもトピックといえるのがTCAS（Traffic alert and Collision Avoidance System：航空機衝突防止装置）設置規制であろう。TCASはある一定の大きさの機体には装備が義務付けられ，空中衝突のリスク削減に大きく貢献し，様々な壊滅的事故を防いでいるとされている（Kuchar and Drumm 2007, p. 277）。

図15 発着回数と飛行時間

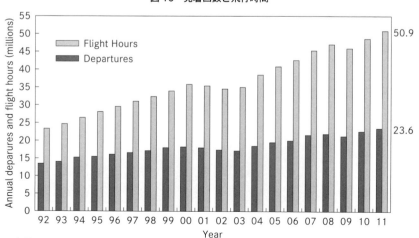

出所：Boeing (2012), p. 13.

もちろん，航空管制の果たす役割は大きく，また，耐空証明，機体整備[28]などは航空安全規制のベースであることは言うまでもない。しかしながら本書では，ベースすなわちインフラともいうべき規制や政策ではなく，発見された，もしくは理解され始めたリスクに対処しようとの目的から規制・政策が策定されていくことに着目し，そのリスクを削減するための規制・政策を素材とする。

近年のトピックとしては他に，60歳以上のパイロットの組み合わせによる運航規制の改正も考えられる。これは，2012年6月1日から，「航空運送事業に使用される航空機に60歳以上の航空機乗組員を乗務させる場合の基準」の一部改正が適用され，60歳以上の運航乗務員互乗が認められたという内容である。これまで日本において，加齢乗員（60歳以上65歳未満の操縦士）の乗務は，60歳未満の乗員と組み合わせて乗務することが必要となっていた[29]。ICAOの国際標準（国際民間航空条約附属書）においても同様である。

こういったトピック的な規制は他にもあるものの，より直接的な航空機事故リスク削減という目的にはTCAS設置規制が適した素材であるとの考えから，TCASを本節における対象とする[30]。事故事例を過去からトレースしながら，TCAS設置および管制とTCASの指示が矛盾した場合にTCASを優先することに至った経緯を整理することで，TCASの概要を理解する。そのうえで，航空機衝突を目標リスクに置き，リスク削減規制もしくは削減のための具体的政策として①TCAS II7.0設置②乗員へのトレーニング・TCAS優先③管制へのTCAS優先徹底，を選定し，リスク削減量を算出する。

最初に，航空安全規制について確認する。各国の航空安全規制のベースになるものとして国際民間航空条約附属書があり，そこで国際標準が定められている。内容的に航空保安規制，社会的規制に属するものも包含され，資格・免許関連を定めた第1付属書（ICAO 2020a）から航空機の安全運航などを定めた第19付属書（ICAO 2016）までがある。これらをベースに各国が協調を図りつつ，それぞれの国の航空法，施行規則等が制定されている。日本の場合，本節で扱うTCAS設置規制は航空法施行規則第147条第5号に定められている。また航空会社による規定類（安全管理規定，運航規程，整備規程）は「航空法の要求するところにより作成され，これらの規定に基づいて乗員や整備士など

132 第3章 モデルを用いたリスク削減量測定プロセスの例示

が航空機の運航や整備にあたる」（ANA 総合研究所 2008, 114 頁）。

　航空機による運航が始まって以降，航空機同士の衝突事故もごくまれにであるが，発生している。1971 年の全日空機と航空自衛隊機による岩手県雫石町上空での衝突（外山智士民間航空データベース：http://www004.upp.so-net.ne.jp/civil_aviation/cadb/disaster/accident/19710730ja.htm），1996 年のサウジアラビア航空機とカザフスタン航空機によるニューデリー空港北西上空での衝突（外山智士民間航空データベース：http://www004.upp.so-net.ne.jp/civil_aviation/cadb/wadr/accident/19961112a.htm）などがある。

　上記 2 例は TCAS に関わらない例であるが，TCAS に関わる事例も発生している。2001 年には，管制官の指示と TCAS の指示が矛盾したために，日本航空機同士のニアミスが発生し，重傷者を出した。事故調査委員会は，管制官の指示と TCAS の指示が矛盾した場合，TCAS を優先させることを国際規定に盛り込むように ICAO に勧告し，ICAO は規定を改正することを決定，2003 年 11 月 27 日から適用した（外山智士民間航空データベース：http://www004.upp.so-net.ne.jp/civil_aviation/cadb/disaster/accident/20010131ja.htm）。TCAS 優先については，日本においても「航空機衝突防止装置が作動した際の運用の指針」が出され，運用されている（国土交通省ウェブサイト：http://www.mlit.go.jp/kisha/kisha02/12/120731_2/120731_2.pdf）。

　また，2002 年にはバシキール航空機と DHL 機が衝突し，乗員乗客全員が死亡している（外山智士民間航空データベース：http://www004.upp.so-net.ne.jp/civil_aviation/cadb/wadr/accident/20020701a.htm）。どちらの機も TCAS を装備しており，TCAS は DHL 機に降下，バシキール航空機に上昇を指示していたが，航空管制はバシキール航空機に降下を指示し，DHL 機が TCAS 指示に従い，バシキール航空機が航空管制官の指示に従った結果，空中衝突を回避することができなかった（Kuchar and Drumm 2007, pp. 283-284）。

　このように，TCAS については空中衝突を避けるための装置であるものの，その運用次第では能力を活かすことができない。日本航空機同士のニアミスの事例から，TCAS と管制の指示が異なった場合には TCAS が優先されることが確立されたものの，その遵守率が今後のリスク削減に大きく影響する。

ここで TCAS の概要を整理する。TCAS の歴史に詳しいクーチャーらによれば，TCAS は，1981 年にそれまで BCAS（Beacon Collision Avoidance System）と呼ばれていたトランスポンダーをベースとしたシステムから誕生した。1986 年にカリフォルニアのセリトス空中衝突が起きると，アメリカ下院は 1992 年末までに空中衝突防止装置の装備を FAA に要求する法案を可決し，30 席以上のタービンエンジン機全てに TCAS 設置を義務化した。最初に TCAS を装備した民間機が飛行したのは 1990 年であり，その後モニタリング，安全性評価をもとに改良され，TCAS II バージョン 7.0 が生まれた。2003 年には ICAO が 30 座席もしくは最大離陸重量 15,000kg を超えるタービンエンジン機に対して ACAS（Airborne Collision Avoidance System：航空機空中衝突防止装置の総称）を装備することを義務化し，2005 年には 19 座席もしくは最大離陸重量 5,700kg を超えるタービンエンジン機にまで対象を拡大している（Kuchar and Drumm 2007, p. 278）。

次に TCAS の具体的な働きについて確認する。TCAS は近距離で飛行する全ての航空機に対し，それぞれの航空機に設置されているトランスポンダーに信号を送り，その応答信号に基づいて相手機の高度，距離，方位，傾斜などを把握することにより，相手機との最接近点（CPA：Closest Point of Approach）に到達するまでの時間を計算する。その上で，最接近点までの時間を基準として二種類の警告を発出する。TA（Traffic Advisory）と RA（Resolution Advisory）である（US Department of Transportation and Federal Aviation Administration 2000, p. 7）。

住谷他によれば，TA は，周辺の航空機が接近中であるが最接近までの時間的余裕がある場合に，回避を指示せず，位置のみを知らせるアドバイザリである。RA は衝突の危険性が増大した場合に，衝突回避方向や回避する速度を指示するアドバイザリである。パイロットは，このアドバイザリに基づき，回避操作を行う。RA には，上昇，下降，上昇禁止，下降禁止等があり，一度発出した RA に対し，さらなる RA の強化や弱化，反転等，状況変化に対応した RA の途中変更が可能である（住谷他 2007, 2-3 頁）。

以上のことを US Department of Transportation and Federal Aviation Administration が示した図 16-1，図 16-2 をもとに確認する。図 16-1 左図の

ように，近隣の航空機が脅威であるとTCASが認識し，RAが発出されると，TCASが相手機の距離と高度に基づいて，相手機の現在位置から最接近点までの飛行経路を予測する。予測結果をもとに，最接近点における垂直方向の距離を大きく保てる方向を選択して，自機に対し，上方に行くか，下方に行くかの指示を出す（US Department of Transportation and Federal Aviation Administration 2000, p. 28）。図16-1左図の例では，距離BのほうがAより大きいため，降下RAが発出される。図16-1右図のように相手機が降下してきた場合には，更なる降下RAや降下速度を上げるRAが発出される機能を有する。

さらに，図16-2のように，相手機の進行によっては，当初のRAとは異なるRAを発出し，方向を反転させる機能も有している（US Department of Transportation and Federal Aviation Administration 2000, p. 29）。なお，TCAS IIバージョン7.0は「ICAO標準をクリアした唯一のシステム」（EUROCONTROL ATC Operations & Systems Division 2010, p. 12）である。

図16-1　TCAS概要①

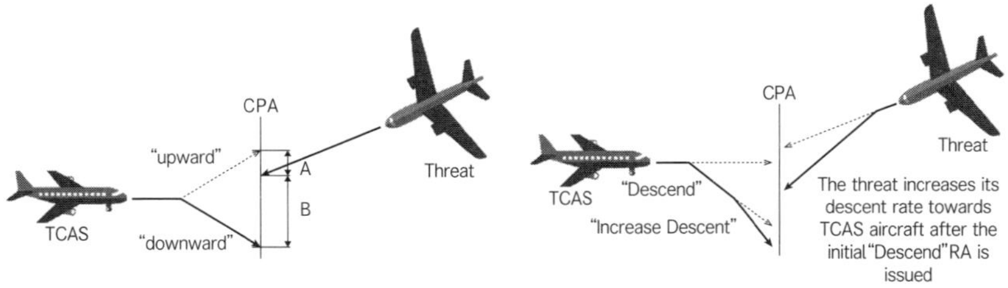

出所：US Department of Transportation and Federal Aviation Administration（2000），pp. 28-29。

図16-2　TCAS概要②

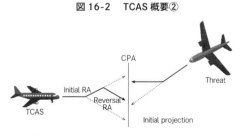

出所：US Department of Transportation and Federal Aviation Administration（2000），p. 29。

第4節 航空安全規制領域 *135*

　これらの知見を踏まえた上で，TCAS 設置規制によってどれだけのリスクが削減されているかを算出する。航空安全規制領域では，目標リスクに航空機衝突事故発生を置き，そのリスク削減のための規制・政策として① TCAS II7.0 設置②乗員へのトレーニング・TCAS 優先③管制への TCAS 優先徹底，を選定し，獲得 QALY（リスク削減量）を算出した結果が表 17 である。

　航空機事故を扱う際の問題点として，航空機事故のコスト算定は難しいとの指摘がある。パタンカーらによれば，航空機事故が引き起こすコストには，人命や財産の損失という明白な直接的コストに加えて，航空機事故はその会社の名声へのダメージ，環境へのダメージ，高度な技術を持った人材を失うことのような間接的コストも含んでいるからであるという（Patankar and Taylor 2004, p. 23）。これらの指摘を踏まえつつも，本節においては，航空機事故による直接的な影響，および事故を防ぐための規制による直接的な効果に限定して検討する。パタンカーらが言うところの「人命や財産の損失」がそれに該当する。パタンカーらが「間接的コスト」と表現する「高度な技術を持った人材を失うこと」に重みづけを与えるならば，それらの人のリスク削減は，高度な技術を持たない人のリスク削減よりも大きな意義を持つことになってしまう。それでは，既に整理した「どんな人にも平等にあるリスクの削減」という政府活動としてのリスク削減の主旨に合致しないからである。

表 17　航空機衝突事故を防ぐ規制と獲得 QALY

リスク削減のための具体的規制	目標リスク	目標リスク阻止寄与率	規制実施率（遵守率）	獲得 QALY 死者分（1 年当たり）	獲得 QALY 負傷者分（1 年当たり）	獲得 QALY 経済的損失分（1 年当たり）	必要追加コスト（百万）	対抗リスク	損失 QALY（1 年当たり）
TCAS II 7.0 設置	航空機衝突	50%	100%	1,232		349	940	TCAS 指示と操縦の相違	–
								追加コスト	230
乗員へのトレーニング・TCAS 優先		25%	90%	554		157	37	追加コスト	9
管制への TCAS 優先徹底		25%	100%	616		174	27	追加コスト	7
リスクトレードオフ後の正味獲得 QALY（1 年当たり）	2,836								

注：QALY 値は小数点第一位を四捨五入。
出所：筆者作成。

136 第3章 モデルを用いたリスク削減量測定プロセスの例示

　まず，目標リスク阻止寄与率という概念を提示する。ある1つの施策だけ
で，目標リスクの生起を阻止できるわけではなく，いくつかの施策が組合わさ
れることで目標リスク生起阻止がなされるというのが現実的である。例えば，
TCAS を設置したとしても，その適切な運用が伴わなければ空中衝突を防ぐ
ことができない。そのため，それぞれの施策にリスク生起阻止の寄与率を設け
た。① TCAS II 7.0 設置，②乗員へのトレーニング・TCAS 優先，③管制へ
の TCAS 優先徹底，のうち，①を 50％，②を 25％，③を 25％とする。これ
ら寄与率にそれぞれの実施率（遵守率）を乗じたものが実質寄与率としてモデ
ルの変数 P に加味される。

　次に目標リスクが現実化した場合の損失について検討する。2012 年時点で
は日本航空，全日本空輸ともに保有機材として最多なのは B767-300 である[31]
ため，B767-300 の 2 機が衝突したと仮定する。空中衝突が起こった場合の死
者数は以下のように試算した。標準座席数を国内線向け 260 席と仮定し，2011
年度搭乗率は日本航空 70.4％，全日本空輸 73.7％である（稲垣 2012，3 頁）た
め，ここでは低めに見つもり，70％で試算する。以上から，260 席×0.7＝182
人が搭乗していることになる。乗員を 15 名で試算すると，182＋15＝197 人が
1 機に乗っており，2 機分なので 197 人×2 機＝合計 394 人（変数 N に投入）
となる。

　これらの人が航空機衝突で亡くなった場合[32] に失われる QALY を算出す
るための数値（変数 O に投入）は以下のとおりとする。日本における航空機
搭乗者の平均年齢は 46.2 歳である（平成 21 年度航空旅客動態調査：http://
www.mlit.go.jp/koku/koku_tk6_000001.html）。日本の健康平均寿命を男女
72.02 歳とする（厚生労働省ウェブサイト：https://www.mhlw.go.jp/bunya/
kenkou/dl/chiiki-gyousei_03_02.pdf）。

　上記 2 つの差から，航空機搭乗者の健康平均余命は 72.02－46.2＝25.82 年
となる。また，平均寿命と健康寿命の差の男女平均は 10.91 年である（厚生
労働省ウェブサイト：https://www.mhlw.go.jp/bunya/kenkou/dl/chiiki-
gyousei_03_02.pdf）。その期間の QOL については，それぞれの状況に程度の
差があるが，ここでは一律 0.5 と仮定する。

　次に，TCAS によりどれだけ空中衝突リスクが変化するかを確認する。図

図 17 TCAS 設置・指示遵守による空中衝突生起頻度変化

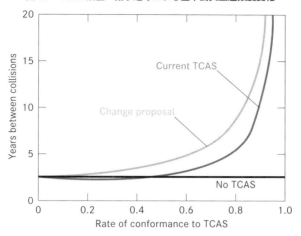

出所：Kuchar and Drumm (2007), p. 292.

17 は TCAS がない場合に空中衝突が何年おきに起こるか，および TCAS の指示をパイロットがどれだけ守るかによって，その間隔がどう変化するかを示したものである。

これは全ヨーロッパを対象にした分析であるが，日本においても同程度の値と仮定する。TCAS がないと 3 年に 1 度の割合で空中衝突が起こる（Kuchar and Drumm 2007, pp. 291-292）。現在の TCAS すなわち TCAS II 7.0 が設置され，かつ，TCAS にパイロットが 90％の確率で従う場合，7.5 年に 1 度の割合に下がる（変数 P に加味）。90％の遵守率を用いたのは以下の理由からである。TCAS の指示と管制による指示が異なった場合には TCAS による指示を優先することが乗員にトレーニングされているものの，TCAS 指示に対して「意図せず」反対の反応をしてしまう率が 5％あるという（EUROCONTROL ATC Operations & Systems Division 2010, p. 16）。また，管制からの指示を優先し，「意図して」TCAS の指示と反対の行動をとる率を考慮し，TCAS による指示と乗員が実際に行う操縦の相違率を 10％と仮定した。

これらの数値をモデルの $\sum_{i=1}^{n}(P_i O_i N_i T_i)$ 部分にそれぞれ投入すると，

138　第3章　モデルを用いたリスク削減量測定プロセスの例示

① TCAS II 7.0 設置では，阻止寄与率 0.5×規制実施率 1（変数 P）×（平均健康余命 25.82 年×QOL1 ＋平均寿命と健康寿命の差の期間 10.91 年×QOL0.5）（変数 O と変数 T）×（2 機搭乗合計人数 394 人÷TCAS なし事故生起周期 3 年－2 機搭乗合計人数 394 人÷TCAS あり事故生起周期 7.5 年）（変数 N）＝1,232 の獲得 QALY となる。②乗員へのトレーニング・TCAS 優先では，阻止寄与率 0.25×規制実施率 1×遵守率 0.9（変数 P）×（平均健康余命 25.82 年×QOL1 ＋平均寿命と健康寿命の差の期間 10.91 年×QOL0.5）（変数 O と変数 T）×（2 機搭乗合計人数 394 人÷TCAS なし事故生起周期 3 年－2 機搭乗合計人数 394 人÷TCAS あり事故生起周期 7.5 年）（変数 N）＝554 の獲得 QALY となる。③管制への TCAS 優先徹底では阻止寄与率 0.25×規制実施率 1（変数 P）×（平均健康余命 25.82 年×QOL1 ＋平均寿命と健康寿命の差の期間 10.91 年×QOL0.5）（変数 O と変数 T）×（2 機搭乗合計人数 394 人÷TCAS なし事故生起周期 3 年－2 機搭乗合計人数 394 人÷TCAS あり事故生起周期 7.5 年）（変数 N）＝616 の獲得 QALY となる。したがって，TCAS 設置によって死者を防ぐことで獲得できる QALY 合計は① 1,232 ＋② 554 ＋③ 616＝2,402 となる。

　次に財の損失である。まずは $C_{oppotunity}$ の値を算出する。機体 2 機の費用について，B767-300 の価格は 2012 年平均で約 1.8 億ドルである（ボーイング社ウェブサイト：http://www.boeing.com/commercial/prices/）。それを財務省報告省令レート（2012.8）79 円＝1$ で換算する（日本銀行ウェブサイト：http://www.boj.or.jp/about/services/tame/tame_rate/syorei/index.htm/）。

　機材の減価償却を，減価償却資産の耐用年数等に関する省令別表第一　航空機より，耐用年数は 10 年，償却率は 0.1 とする（減価償却資産の耐用年数等に関する省令 http://law.e-gov.go.jp/htmldata/S40/S40F03401000015.html）。本事例における機材の経過年数を 5 年と仮定すると，償却は 0.5 となる。

　以上から，航空機衝突による経済的損失は 1.8 億ドル×79 円×（償却残）0.5×2 機＝14,220 百万円となる。当該規制によって防ぐことができる経済的損失 $C_{oppotunity}$ は以下のとおりとなる。① TCAS II 7.0 設置では，阻止寄与率 0.5×規制実施率 1×（2 機費用 14,220 百万円÷TCAS なし事故生起周期 3 年－2 機費用 14,220 百万円÷TCAS あり事故生起周期 7.5 年）＝1,422 百万円が $C_{oppotunity}$ の値となる。②乗員へのトレーニング・TCAS 優先では阻止寄与率

0.25×規制実施率 1×遵守率 0.9×（2 機費用 14,220 百万円÷TCAS なし事故生起周期 3 年－2 機費用 14,220 百万円÷TCAS あり事故生起周期 7.5 年）＝639.9 百万円が $C_{oppotunity}$ の値となる。③管制への TCAS 優先徹底では，阻止寄与率 0.25×規制実施率 1×（2 機費用 14,220 百万円÷TCAS なし事故生起周期 3 年－2 機費用 14,220 百万円÷TCAS あり事故生起周期 7.5 年）＝711 百万円が $C_{oppotunity}$ の値となる。

　次に航空機衝突防止規制による対抗リスクについて検討する。1 つ目の対抗リスクは TCAS による指示と乗員が実際に行う操縦の相違であるが，これについては目的リスク削減の際に遵守率の要素として組込んだため，ここでは組み込まない。

　2 つ目の対抗リスクは必要追加コストであり，$C_{intervention}$ に投入する値である。① TCAS II 7.0 設置について，TCAS II の耐用年数は 15〜20 年である（Civil Aviation Policy 2003, p. 3）が，減価償却を機体本体と同様の 10 年で行うと仮定して試算する。以下の費用額は Civil Aviation Policy を参考にした（Civil Aviation Policy 2003, pp. 6-7）。1 機当たりの機器費用は実勢価格で 99,000 ポンド，インストールに 19,000 ポンド，インストールキットに 13,000 ポンドかかり，初期費用合計は 131,000 ポンドである。乗員教育に 1 人当たり 150 ポンド，マニュアル作成・教育装置費用として 1 社当たり 7,500 ポンド，フライトシミュレーター費用として 95,000 ポンド，毎年のメンテナンスコストとして 1 機 1 年当たり 3,000 ポンドがかかる。

　これらを日本の状況に当てはめる。2012 年ベースで日本国内航空会社の保有機数は日本航空 215 機（日本航空ウェブサイト：http://www.jal.com/ja/outline/corporate/aircraft.html），全日本空輸 226 機（全日本空輸ウェブサイト：http://www.ana.co.jp/cp/kibo/main.html），その他のキャリア合計で約 30 機として，計 470 機と仮定する。日本のパイロットは機長・副操縦士計 6,000 人である（グラフで見るパイロットの年齢構成別人数サイト：http://airline.skr.jp/data/number_of_pilot/）。財務省報告省令レート（2012.8）では 1 ポンド＝1.56USD＝123.24 円である。以上をもとに試算すると，（初期費用合計 131,000 ポンド×470 機＋7,500 ポンド×10 社＋95,000 ポンド×10 社）÷10 年×123.24 円＝770 百万円。これにメンテナンスコストとして 3,000 ポンド

140 第3章 モデルを用いたリスク削減量測定プロセスの例示

×470機×123.24円＝170百万を足すと，770百万＋170百万＝940百万円となる。

②乗員へのトレーニング・TCAS優先については，乗員教育1人当たり150ポンド×機長・副操縦士数6000人×レート123.24円÷3年＝37百万円となる。3年で割っているのは，教育は毎年ではなく3年に1度実施すると仮定したものである。

③航空管制へのTCAS優先徹底については，以下のように試算した。航空管制官の定員は約4,500人である（国土交通省ウェブサイト：http://www.mlit.go.jp/koku/15_bf_000390.html）。定員の4,500人全てに，3年ごとにTCAS教育を実施すると仮定すると，4,500人×教育1人当たり150ポンド×レート123.24円÷3年＝27百万円となる。

以上，算出してきた数値をもとにモデルの $\sum_{i=1}^{n} \dfrac{C_{oppotunity\,i}-C_{intervention\,i}}{C_{QALY}}$ 部分を求めると，｛防げる経済的損失（1,422百万＋639.9百万＋711百万）－必要追加コスト（940百万＋37百万＋27百万）｝÷平均給与408万（CQALY）＝434QALY（小数点第一位を四捨五入）が得られる。

すでに算出した $\sum_{i=1}^{n} (P_i O_i N_i T_i)$ 部分（死者を防ぐことで獲得できるQALY）では2,402QALY，$\sum_{i=1}^{n} \dfrac{C_{oppotunity\,i}-C_{intervention\,i}}{C_{QALY}}$ 部分では434QALYが得られ，合計で2,402＋434＝2,836QALYとなる。

表17では，①TCAS II 7.0設置②乗員へのトレーニング・TCAS優先③管制へのTCAS優先徹底，のそれぞれが，死者を防ぐことで獲得できるQALY，経済的損失を防ぐことで獲得できるQALY，対抗リスクによる損失QALY，をどれだけ生じさせるかを個別に示した。モデルを用いて算出する際には，このように個別の数値を算出する必要はないものの，検証可能性を高めるためにも有用なため，個別に表示した。対象期間としては，TCASの有無によらず，10年での機体償却が規定されていることから，10年をベースとして1年間当たりの獲得QALYを算出した。

第5節　航空保安規制領域

　本節では航空保安規制領域を対象として，モデルを用いてリスク削減量を測定するプロセスを例示する。国際民間航空条約第17附属書における保安とは「不法妨害行為から民間航空を防護すべく組み合わされた諸措置及び人的・物的なリソース」（川原 2002, 66頁）である。すなわち保安とは不法妨害行為を対象としていることとなる。航空安全とは，この部分が大きな違いとなる。したがって，航空保安規制とは，一義的には航空機の安全を脅かす不法妨害行為を防ぐための規制である。本節ではまず，航空機の安全を脅かす不法妨害行為[33]のうち，航空機テロとは何かについて整理する。また，他の領域と同様，航空保安規制領域における象徴的な規制（政策）を対象とする。本節では，航空機テロ防止規制がその対象となる。

　まず，航空機テロとは何かを整理する。航空機テロの歴史的経緯およびその対策について理解した上で，全米同時多発テロがもたらした影響とそれに対応した新たな規制についての概要をトレースする。その上で，目標リスクに航空機テロの発生を置き，リスク削減規制もしくは削減のための具体的政策として，①搭乗前の保安プログラム，②コックピットドアの強化，③スカイマーシャル[34]導入を選定する。

　スカイマーシャル導入およびコックピットドアの強化は全米同時多発テロ以降，各国政府官庁が同様のハイジャックを繰り返さないために設定した新たな規制のうち，主要な2つである[35]。FAAはアメリカ合衆国国内機およびアメリカ合衆国に乗り入れる外国機に対し，侵入および小火器もしくは破砕装置からコックピットドアを保護するための強化と，エアマーシャル導入を要求し（FAA 2002），各国航空会社，航空当局はそれに応じた対応をとった（FAA 2003）。日本においては，2003年11月に強化型コックピットドアの装備が義務化され，2004年12月にスカイマーシャル制度が導入された。

　スカイマーシャルとは「航空機の飛行中におけるハイジャック犯の制圧等を任務とする法執行官の警乗」（国際組織犯罪等・国際テロ対策推進本部 2004）制度を指す。スカイマーシャルの運用に当たり，航空機警乗警察官は警察法及

142　第3章　モデルを用いたリスク削減量測定プロセスの例示

び警察官職務執行法に基づく責務と権限を有し，機長は航空法に基づく航空機の運航に関する包括的な責務と権限を有するという役割分担がなされる（国際組織犯罪等・国際テロ対策推進本部 2004）。

　次に，航空機テロとは何かを整理する。クルーガーは，テロリズムは定義しがたい概念であるが，あえて定義するとすれば「前もって計画された政治的動機に基づく暴力」であるとしている（Krueger 2007, p. 14［2008, 22-23 頁］）。本書でも，定義の困難さを踏まえながらも，航空機テロとはクルーガーの定義におけるような「テロリズムが航空に関して，もしくは航空に対して，もしくは航空を用いて行われるもの」とする。

　これらの航空機テロを防止するための規制としては，航空法および航空法施行令，航空法施行規則があり，さらに，航空の危険を生じさせる行為等の処罰に関する法律や航空機の強取等の処罰に関する法律がベースとして存在する。

　そもそも，航空保安規制領域におけるリスクは他の領域におけるリスクとは大きく異なる特徴を持っている。コンフォートは 2001 年の全米同時多発テロにおけるテロの性質変化から，他のタイプの脅威と違う特徴として，以下を挙げている。

① 　テロ行為の不確実性の度合いは他の脅威より度合いが高い。サプライズがテロ行為の顕著な特徴であり，どのように，いつ，どこでテロ攻撃が起こるかを見極めるのは困難である。

② 　ほとんどのハザードとは違い，テロリズムは知能を持ったエージェントによって行われるため，他の自然によるものや技術的な惨事とはかなり異なった脅威となる。

③ 　市民がテロ攻撃の直接のターゲットになることがほとんどだが，さらにその先のターゲットは政府の権威であり，テロリストの目的は市民に政府が害悪から市民を守ることができないと示すことである。

④ 　テロリストは社会の生活機能を破壊の道具として活用することができ，全ての市民と組織がテロの対象となりうる（Comfort 2002, p. 100）。

コンフォートが指摘した，テロが他の脅威と違う点の②は特に重要である。

第 5 節　航空保安規制領域　　*143*

本書では経済的規制領域，社会的規制領域，航空安全規制領域，航空保安規制
領域という 4 つの領域でリスク削減についての検討を行うが，航空保安規制領
域については明らかにリスクの質が異なっている。それがつまり，コンフォー
トが指摘するリスクを生み出す存在の違いである。

　その違いを説明するものとして，脆弱性の視点がある。テロリストは「弱
い」ところを見つけ，攻撃することが可能であり，わざわざ「強い」ところ
に挑む必要はない。そこでのリスクは脆弱性に影響される。テロリスクについ
ては特に，脆弱性の視点が重要であることはサレウィッツらも指摘している
（Sarewitz et al. 2003, pp. 805-810）。このようなリスクの性質の違いから，本
書で提示したモデルの変数 P（確率）の設定が困難だとの指摘が考えられる。
しかしながら，第 2 章で整理したように，テロ事案発生そのものに着目するの
ではなく，発生した際の影響を最小限に抑え，完遂までには至らせないように
することに着目することで，国民の安全を確保する政府の役割が果たされてい
る度合いを測定「しうる」ことを確認した。

　また，ジェンキンスが指摘するように，旅客の中には常にテロリストが混
ざっている可能性が存在するにも関わらず，ほとんどの旅客は無害なため，検
査官がテロリストを見つける可能性は恐ろしく低い（Jenkins 2002, p. 71）と
いう特徴がある。一方で，テロを防ぐことを目的とする議論には，まずテロが
発生する根源を絶つことが必要であるとする主張は多い。テロに対する戦略的
な選択肢としてウルフらは，長期的な戦略的対応と，短期的な戦術的対応とを
区別して考える必要があるとする。戦略的対応としての最終的なゴールは，あ
まり特権的でない国々や発展途上国で長期的に続く社会経済的利点を生み出す
ような投資を促進することであり，それによりそれらの国々がテロリスト組織
に敵対するように働いてくれるようにすることだという。すなわち，テロのリ
スクをテロが生み出される根源から絶つことが一番の戦略であり，短期的な戦
術—空港での航空保安強化など—との両輪で早期に実行することが必要と説い
ている（Wulf et al. 2003, pp. 429-444）。

　しかし，本書では，テロの根源を絶つことに直接の焦点をあてるのではな
く，短期的に必要な「戦術的対応」に焦点を当てる。テロリストを生み出す土
壌をなくすことが必要不可欠であることは否めない事実であるが，それを継続

144   第3章　モデルを用いたリスク削減量測定プロセスの例示

しながらも，目の前にあるリスクに対してどれだけの準備ができているかが，惨事を事前に食い止められるかどうかを大きく左右するからである。この点についてクルーガーは，テロリストになろうという動機は様々であり，1つの原因を取り除いたとしても，他の要因からテロ行為に走る人がいることを指摘した上で，そういった供給側からではなく，需要サイドすなわちテロ組織の能力を低下させ，平和的な抗議手段を促進する方に意味があるとしている（Krueger 2007, p. 49-50 [2008, 62頁]）。これらの視点も踏まえつつ，本書で扱うその他の規制領域と基準を合わせるためにも，本節では直接的なリスク削減のための規制を対象とする。

　もともと，航空保安に関する規制は完全に事後対策的（リアクティブ）なものであり，事前対策的（プロアクティブ）ではなかった（Cobb and Primo 2003, pp. 125-126)。コブらは以下の例を挙げて説明している。1972年に航空機がハイジャックされ，身代金が要求されたことの対策として，乗客と機内持ち込み手荷物がスクリーニングされることになった。1985年にギリシャのアテネ空港で待機中の航空機が7日間に渡りハイジャックされた。航空会社の清掃員が機内に武器を置く手助けをしていたため，航空会社の従業員は経歴チェックを受けることになった。1986年には無実の乗客のバゲージから爆発物が発見されたことへの対策として，乗客は自分自身で荷造りをしたかどうかを尋ねられるようになった。1980年半ばにはいくつかの爆破インシデントがあり，これへの対策として，国際線でのバッグ検査と乗客とのバッグマッチングシステムが導入された。1988年には，機内受託手荷物の中にあったラジオに仕込まれたプラスチック爆弾によるパンナム機爆破が起きたことへの対策として，より高精度なCTスキャンによるスクリーニングに転換された。そして，全米同時多発テロ以降，空港の保安が国家の保安問題とされ，政府によって提供される共通財として形成されるに至った（Cobb and Primo 2003, p. 132)。これらの対策の目的に共通するのは，たとえ，航空機テロの意思を持った人物がいたとしても，テロの完遂には至らせないことである。

　ここで実際に起きた航空機の安全を脅かす不法妨害行為についてハイジャックを中心に表18および表19に整理する。

　これらの事例への対応として，1986年に採択されたのがICAO決議26-7

第 5 節　航空保安規制領域　*145*

表 18　日本のハイジャック事例

年月	キャリア	出発空港	犯人	武器	結果
1999 年 7 月	NH	羽田	男	包丁	客室乗務員に包丁を突きつけ脅迫，コックピット内に入り込み，副操縦士を追い出し，機長を刺殺。副操縦士と非番の機長が，乗客らとともに，コックピットに突入し，犯人を取り押さえた。乗客 503 名，乗員 14 名，計 517 名機長以外は無事。
1997 年 1 月	NH	伊丹	男	包丁	文化包丁をちらつかせながらコックピットに入り込んだが，機長の説得で福岡空港への着陸に応じた。着陸後福岡県警自動車警ら隊に逮捕。乗員乗客 192 名は無事。
1995 年 6 月	JL	羽田	男	サリン入りと見せかけたビニール袋と先の尖ったドライバー	函館空港に緊急着陸，乗員 15 名，乗客 350 名を人質に約 16 時間立てこもり，機内に強行突入した警察官により逮捕。女性の乗客 1 名がドライバーで肩を刺され，全治 2 週間のけが。
1977 年 9 月	JL	パリ	日本赤軍 5 名	拳銃，手投げ弾	ダッカ空港に強行着陸，獄中の日本赤軍メンバー 9 名の釈放を要求，日本政府は 6 名の身柄を引き渡すと共に身代金を支払った。人質はダッカで一部解放され，その後，最後の人質をアルジェリアのダル・エル・ベイダ空港で解放。
1977 年 3 月	NH	羽田	男	モデルガン	客室乗務員を脅迫し，飛行の継続を要求したが，同機が羽田に引き返したため，ラバトリーで隠し持っていた青酸ナトリウムを飲み自殺。
1977 年 3 月	NH	千歳	男	ナイフ	乗客に取り押さえられ，函館空港に緊急着陸し，逮捕。
1975 年 4 月	JL	千歳	男	拳銃	客室乗務員を脅迫し，2000 万円を要求，乗客らは羽田到着後，犯人を無視して全員が降機し，犯人は突入した警察官に逮捕。
1974 年 11 月	NH	千歳	男		コックピットに乱入。外国人乗務員と格闘の末取り押さえられた。
1970 年 3 月	JL	羽田	日本赤軍 9 名	日本刀，拳銃（偽物）ダイナマイト（偽物）	韓国の金浦空港を経由して，北朝鮮の美林空港に着陸して犯人は北朝鮮に亡命

注：JL—日本航空，NH—全日本空輸。
出所：外山智士民間航空データベース 36 をもとに筆者による整理・作成。

ハイジャック機の着陸許可原則であり，1989 年に採択された決議 27-7 ハイジャック機の離陸不許可原則である。いわゆる国際機関からの国家への規制である。国際機関から国家への規制としては条約という形をとられることが多い。航空機の安全を脅かす不法妨害行為に対する規制は主に以下の 3 つの条約が基礎となっている。

　1963 年作成の「航空機内で行われた犯罪その他のある種の行為に関する条約」(Convention on Offences and Certain Other Acts Committed on Board Aircraft)（東京条約），1970 年作成の「航空機の不法奪取の防止に関する条約」(Convention for the Suppression of Unlawful Seizure of Aircraft)（ヘーグ条約），1971 年作成の「民間航空の安全に対する不法な行為の防止に関する

146　第3章　モデルを用いたリスク削減量測定プロセスの例示

表19　世界のハイジャック・爆破事例

年月	キャリア	出発空港	犯人	武器	結果
2001年9月	AA	ワシントン	5名		乗員6名，乗客58名，計64名全員と国防総省内で執務中の職員124名の計188名が死亡。離陸後間もなくハイジャックされ，ハイジャック犯自らの操縦によりペンタゴンに激突。
2001年9月	AA	ボストン	5名		乗員11名，乗客81名，計92名全員が死亡。離陸後間もなくハイジャックされ，ハイジャック犯自らの操縦により世界貿易センタービルノースタワー（第1ビル）に激突。ノースタワーは衝突1時間43分後倒壊。WTCでの死者多数。
2001年9月	UA	ボストン	5名		乗員9名，乗客56名，計65名全員が死亡。離陸後間もなくハイジャックされ，ハイジャック犯自らの操縦によりWTCサウスタワーに激突。衝突の1時間2分後の午前10時5分頃に倒壊。
2001年9月	UA	ニューアーク	4名	ナイフと爆弾	乗員7名，乗客37名，計44名全員が死亡。乗客を最前方と最後方に移動させて機内を制圧。乗客の一部が蜂起してハイジャック犯に抵抗，コックピットに突入し格闘となる。事故機は急角度で地面に墜落。
1989年9月	UT	コンゴ・ブラザビル		爆弾	乗員14名，乗客156名，計170名が死亡。ニジェール中部のテレネ砂漠のビルマ付近に墜落。前部貨物室に搭載された手荷物のスーツケースに仕掛けられた爆弾が爆発。
1988年12月	PN	フランクフルト	リビア政府関与	ラジオカセット型プラスチック爆弾	乗員16名，乗客243名，計259名と地上の住民11名の計270名が死亡。機体前部貨物室内のコンテナに乗客の荷物として納められていた茶色のサムソナイト社製スーツケースが爆発。
1987年11月	KE	バグダッド発アブダビ・バンコク経由	日本人親子になりすましたテロリスト	ラジオ型時限式プラスチック爆弾と洋酒の瓶に入った液体爆弾	乗員11名，乗客104名，計115名全員が死亡。ミャンマー領内のアンダマン海に墜落。
1985年6月	AI	モントリオール発ロンドン経由		前部貨物室に仕掛けられた爆弾	乗員22名，乗客307名，計329名全員が死亡。アイルランドのコーク東方175Kmの大西洋上空を飛行中に爆発して墜落。
1983年9月	GF	カラチ発アブダビ経由		貨物室内の手荷物に爆発物	乗員6名，乗客105名，計111名全員が死亡。アブダビへの着陸進入中，北東約50Kmの砂漠に墜落。爆発し，機体が破壊されるとともに火災が発生し搭乗者は有毒ガスで即死したものとみられる。
1977年12月	MH	ペナン		拳銃	乗員7名，乗客93名，計100名全員が死亡。着陸進入中にハイジャックされ，しばらく飛行した後，ジョホールバルの南西約50Kmのラダングの沼地に墜落した。パイロットを2名とも射殺したために，操縦できる者がいなくなり墜落。
1974年9月	エア・ヴェトナム	ダナン		手榴弾	乗員8名，乗客67名，計75名全員が死亡。ファン・ラン空港に着陸進入中に墜落。北ベトナム（当時）のハノイ行きを要求しており，要求を拒否された犯人が持っていた手榴弾2個を機内で爆発させ墜落。
1973年5月	SU	モスクワ	男	爆弾	乗員乗客計81名全員が死亡。シベリア南部のバイカル湖の東に墜落した。ハイジャックを企てた男性乗客の持ちこんだ爆弾が高度30,000ftを飛行中に爆発し墜落。

注：AA—アメリカン航空，UA—ユナイテッド航空，UT—UTAフランス航空，PN—パンアメリカン航空，KE—コリアンエアー（大韓航空），AI—エア・インディア，GF—ガルフエア，MH—マレーシア航空，SU—アエロフロートロシア航空。

出所：外山智士民間航空データベース37をもとに筆者による整理・作成。

条約」(Convention for the Suppression of Unlawful Acts against the Safety of Civil Aviation)(モントリオール条約)である。

東京条約の趣旨はハイジャック防止ではなく，航空機運航の迅速な再開であり，犯罪抑止への関心は希薄であった（関口・工藤 2007b, 46 頁）。ヘーグ条約では，飛行中の航空機内における犯罪に対する当事国による処罰義務を規定した（関口・工藤 2007b, 47 頁）。また，モントリオール条約では，1991 年に爆発物製造業者に対し，爆発物の製造および再処理過程において識別物質（探知剤）を混入することが義務づけられ，航空機内への持ち込みを防止できるよう対処された（関口・工藤 2007b, 48 頁）。

これらの運用は全米同時多発テロにより，大きな変化を迫られた。主な変化について，川原を参考にトレースする（川原 2002）。ICAO 総会における全米同時多発テロ事件関連決議（2001 年 10 月）にて「民間航空機を破壊の武器として濫用および民間航空機を巻き込んだその他テロ活動に関する宣言」を採択し，犯罪者の責任追及を全締約国に要請したうえで，航空保安監査プログラムを確立することを提起した。また，ICAO 航空保安関連（第 17 附属書）国際ルール（標準・勧告）の見直し・強化を実施することとなった。その後 2001 年 12 月開催の ICAO 理事会（日・米・英・独等 33 カ国で構成）にて ICAO 航空保安専門家パネル会合で纏められた航空保安関連の諸標準の見直し・強化（改正）内容を承認し，第 17 附属書第 10 次改正が成立，2002 年 7 月 1 日以降 ICAO 新国際基準として適用が開始された。第 10 次改正の主なものとしては，① ICAO 航空保安関連の諸標準の国内線への適用，②航空保安関連情報の共有に関する国際協力，③各国組織及び適当な当局設置，④保安検査基準の維持，⑤予防的保安措置，⑥武装航空保安官の渡航，⑦空港内アクセス（立ち入り）規制措置，である（川原 2002, 76-78 頁）。

以上のことの実施を担保するために ICAO の USAP（Universal Security Audit Programme：世界航空保安監査プログラム）[38] が必要とされた。理由としては，多くの締約国で ICAO の航空保安実施の不備が見られたことが大きく，民間航空輸送に対する信頼回復が急務であったことによる（ICAO ウェブサイト：http://www.icao.int/Security/USAP/Documents/USAP_Overview.pdf）。

USAP の目的は，締約国の監査を通してグローバルな航空保安を促進することと，第 17 付属書標準実施における監査国の遵守の程度の判定を行うことである。また，インスペクションと執行能力を持った航空保安機関設立を通して，その国が航空保安システムを適切に維持することが可能かどうかを判定することも目的としている（ICAO ウェブサイト：http://www.icao.int/Security/USAP/Documents/USAP_Overview.pdf）。

USAP の特徴は，定期的・義務的・体系的・連携の取れた監査であり，188 の ICAO 条約締約国全ての航空保安に対する評価，航空保安監督能力監査，またセレクトした空港での航空保安施策監査を行う。特定の国の航空保安システムに対する改良点を明らかにするだけでなく，多くの国々に影響を与える共通した航空保安問題を査定する重要なツールとしての位置づけである（ICAO ウェブサイト：http://www.icao.int/Security/USAP/Documents/USAP_Overview.pdf）。

監査の結果，ICAO 条約第 17 付属書標準が完全に実施されているわけではないことが明らかになった。具体的には制限エリアへのアクセス管理，乗客や機内手荷物のスクリーニング等に不備があることが指摘された（Zuzak 2004, pp. 9–11）。

これらの不備は，日本でも指摘されている。同じ航空会社の国際線を，日本国内で乗り継ぐ旅客の預け荷物について，国土交通省が航空会社に不適切な通達を出したため，ICAO が義務付けるエックス線などの検査が行われていなかった例がある（『日本経済新聞』2012 年 11 月 25 日付朝刊）。この事例が意味するものは，勧告や規制の存在だけでは実質的な意味がなく，遵守率を考慮しなければ，期待された役割がどれだけ果たされているかの正確な姿が見えないということである。

搭乗前の保安検査を例にとってみよう。アメリカでは，航空会社が雇った契約者によって空港でのセキュリティチェックがまかなわれ，最低賃金を超える給料を支払うことはまれであり，そのため志気は極端に低かったといわれている（Moynihan and Roberts 2002, p. 136）。この点を改善しようとしたのが，アメリカの全定期便就航空港（429 空港）における旅客および荷物の保安検査を連邦政府の検査官が直接行うこととされた航空運輸保安法（Aviation &

Transportation Security Act) のポイントの１つである。日本においては航空会社から委託された企業によって検査員が雇用され，従事している。ただ，航空保安が民間に任されるか政府が行うかにかかわらず，航空機の安全を脅かす不法妨害行為を「どれだけ実際に」防げるかに着目する必要がある。繰り返しになるが，これらの介入は不法妨害行為をしようという意思の発生を阻止するのではなく，発生した際でも完遂までには至らせないことに焦点を当てたものである。この点を踏まえて，航空保安領域においては不確実性が高いながらも，条件を明示し，算定の根拠を示すことで検証可能性を高め，リスク削減の実態を明らかにしうるモデルであることを示す。

次に，航空機を使用したテロ規制によるリスク削減量の算出に入る。本節では，目標リスクに航空機を使用して標的に衝突させるテロ完遂を置く。そのリスク削減のための規制・政策として，①搭乗前の保安プログラム[39]，②コックピットドアの強化，③スカイマーシャル導入，を選定した[40]。さらに，規制によるものではないが航空機テロを防ぐために大きな役割を果たす④乗員・乗客の抵抗[41]を追加し，提示したモデルを適用した結果が表20である。

表 20　航空機テロ規制と獲得 QALY

リスク削減のための具体的な規制	目標リスク	目標リスク阻止寄与率	規制実施率	実質寄与率	獲得QALY死者分（1年当たり）	獲得QALY負傷者分（1年当たり）	獲得QALY経済的損失分（1年当たり）	必要追加コスト（百万）	対抗リスク	損失QALY（1年当たり）
搭乗前保安プログラム	航空機を使用して標的に衝突させるテロ完遂	50%	100%	50%	4,691	158	16,999	14,341	セキュリティチェック所要時間増	1,941
									追加コスト	3,515
乗員・乗客の抵抗		16.67%		16.67%	－	－	－	－	－	－
コックピットドア強化		16.67%		16.67%	1,564	53	5,666	420	追加コスト	103
スカイマーシャル警乗		16.67%	10%	1.667%	156	5	567	2,675	追加コスト	656
リスクトレードオフ後の正味獲得QALY（1年当たり）	23,644									

注：QALY 値は小数点第一位を四捨五入。
出所：筆者作成。

150　第 3 章　モデルを用いたリスク削減量測定プロセスの例示

　乗員乗客の抵抗は規制によるものではないため，規制の効果としての獲得
QALY は算出しない。しかしながら，テロ完遂を防ぐために果たす役割は大
きく，それ以外の施策が果たす割合を実質的に下げることになり，その実態を
反映するためにも目標リスク阻止寄与率として組み込んでいる。また，目標リ
スクが現実化した際の影響は直接的なものに限定している。テロが起これば，
その被害は広範囲に及ぶことは確かである。全米同時多発テロによる経済的損
失は数千億ドルと試算されているが，実際にどこまでテロの影響であるかの線
引きも難しく，社会的コスト，政治的コスト（自由を奪われる，さらなるテロ
の脅威が続くなど）の正確な評価は不可能であることもあわせて考える必要が
ある[42]。よって，本書では直接的な影響のみを対象とし，航空機を使用して標
的に衝突させるテロ完遂の阻止によって得られる QALY を算出する。

　では，目標リスクが現実化した場合の被害想定から始める。日本において
2001 年の全米同時多発テロと同様の航空機を使用したテロが発生すると仮定
して算出するために，全米同時多発テロのベース数字を確認する。死者は約
3,000 人，負傷者は約 6,300 人であった。また，ナバロらは，財の損失として
建物，機体，インフラ，企業オフィスの設備などを合わせ，100〜130 億ドル
と試算している（Navarro and Spencer 2001, p. 19）。これを 2001 年 10 月の
財務省報告省令レート（122 円＝1$）で換算すると，1.22〜1.58 兆円となる。

　また，ナバロらは，航空便の遅れおよびセキュリティチェック時間増による
損失について，年間 5 億 2,500 万人の旅客が 1.5 時間早く空港に到着しなけれ
ばならないと仮定した上で，5 億 2,500 万人×1.5 時間＝7 億 8,750 万時間の損
失があるとした。この時間の金銭価値について，自動車においては時間当たり
10 ドルで換算するが，航空機利用者は高所得者が平均的に多いため，時間あ
たり 20〜40 ドルで換算することで 7 億 8,750 万時間×20〜40 ドル＝158〜315
億ドルを示している（Navarro and Spencer 2001, p. 26）。

　スチュアートらは，これまでの情報分析からアメリカ本土へのテロ攻撃には
準備期間として 10 年間はかかっていることから，10 年に 1 度の割合で生起す
ると仮定してエアマーシャル導入の費用効果分析を行っている（Stewart and
Mueller 2013, p. 153）。実際に 10 年に 1 度のような高頻度であのレベルのテ
ロが発生するのか，という指摘が考えられる。スチュアートらが意図したの

は，エアマーシャル導入が費用効果の低い施策であり，10 年に 1 度のような高頻度であったとしてもコックピットドア強化などと比較した場合の費用効果性が認められず，さらに長い期間に 1 度となればますます費用効果が下がることを主張することであった。確かにそのようなテロの「完遂」は高頻度では起こらないものの，端緒は比較的短期間でも生じうる。本節で設定した目標リスクについて，航空機を使用して標的に衝突させるテロ「完遂」としているのは，規制の目的がテロ事案発生そのものを防ぐことではなく，発生したとしても，完遂までには至らせないことに重きを置いているからである。したがって，議論の余地はあるものの，スチュアートらと同じく，目標リスクが 10 年で一度生起すると仮定して検討する。この仮定のもとでは，1 年で死者 300 人，負傷者 630 人，経済的損失 1,220〜1,586 億円相当となる。空港でのセキュリティチェックのための追加時間費用については対抗リスクとして算出することが適切であるため，後に検討する。

　目標リスク阻止寄与率については，スチュアートらを参考に，各種規制の寄与率や実施率を日本でも同率と仮定して試算する（Stewart and Mueller 2013, p. 152）。搭乗前の保安プログラムを 50％とし，残りの 50％を乗員[43]乗客の抵抗 16.67％，コックピットドアの強化を 16.67％，スカイマーシャル警乗を 16.67％と 3 分の 1 ずつに置いた。

　規制実施率については，スカイマーシャル警乗の率が問題となる。アメリカにおけるエアマーシャルは 2,500〜4,000 人とされ，正確な数字は非公開であるものの，全フライトの 10％以下もしくは 5％以下に乗務するという試算がある（Washington Times 2004）。日本におけるスカイマーシャル警乗についても公開データがないため，警乗比率をスチュアートらが用いたアメリカの場合と同様として 10％と仮定した（Stewart and Mueller 2013, p. 152）。目標リスク阻止寄与率と規制実施率を掛け合わせることで実質寄与率が算定される。

　航空機テロによる死亡もしくは負傷によって失われる QALY を算出するための数値（変数 O に投入）は以下のとおりとする。日本における航空機搭乗者の平均年齢は 46.2 歳である（平成 21 年度航空旅客動態調査：http://www.mlit.go.jp/koku/koku_tk6_000001.html）。日本の健康平均寿命を男女 72.02 歳とする（厚生労働省ウェブサイト：https://www.mhlw.go.jp/bunya/kenkou/

152 第3章 モデルを用いたリスク削減量測定プロセスの例示

dl/chiiki-gyousei_03_02.pdf）。上記2つの差から，航空機搭乗者の健康平均余命は 72.02－46.2＝25.82 年となる。また，平均寿命と健康寿命の差の男女平均は 10.91 年である（厚生労働省ウェブサイト：https://www.mhlw.go.jp/bunya/kenkou/dl/chiiki-gyousei_03_02.pdf）。その期間の QOL については，それぞれの状況に程度の差があるが，ここでは一律 0.5 と仮定する。

これまでに整理した数値をモデルの $\sum_{i=1}^{n} P_i O_i N_i T_i$ に投入して，それぞれの施策により死者発生を防ぐことで獲得できる QALY を算出すると以下のようになる。①搭乗前の保安プログラムにより，阻止寄与率 0.5×規制実施率 1（変数 P）×（平均健康余命 25.82 年×QOL1＋平均寿命と健康寿命の差の期間 10.91 年×QOL0.5）（変数 O と変数 T）×1 年当たり想定死者数 300 人（変数 N）＝4,691（小数点第一位を四捨五入）。②コックピットドアの強化により，阻止寄与率 0.1667×規制実施率 1（変数 P）×（平均健康余命 25.82 年×QOL1＋平均寿命と健康寿命の差の期間 10.91 年×QOL0.5）（変数 O と変数 T）×1 年当たり想定死者数 300 人（変数 N）＝1,564（小数点第一位を四捨五入）。③スカイマーシャル警乗により，阻止寄与率 0.1667×規制実施率 0.1（変数 P）×（平均健康余命 25.82 年×QOL1＋平均寿命と健康寿命の差の期間 10.91 年×QOL0.5）（変数 O と変数 T）×1 年当たり想定死者数 300 人（変数 N）＝156（小数点第一位を四捨五入）となり，合計で 6,411 となる。

次に負傷者についてである。テングスらは QOL レビューにおいて入院治療が必要な重症（体）事故の QOL を 0.09 および 0.29 と算定している（Tengs and Wallace 2000, pp. 583-637）。この数字をベースに表21 のように試算した。まず，1 年当たり想定負傷者 630 人の負傷レベルを QOL0.9〜0.1 の間で均等にとる。負傷の場合，ほぼ1 年で完治するとして，期間を1 年とおいた。期間の長短，後遺症などの影響はそれぞれあるだろうが，全てを期間1 年と置くことで差異は吸収されるものとし，このように仮定する。それぞれの施策により負傷者発生を防ぐことで獲得できる QALY はモデルのとおり，阻止寄与率×規制実施率（変数 P）×QOL 値（変数 O）×QOL 値ごとの人数（変数 N）×期間（変数 T）の積算で求められ，それぞれの数値は表21 のとおりである。

次に財の損失である。まずは $C_{oppotunity}$ の値を算出する。経済的損失は 1,220

第 5 節　航空保安規制領域　　*153*

表 21　負傷の場合の QALY

QOL	人数	期間 （年）	損失 QALY	実質寄与率反映後 搭乗前プログラム	実質寄与率反映後 コックピットドア	実質寄与率反映後 スカイマーシャル
0.9	70	1	7	3.5	1.17	0.12
0.8	70	1	14	7	2.33	0.23
0.7	70	1	21	10.5	3.50	0.35
0.6	70	1	28	14	4.67	0.47
0.5	70	1	35	17.5	5.83	0.58
0.4	70	1	42	21	7.00	0.70
0.3	70	1	49	24.5	8.17	0.82
0.2	70	1	56	28	9.34	0.93
0.1	70	1	63	31.5	10.50	1.05
		計	315	158	53	5

注：各施策の合計 QALY は小数点第一位を四捨五入。
出所：筆者作成。

〜1,586 億円と幅があるが，ここでは成果を誇張しないように低めに見積も
り，年間 1,220 億円を採用する。航空保安施策の効果測定は不確実性が大きい
ため，中央値ではなく，最小値を用いてリスク削減量を考慮する必要があるか
らである（Stewart and Mueller 2013, p. 153）。これを GDP デフレーターで
2012 年換算すると 138,708 百万円となる。よって①搭乗前の保安プログラムで
は 138,708 百万円×阻止寄与率 0.5×規制実施率 1＝69,354 百万，②コックピッ
トドアの強化では 138,708 百万円×阻止寄与率 0.1667×規制実施率 1＝23,118
百万，③スカイマーシャル警乗では 138,708 百万円×阻止寄与率 0.1667×規制
実施率 0.1＝2,311.8 百万が $C_{oppotunity}$ の値となる。

　次に航空機テロ阻止のための規制による対抗リスクについて検討する。航空
保安規制領域ではリスクトレードオフが最も起こりやすいとされる[44]。「テロ
リストの究極の目的はある特定の施設の破壊にあるのではなく，市民に政府が
害悪から彼らを守ることができないと示すこと」（Comfort 2002, p. 100）にあ
り，もしテロリストにとって，その実行が困難になりすぎるならば，テロリス
トは他の場所に目を向ける[45]。また，テロを阻止した成果とは，「テロリスト
が他のターゲットに標的を移したことによるダメージと，移す前のダメージの
差」（Ravid 2004, p. 930）である。さらに，ある規制の有効性を評価するため
には，テロリストや武器が航空機に達する「全ての道」に基づく評価がなされ
なければならず，1 つの道を阻止したとしても別の道が残されているとの主張

もある（Garrick 2004, p. 926）。

　これらの視点は非常に重要であるものの，航空機を使用したテロを阻止することで別のテロを引き起こすという因果関係を見つけることが難しいのも事実である。相対的に「弱い」ところを攻撃することで，テロの目的を達成しうることは確からしいことである。しかしながら，相対的に「弱い」ところへテロの対象が移ったとしても，もともとターゲットの1つであったのか，航空のセキュリティが厳しくなった「から」ターゲットを変えたのかは分からない。例えば航空機を使用したテロの完遂が困難になったとテロリストが判断し，別の攻撃対象を見つけるとする。それがビルの爆破だとすると，リスクのタイプは同じテロ攻撃のままで，リスクを被る集団が異なる「リスク移転」に相当する。一方で，空港でのセキュリティチェックのための規制が厳しくなることによって待ち時間が増える等というリスクの場合は，リスクのタイプが異なり，リスクを被る集団が同じである「リスク代替」に相当する。後者はセキュリティチェックの強化があったために，待ち時間増という対抗リスクが生じたというように直接的な因果関係が見出せるが，前者ではそのような直接的な因果関係はテロを実行する関係者にしか分からないことである。本書では規制による直接のリスク削減効果を測定することを目的としてモデルを生成した。そのような目的からは，航空機を使用したテロの対抗リスクとして，それ以外へのテロ生起を算入しないことが適切であると考える。

　次に検討する対抗リスクは，空港でのセキュリティプログラムによる必要追加時間である。2001年の全米同時多発テロ直後はセキュリティチェックに要する時間の増加を理由に，それまでより1時間早く空港に到着するように日本でもアナウンスがされていた。その後，それほど期間を置かずに，特定の国籍便を除いてはそのアナウンスはされなくなった。現在ではアメリカ行きの便であっても他国行きの便との差はない。ここで算定すべきは，これまでのセキュリティチェックに要していた時間に「追加」された時間である。混雑時間帯には係員が比較的空いているレーンへの誘導を行うなどの工夫や，パソコンを露出した状態でセキュリティ機器に通すこと，液体物持ち込み基準の周知などにより所要時間が緩和され，追加時間はほぼ無いとみてよい。これまでと異なる追加因子として，金属製バックルがあるベルトを外すこと，靴を脱いでチェッ

クを受けることなどの時間増を3分と仮定してそのコストを算出する。2012年の国内・国際旅客数は100,219千人であり（日本航空機開発協会 2018, 5-6頁），3分の追加時間があったとすると総追加時間は5,010,950時間相当になる。ナバロらと同様に，これらの時間当たり単価を20USドルと仮定すると，搭乗前保安プログラムによるセキュリティチェック所要時間増という対抗リスクによる機会損失 $C_{oppotunity}$ は，5,010,950時間×20USドル×2012年財務省省令レート79円=7,917百万となる。

　最後に検討する対抗リスクは追加コストについてであり，$C_{intervention}$ に投入する値である。行政事業レビューシート事業番号398によれば，搭乗前プログラムについての費用は2009年度執行額として68億2,200万円である。また，全体費用の半分を国が負担し，残り半分を民間が負担するとされている（国土交通省ウェブサイト：http://www.mlit.go.jp/common/000122952.pdf）。したがって，国と民間の負担総額は68億2,200万円×2=136億4,400万円となり，GDPデフレーターで2012年価格に修正すると14,341百万円となる。

　日本におけるコックピットドア強化のための費用に関する直接のデータがないため，表22をもとに試算する。表22は日本航空機開発協会による平成20年度版民間航空機関連データ集からのデータをもとに筆者が作成したものである。

　表22からわかるとおり，アメリカの旅客機数5,660機，日本の旅客機数522機（2008年時点）として換算する。スチュアートらはコックピットドア強化によるコスト負担について，アメリカ全体で年間4,000万ドルと試算している（Stewart and Mueller 2013, p. 150）。これにはコックピットドアが重くなったことによる燃料費アップ分も含んでいる。まず，4,000万ドルを2008年財務省報告省令レート111円で換算すると，44億4千万円。それを旅客機数の比で換算すると，4,440百万÷5,660機×522機=400百万円となり，GDPデフレーターで2012年価格に修正すると420百万円となる。

　次にスカイマーシャル警乗の追加コストである。日本におけるスカイマーシャルのコストはデータがないため，以下のように試算した。アメリカでは，エアマーシャルを新たに採用するコストがかかる[46]が，日本におけるスカイマーシャルは既に採用している警察官によってなされるため，これを追加費用

156　第 3 章　モデルを用いたリスク削減量測定プロセスの例示

表 22　アメリカと日本の保有機体数比較

アメリカ　保有機計				5,660	日本　保有機計	522
AirTran Airways	135	Executive Airlines	39		日本航空インターナショナル	207
Alaska Airlines	111	ExpressJet	243		全日本空輸	146
American Airlines	625	GoJet Airlines	17		日本トランスオーシャン航空	15
American Eagle Airlines	226	Horizon Air	53		JAL エクスプレス	12
Atlantic Southeast Airlines	169	Mesa Airlines	117		日本アジア航空	4
Comair	124	Mesaba Airlines	84		北海道エアシステム	3
Continental Airline	343	Miami Air International	9		ジェイ・エアー	10
Delta Air Lines	440	North American Airlines	11		日本エアコミューター	22
Frontier Airlines	52	Omni Air Express	15		琉球エアコミューター	7
Hawaiian Airlines	32	Pinnacle Airlines	145		エアーニッポン	37
JetBlue　Airways	142	PSA Airlines	49		エアーニッポンネットワーク	16
Northwest Airlines	312	Republic Airlines	69		エアーセントラル	5
SkyWest Airlines	266	Ryan International Airlines	6		エアネクスト	7
Southwest Airlines	537	Shuttle America	56		スカイマーク	10
United Airlines	354	Spirit Airlines	28		北海道国際航空	6
US Airways	354	Sun Country Airlines	9		スカイネットアジア航空	7
World Airways	16	USA 3000	11		旭伸航空	2
Air Transport International	17	Virgin America	27		スターフライヤー	4
Air Wisconsin	69	Chautauqua	112		ギャラクシーエアラインズ	2
Allegiant Air	38	Piedmont Airlines	54	2008 年 両国とも貨物専用は除く		
Colgan Air	56	Trans States Airlines	42			
Compass Airlines	36	USA Jet Airlines	10			

出所：日本航空機開発協会『平成 20 年度版民間航空機関連データ集』からのデータをもとに筆者作成。

とはしないこととする。必要になるのは，航空会社がスカイマーシャルのた
めに用意する座席が生み出すはずであったチケット分のコストである。スチュ
アートらによれば，アメリカでエアマーシャルに用意する座席のレベニュー
分の合計額は年間 195 百万ドルである（Stewart and Mueller 2013, p. 150）
ため，2008 年財務省報告省令レート 111 円で換算すると 21,645 百万円に相当
する。両国の 2008 年有償旅客キロの比で換算すると 21,645 百万 ÷ 1,324,120
（百万キロ　アメリカ）× 155,675（百万キロ　日本）≒ 2,545 百万円となり，GDP
デフレーターで 2012 年価格に修正すると 2,675 百万円となる。

　$C_{oppotunity}$ と $C_{intervention}$ の数値が揃ったところで，これらによってどれだけの
QALY を獲得できるかをモデルの $\dfrac{C_{oppotunity\,i} - C_{intervention\,i}}{C_{QALY}}$ 部分にあてはめる
と，｜(搭乗前の保安プログラムで防げる経済的損失 69,354 百万＋コックピッ

トドア強化で防げる経済的損失 23,118 百万＋スカイマーシャル警乗で防げる経済的損失 2,311.8 百万）－セキュリティチェック所要時間増コスト 7,917 百万－（搭乗前の保安プログラム追加費用 14,341 百万＋コックピットドア強化追加費用 420 百万＋スカイマーシャル警乗追加費用 2,675 百万）｝÷平均給与 408 万（C_{QALY}）＝17,017QALY（小数点第一位を四捨五入）が得られる。

　表 20 では，①搭乗前の保安プログラム②コックピットドアの強化③スカイマーシャル警乗，のそれぞれが，死者を防ぐことで獲得できる QALY，負傷者を防ぐことで獲得できる QALY，経済的損失を防ぐことで獲得できる QALY，対抗リスクによる損失 QALY，をどれだけ生じさせるかを個別に示した。モデルを適用して算出する際には，このように個別の数値を算出する必要はないものの，検証可能性を高めるためにも有用なため，個別に表示した。

　目標リスクと対抗リスクのリスクトレードオフ後の正味獲得 QALY は獲得 QALY29,859－損失 QALY6,215＝23,644 となる。検討対象期間としては，目標リスクとして想定した全米同時多発テロ同様のテロの準備期間を 10 年と仮定したことから，10 年とした。

注

1　一般的な経済規制の国際的調和については，中川（2002, 1-21 頁）が詳しい。

2　国際的規制枠組みおよび多国間規制の歴史的経緯などについては，関口（1989, 1-74 頁）を参照。

3　本書では航空分野において使用される「aviation security」を航空保安，「aviation safety」を航空安全という日本語で表現する。「security」には安全保障等の，より広範な概念を含むことが一般的であるが，航空分野における一般的な用法に従った。例えばコブとプリモは全米同時多発テロ後の政策変化について「safety vs. security」という概念により，「全米同時多発テロ以前は，航空産業は機械的な安全に注意を集中しており，航空保安はアジェンダとはならなかったが，テロ攻撃が航空安全から航空保安へと資源を移転させた」と指摘する（Cobb and Primo 2003, p. 141）。

4　患者の重症度を予測する手法の精度向上を目的として，多領域のアウトカム評価研究に利用可能な指標やモデルを生成し，その妥当性を検証するために，蓄積されたレセプトデータ（国立病院機構 143 施設に受診した 15 歳以上成人のレセプト情報）を用いた今井らの研究（今井・堀口・伏見 2017）もこの考えと方向性を同じくするものである。

5　規制の政策評価に関する研究会によれば，規制評価を行うにあたっての労力は規制の影響の重要性に応じてかけるべき（規制の政策評価に関する研究会 2007, 4 頁）であり，本書で選定した具体的規制もこの考え方に拠ったものである。

6　各省庁による規制の評価はウェブサイトで公開されている。例えば国土交通省ウェブサイト（https://www.mlit.go.jp/seisakutokatsu/hyouka/seisakutokatsu_hyouka_fr_000006.html）など。

7　伊藤隆敏（2003）「航空業の競争政策（中）」『経済セミナー』通巻 582 号，64-66 頁はコンテスタビリティ理論について簡潔にまとめられており理解しやすい。

158 第3章 モデルを用いたリスク削減量測定プロセスの例示

8 アメリカの航空市場における規制緩和の流れを扱った文献は多い。邦語文献として，高橋（1999），戸崎（1995），永田（2002），塩見（1996）。英語文献として，OECD（1997b），Dempsey and Goetz（1992）などに詳しい。

9 アメリカ航空規制緩和の先導者とされるカーン自身も，規制緩和の結果の多少思わしくないサプライズとして以下の4項目を挙げている（彼の個人的心情としてはこれも結果として良いものとも思っている）。①プロセスの急激さと痛み，②（航空）産業の再集中化，③価格差別と独占的搾取の強化，④航空サービスの質の低下（Kahn 1988, p. 316）。

10 その他の要因として，オープンスカイ政策を掲げるアメリカからの圧力を指摘する研究も多いが，それも含めて新自由主義の考え方の影響といえる。

11 競争を促進する規制について，秋吉は「管理された競争」と表現している（秋吉 2007, 6頁）。

12 田浦は，競争的な市場を実現するためには既存の大手企業と新規参入企業とが公平に競争できる環境の整備が不可欠であるにも関わらず，規制緩和政策がそのような競争環境の整備が不十分だったために失敗に陥り，市場が寡占化したとする（田浦 2001, 50頁）。

13 新型コロナウィルス感染拡大による減便，路線休止の影響により，2021年度は旅客数が減少したものの，新型コロナウィルスの影響が減少するにつれて，発着枠が足りない課題は再度生じると思われる。

14 規制緩和（競争促進）と安全性に関する議論を網羅的にまとめているものとして，高橋（1993, 269-290頁），Rose（1992, pp. 75-94）が挙げられる。

15 例えば，OECD（1997b, p. 99 [2000,138頁]），高橋（1993, 269-290頁），川口（2000, 129-131頁）。

16 航空券価格の低さおよび発着空港の便利さから事故率が高くとも選択されている可能性がある。

17 戸崎は規制緩和と安全性について，規制緩和による航空会社の経営悪化が，人員削減を通じて整備体制を不備なものとし，ノーチェックサインの横行など，安全性の確保を阻害しているという（戸崎 1997, 33頁）。

18 航空分野においても，二酸化炭素排出削減は大きな課題認識となっており，フレミングらによるレポートでは，多くのデータが提示されている（Fleming et al. 2007）。また，大島らはアジアにおけるオープンスカイが実現した場合の炭素排出量への影響分析を行っている（大島他 2009, 26-32頁）。しかしながら，仮に，二酸化炭素排出規制を素材にした場合，目標リスクは航空機が排出する二酸化炭素がもたらす地球温暖化となり，航空機運航によって排出される二酸化炭素規制により，どれだけ地球温暖化を食い止められるかが焦点となる。その規制による地球温暖化防止への寄与度が仮に確からしく測定できたとしても，エンドポイント（人の死）への直接的な寄与度の確からしい測定ははるかに困難である。しかしながら，航空機運行による排出ガス規制と騒音規制は無縁ではない。石井によれば，短縮された飛行経路を設定すると消費燃料，すなわち二酸化炭素排出量の削減に効果があるが，住宅密集地の上空を通過し，騒音の影響が増大するという場合が想定される（石井 2011, 30頁）。これらを含めた二酸化炭素排出規制によるリスク削減については今後の課題としたい。

19 ICAOは2001年6月にチャプター4と呼ばれる新騒音基準を設定しているが，チャプター3基準機が禁止されたものではないため，本書ではチャプター3基準を規制値とする。なお，チャプター4基準は以下のとおりである。3測定点総計の騒音基準値を現行チャプター3基準値総和より10dB減。3測定点の内，任意の2測定点の騒音値合計を現行チャプター3基準より2dB低減。3測定点のいずれも単独で現行チャプター3基準を超えないこと。日本航空CSR報告書 2006（http://www.jal.com/ja/corporate/csr2006/csr4_06.html）。

20 また，成田市も家屋防音量20dB程度を想定している。成田市「環境基準値に関する考察」（http://

www.city.narita.chiba.jp/DAT/000043067.pdf）。

21　特定飛行場とは，国土交通大臣が設置する公共用飛行場であって，当該飛行場における航空機の
　　離陸又は着陸の頻繁な実施により生じる騒音等による障害が著しいと政令で指定するもの。公共飛
　　行場周辺における航空機騒音による障害の防止等に関する法律（昭和42年法律第110号）。

22　いらだちとは不満，怒り，憂鬱，やりきれなさという感覚から来る感情の状態であり，ISO15666
　　で定義された質問票を用いて測定される（European Environment Agency 2010, p. 9）。当然騒音
　　に対する個人差があり，いらだちを覚える騒音値も差があるために，ばらつきがある。騒音に対
　　する個人差について検証した研究として，Shepherd et al.（2010, pp. 3579-3594）などがある。ま
　　た，騒音とQOLの関係についての研究をレビューしたものとして，Seidman and Standring（2010,
　　pp. 3730-3738）がある。

23　悪天候などやむを得ない場合に限り午後11時台までの離着陸時間延長を国，千葉県，空港周辺
　　の9市町で合意した。ただし午後11時台の離着陸には航空会社に割増料金を課すとしている。『日
　　本経済新聞』2013年3月30日付朝刊，43頁。

24　2012年10月1日時点でのフライトスケジュールは以下のとおり。国内線：出発：JAL371，到着：
　　SKY732，SKY84，ANA138，ANA964，JAL928，国際線：出発：JL0002，NH1006，NH1062，
　　TG0661，DL0636，SQ0633，NH0173，JL0041，JL0033，NH0203，GA0887，到着：DL0635，
　　NH1005，SQ0636，JL0036，DL0627，OZ0178，KE0719，SQ0634，GA0886。

25　様々な数値が得られているが，ここではWHOの数値を採用した。

26　GDPデフレーターによる2012年価格修正は筆者による。

27　バードストライク（鳥と機体との衝突）も重要な課題である。多くの国では空港管理者にバード
　　ストライクリスクを制御する規制を設けている。バードストライクのリスクマネジメントを扱った
　　研究として，Allan（2006, pp. 723-729）がある。

28　民間航空機事故の12〜15％はメンテナンスエラーによるものとの指摘がある（Patankar and
　　Taylor 2004, preface）。

29　「航空運送事業に使用される航空機に60歳以上の航空機乗組員を乗務させる場合の基準の一部改
　　正について」国土交通省航空局安全部運航安全課（2012年4月）。

30　ボーイング737Maxに搭載されたMCAS（Maneuvering Characteristics Augmentation System：
　　操縦特性増加システム）も墜落事例があり，トピックであるものの，個別機種に限定されたシステ
　　ムであることから本書ではTCAS設置を分析対象とした。また，1984年に日本航空機が羽田空港
　　でタクシング中に東亜国内航空機に衝突した事例，2024年に日本航空機が羽田空港滑走路で海上
　　保安庁機と衝突した事例のように，地上においても航空機の衝突リスクがあるが，ここでは空中衝
　　突リスクを削減する規制を取り上げる。地上衝突におけるリスク削減は，Eggert et al.（2006, pp.
　　123-146）に詳しい。

31　日本航空は2012年3月31日現在49機を保有（日本航空ウェブサイト：http://www.jal.com/
　　ja/outline/corporate/aircraft.html より）。全日本空輸は2012年4月1日現在57機を保有してい
　　る（全日本空輸ウェブサイト：http://www.ana.co.jp/cp/kibo/main.html より）。

32　航空機衝突事故の場合，死には至らないような負傷で済む乗員乗客はいないと考えられるため，
　　死のみを対象とする。

33　近年増えつつある航空機内迷惑行為も含まれる。航空機内迷惑行為については本書の対象としな
　　いが，以下によくまとめられている。本川（2002, 211-216頁）。

34　アメリカにおいては「Air Marshal」という呼称であるが，日本における呼称「スカイマーシャル」
　　を用いる。国際組織犯罪等・国際テロ対策推進本部（2004）「スカイ・マーシャルの実施について」

160 第3章 モデルを用いたリスク削減量測定プロセスの例示

（http://202.232.146.151/jp/singi/sosikihanzai/kettei/skymarshal.pdf）。

35 エアマーシャルの効果についてそれほど期待できないという指摘もある。スウィートは，一度飛び立ってしまえば機内にエアマーシャルやFBIがいてもハイジャック犯の犯行を阻止するのに役立たないとし，空港や機体へのアクセスを阻止することが保安の重要な鍵であるため，「空」ではなく，「地上」での保安に重心を移すことが必要だと指摘する（Sweet 2004, p. 69）。

36 外山智士民間航空データベース（http://www004.upp.so-net.ne.jp/civil_aviation/cadb/disaster/jadrzen.htm）をもとに筆者による整理・作成。

37 外山智士民間航空データベース（http://www004.upp.so-net.ne.jp/civil_aviation/cadb/wadr/wadrzen.htm）をもとに筆者による整理・作成。

38 USAP については Zuzak（2003, pp. 4-6）および Zuzak（2004, pp. 9-11）に詳しい。

39 搭乗前保安プログラムにはパスポートや搭乗券のチェック，受託・機内持ち込み手荷物検査，金属探知機検査，ボディチェック，出国審査など通常搭乗時に課されるセキュリティチェックが含まれる。

40 費用便益分析を用いて航空保安リスクを検証する論文を多数発表しているスチュアートらと同じ項目を設定した（Stewart and Mueller 2008, pp. 143-159）。

41 スチュアートらも乗員乗客の抵抗を重要視している（Stewart and Mueller 2008, pp. 149）。

42 テロのコストを分析したものは多い。主なものとしては Joint Economic Committee United States Congress（2002），Navarro and Spencer（2001），Krueger（2007［2008］）などがある。

43 客室乗務員はサービス要員であるとともに機内の秩序を維持するための保安要員である（本川 2002, 212 頁）。

44 シュナイアーは全ての航空保安がトレードオフであると主張する（Schneier 2003, p. 250）。

45 この点については当然様々な研究で指摘されている。例えば The National Commission on Terrorist Attacks Upon the United States（2004, p.391）。

46 アメリカではエアマーシャルの採用に時間的，経済的コストを要しているということが日本とは違う点である。エアマーシャルの採用・教育などのハードルについては，United States General Accounting Office（2003）が詳しい。

第4章

リスク削減量測定結果と考察

第1節　リスク削減量測定結果

　第3章では，規制領域ごとの象徴的な規制によるリスク削減量を測定してきた。表23はそれぞれのリスク削減量を獲得QALYで示したものである。

　第3章第2節においては，経済的規制領域における目標リスクに消費者余剰の機会損失をおき，リスク削減規制もしくは削減のための具体的政策としてダブル・トリプルトラッキング基準の緩和をはじめとする「一体的な競争促進規制」を選定した。目標リスクが削減された結果として獲得できたQALYに，追加コストという対抗リスクによる損失QALYを併せ，リスクトレードオフ後の獲得QALYは1,375となった。

　第3章第3節においては，社会的規制領域における目標リスクに航空機騒音

表23　各規制領域における獲得QALY

規制領域	目標リスク	目標リスク削減のための規制	対抗リスク	必要追加コスト（百万）	リスクトレードオフ後の獲得QALY（1年当たり）
経済的	消費者余剰の機会損失	競争促進規制	追加コスト	1	1,375
社会的	航空騒音起因の不調	航空機騒音規制発着時間制限住宅用防音対策助成移転補償	夜間発着制限による損失消費者余剰追加コスト	4,003	9,535
航空安全	航空機衝突	TCAS II 7.0 設置乗員へのトレーニング・TCAS優先管制へのTCAS優先徹底	TCAS指示と操縦の相違追加コスト	1,004	2,836
航空保安	航空機を使用して標的に衝突させるテロ完遂	搭乗前保安プログラムコックピットドア強化スカイマーシャル警乗	セキュリティチェック所要時間増追加コスト	17,436	23,644

出所：筆者作成。

162　第4章　リスク削減量測定結果と考察

起因の不調をおき，リスク削減規制もしくは削減のための具体的政策として，①航空機騒音規制，②発着時間制限，③住宅用防音対策への助成，④騒音のための移転補償，を選定した。また，発着時間制限をすることの対抗リスク量を算出し，その他規制実施のための追加コストによる損失 QALY を含めたリスクトレードオフ後の獲得 QALY は 9,535 となった。

　第3章第4節においては，航空安全規制領域における目標リスクに航空機空中衝突をおき，リスク削減規制もしくは削減のための具体的政策として，① TCAS II 7.0 設置，②乗員へのトレーニング・TCAS 優先，③管制への TCAS 優先徹底，を選定した。対抗リスクとして，TCAS による指示と乗員が実際に行う操縦の相違があり，獲得 QALY 算出の段階でその影響を組み込んだ。もう1つの対抗リスクとして，必要追加コストによる損失 QALY を算出し，リスクトレードオフ後の獲得 QALY は 2,836 となった。

　第3章第5節においては，航空保安規制領域における目標リスクに，航空機を使用して標的に衝突させるテロ完遂をおき，リスク削減規制もしくは削減のための具体的政策として，①搭乗前の保安プログラム，②コックピットドアの強化，③スカイマーシャル導入，を選定した。対抗リスクとして，セキュリティチェック所要時間増による損失 QALY を算出し，その他規制実施のための追加コストによる損失 QALY を含めたリスクトレードオフ後の獲得 QALY は 23,644 となった。

　上記結果をもとに，各領域における獲得 QALY および必要追加コストをバブルサイズで示したものが図18および図19である。

　図18のそれぞれのバブルサイズは実態的な政府活動の成果としてのリスク削減量を示している。図19の追加支出額のバブルサイズは志向的なリスク削減への期待役割の大きさを示している。「志向的」としているのは，支出という行為自体が最も志向を反映しているとの仮定のもとである。このようにすることで，支出額をもとにした志向的な政府のリスク削減への期待役割の大きさと，獲得 QALY をもとにした実態的な政府のリスク削減量を比較することが可能となる。

　「航空分野において，政府による規制がどの領域で，どの程度のリスク削減量をもたらしているか」の観点から，この結果を見てみる。それぞれの領域の

図 18 規制実施による獲得 QALY（1 年当たり）

出所：筆者作成。

図 19 規制実施のための支出額（百万円／年）

出所：筆者作成。

象徴的な規制によるリスク削減量という限定条件下であるものの，航空保安規制領域において，志向的にも実態的にもリスク削減を実現する比重が大きいことが分かる。また，経済的規制領域において少なくない獲得 QALY をもたらしており，経済的規制領域でも政府が果たす役割は小さくないことを示している。全体的にみて，志向的な政府の期待役割の大きさと実態的な政府のリスク削減量の間に大きな違いは見られなかった。このように同一尺度で表せる QALY を用いれば，領域を超えた規制の効果の比較が可能となる。

図 18，図 19 を見比べると，経済的規制の効率が良くみえるが，効率を検討する前に，まずは獲得 QALY の絶対量に注目したい。獲得 QALY の絶対量が

示すものは，国民の安全を確保する政府の役割が果たされている度合いであり，それこそが「効率性ではなく効果性を重視した指標」としてのリスク削減量の意義である。第2章でも確認したとおり，QALYを費用効果分析のツールとして用いる場合，どの施策が効率的かという議論になり，どの症状の人を救うこと（誰を救うのかと同義）が効率的かという議論になる。それはまさにQALYを批判する人たちがQALYの「瑕疵」とした点に戻ってしまうことになる。すでに起こったことではなく，これから起こること，起こらないかもしれない不確実なことがリスクであり，ハザードや暴露を下げる対処（規制）をすることでそのリスクを削減することが政府活動の主機能であった。その観点から，今完全な健康状態にある人も，障害のある人にも，誰にでも平等に可能性のある今後のリスクを削減するための規制や政策を評価するためにリスク削減量を指標とし，その表現単位としてQALYを用いた。以上を踏まえると，より重要なのは獲得QALYを費用で割った「効率」ではなく[1]，獲得QALYの絶対量（効果性）であるといえる。

　したがって，航空保安規制領域における支出が大きいとしても，これだけのQALYを獲得できていることから，航空保安規制領域における政府のリスク削減機能の比重が大きいといえる。その点からすると，経済的規制領域においても少なくない獲得QALYが得られているのであるから，政府が経済的規制領域においてもリスク削減機能を果たしているといえる。

　また，航空保安規制領域における獲得QALYが大きい点については，リスクの種類の違いによるものと考えられる。第3章で規制領域分類の際に触れたとおり，リスクを生み出す対象が故意であるか否かにより，リスク削減のための対処の仕方を変える必要がある。リスクを生み出す対象が自然などではなく，知能を持ったテロリストなどである場合には，対処の仕方が複雑になる。必然的にコストが上昇するが，そのような対処をしておくことでリスク削減量が大きくなるという理解であり，測定結果はこれまでの理解を裏付けるものといえる。

第2節 「効率」視点と政府の役割

　ここまで，規制によるリスク削減量の測定結果を示してきた。ここからは，さらに踏み込んで，今回の結果から得られる含意についての検討を行いたい。本書で提示したモデルが測定しうるのは，獲得 QALY を追加コストで割った「効率」ではなく，獲得 QALY の絶対量（効果性）であった。しかしながら，有限な資源をどのように使い，どれだけの QALY を獲得できるかという問いには効率の視点を全く持たないでは答えることができない。資源の制約がある現実世界でリスク削減を目指すためには効率についても検討することが不可欠である。

　そこで，表23において示された領域ごとの獲得 QALY を追加コストで割った「効率」を算出しうるようにモデルに組込むと，

$$\sum_{i=1}^{n} (P_i O_i N_i T_i + \frac{C_{oppotunity\,i} - C_{intervention\,i}}{C_{QALY}}) \frac{1}{C_{intervention\,i}}$$

$$= \frac{総獲得\,QALY（リスク削減量）}{C_{intervention\,i}} = 「効率」$$

となる。その算出結果を図20に示した。

図20　領域ごとの獲得 QALY を追加コストで割った「効率」（獲得 QALY／百万円）

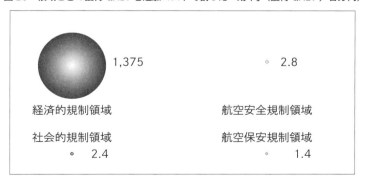

出所：筆者作成。

経済的規制領域の必要追加コストは，省庁による実際の規制評価の考え方に依拠して，最低単位の100万円を計上しただけであり，その他の規制領域での積上げ追加コストとは性質が異なるものであることに注意しなければならないが，経済的規制領域における効率の高さは注目すべきである。競争促進規制すなわち競争を阻害するような規制がないことによる獲得QALYが相対的に高いということは，その他の規制が存在することによるマイナスの側面（リスクトレードオフ）の影響が相対的に大きいことの証でもある。このように考えるならば，規制が存在することによるリスク削減量を領域ごとに測定し，同一尺度で比較することで，単一領域もしくは個別規制についての分析では見えてこなかった実態を幾分かでも明らかにすることができたと考えられる。規制が存在することによるマイナスの側面にも焦点を当てることで，規制の温存の阻止，ひいては規制の再構成にも寄与できる可能性を見出せる。

　では，持てる資源を全て経済的規制領域に振り向けるべきであろうか。その判断基準として，それぞれの規制領域で獲得されるQALYの和である総QALYが最大になることを目指すという基準がある1つの答えとして考えられる。つまり，図18で示した獲得QALYを4規制領域合計で見た場合，図21のように表すことができる。一方，効率だけを考慮し，経済的規制領域への優先資源配分をした場合，図22で示すように図21よりも小さいバブルサイズ（総獲得QALYが小さい）となるとしたら，それは正しい処方箋ではないだろう。効率が比例的に高くなっていく範囲での効率をもって資源集中をすると，全体としての効果を下げてしまうことが起こりうる。

　以上のことは，本書の課題である「どの程度を，どの領域で」という観点に加え，「全体でどれだけ」リスク削減機能を果たしているかに注目すべきこと

図21　規制実施による総獲得QALY（1年当たり）　　図22　資源集中ケースの総獲得QALY例（1年当たり）

出所：筆者作成。　　　　　　　　　　　　　　　　出所：筆者作成。

を示唆している。そこから得られる含意として，経済的規制と（広義の）社会的規制のどちらか一方が重要で，どちらか一方は軽く扱うというのではなく，どちらもバランスよく総獲得QALYを増やす規制を実施することが，政府活動の成果を拡大する方法として適していることが導かれる。

このようにそれぞれの領域でどれだけのリスク削減ができているかに着目するだけでなく，領域を超えて総獲得QALYを増やすことにも着目することで，政府の役割についての議論に新たな基準を提供できると考えられる。以下，政府の役割についての諸議論を簡単に整理する。

NPM（New Public Management：ニューパブリックマネジメント）の考え方からは，市場メカニズムの導入による政府の撤退（withdrawal）と表現される領域も現れたが，それでもやはり国家視点の重要性を説く研究も活発になった[2]。オズボーンとゲブラーは，政府は（舟を）「漕ぐこと」（サービスデリバリー）よりも「舵をとる」（政策決定）ことで小さくても強い政府となると主張する（Osborne and Gaebler 1993, pp. 32-35）。ピーターズによれば，国民国家およびその政府は未だ支配的な役割を演じ，ネットワークやグローバル環境に対しても実質的な影響を持ち続け，その変化は思われているよりも大きくはないという（Peters 2000, p. 30）。ジェソップは，国家が非政府組織から新たに知識や権力資源を動員することによって，国家目標を達成しうるような能力を高める可能性を指摘する（ジェソップ 1997, 5頁）。毎熊は，政府を社会の中核に位置するものとし，社会に分散する様々な舵手や漕ぎ手を一定の方向へ条件づける機能を担っているとする（毎熊 2001, 189頁）。また，社会福祉の領域からも，国家の役割を否定するのではなく，様々なアクターを束ね，全体として国民のニーズを満たすという視点が強調され始め，例えば渡辺は国家の役割の変化に着目している（渡辺 2000, 第7章）。

一方，ハイエクによれば，他のやり方ではより良く満たすことができない場合にのみ，政府が満たすよう求められるとする（Hayek 1979, p. 49［1988, 75頁]）。フリードマンによれば，自由市場が存在しても，政府が不要になるどころか，ルールを決める議論の場として，ルールを解釈し施行する審判役として必要不可欠である（Friedman 1982, p. 15［2008, 49頁]）。ノーズィックは，暴力・盗み・詐欺からの保護などに限定される最小国家は正当とみなさ

168　第4章　リスク削減量測定結果と考察

れるが，それ以上の拡張国家は，特定のことを行うよう強制されないという
人々の権利を侵害しているため，不当とみなされると主張する（Nozick 1974,
preface p. 4［1985, 序 1 頁］）。

　また，ピアソンは，介入している全ての領域において国家介入が必要とされ
るわけではないとしながらも，福祉国家の役割を最低限の保障にとどめようと
する考えも空想的であり，社会の進歩に逆行すると指摘する（Pierson 1991, p.
216［1996, 401-402 頁］）。このように福祉国家および政府による介入への批判
に対する批判も少なくない[3]。アトキンソンによれば，福祉国家が経済成長の
障害であるという批判について，統計データ上，その批判はあたらないという
（Atkinson 1995, Ch. 6［2001, 第 6 章］）。片岡は，政府の望ましい役割は，社
会を操縦することと触媒としての役割を果たすことの中間にあり，政府がその
役割を一定限度以上に失うと，政府として機能し得ない状況に陥る危険性を指
摘する（片岡 2002, 126 頁）。

　以上のような政府の役割に関する議論に対して，総獲得 QALY を増やすと
いう観点から新たな基準を提供できると考えている。政府の位置づけが主体
型であっても，ネットワーク型であっても，媒介型であっても，この総獲得
QALY を大きくすることを基準に議論ができるのではないか，ということで
ある。本書では，政府の役割という大きなかたまりに対して，まず，その主機
能と位置づけたリスク削減に着目し，そのツールとしての規制を領域ごとに
分類し，それぞれにおけるリスク削減量を測定しうるモデルを提示した。こ
のモデルは，どの規制を撤廃し，どのような規制を強化，制定すれば総獲得
QALY を拡大することに資するのか，という課題に答えるためのベースとな
る。つまり，どのような政府のあり方が総獲得 QALY 拡大に寄与するかに答
える可能性を有していると考えられる。

第3節　他分野へのモデル適用可能性と修正余地示唆

　これまで航空分野を対象として，提示したモデルを用いたリスク削減量の測
定プロセスを例示してきたが，1 つの試論として，このモデルの他分野への適
用可能性を探ってみたい。ここではあくまでも試論であるため，規制領域ごと

表 24　他分野における獲得 QALY（経済的規制領域のみ）

分野	目標リスク	目標リスク削減のための具体的規制（主な内容）	消費者余剰（百万）	獲得 QALY（1 年当たり）	必要追加コスト（百万）	対抗リスク	損失 QALY（1 年当たり）
電気通信 移動体通信	消費者余剰 機会損失	参入規制の緩和、料金及び約款規制の原則完全切り、携帯電話完売り制導入	492,547	120,722	1	追加コスト	0.25
運輸 国内航空 鉄道 タクシー トラック 自動車登録検査制度		参入規制の緩和・需給調整規制の撤廃、運賃規制を事前届出制に緩和 参入規制の緩和・需給調整規制の撤廃、運賃規制を上限認可制に緩和 初乗り短縮運賃制、ゾーン運賃制（02 年からは自動認可制）、参入規制の緩和・需給調整規制の撤廃、運賃規制を事後届出制に緩和 定期点検・車検整備項目の簡素化	195,732	47,973	1		0.25
エネルギー 電力 都市ガス 石油製品		小売自由化の開始及び拡大、料金規制の緩和（ヤードスティック査定の導入） 小売自由化の開始及び拡大、料金規制の緩和（ヤードスティック査定の導入） 特石法・石油業法廃止（需給調整規制の撤廃）	911,772	223,473	1		0.25
金融株式 売買委託手数料		手数料率の自由化	37,399	9,166	1		0.25
飲食料品 米 酒類販売		需給実勢を反映した価格形成システムの構築、計画流通制度の廃止による流通の原則自由化 需給調整要件の人口基準緩和開始、「流通・取引慣行に関する独占禁止法上の指針」公表	274,197	67,205	1		0.25
再販指定商品 化粧品・医薬品		再販指定商品を指定する告示廃止	23,086	5,658	1		0.25
福祉・保育		エンゼルプランの策定	17,513	4,292	1		0.25
医薬部外品・サプリメント 栄養剤		一部医薬品の新指定医薬部外品指定、一部医薬品の新範囲医薬部外品指定	4,711	1,155	1		0.25

出所：内閣府政策統括官「規制・制度改革の経済効果」のデータをもとに獲得 QALY を筆者算出。

170　　第4章　リスク削減量測定結果と考察

の検討は行わず，経済的規制領域，すなわち競争促進規制のみを対象として行う。第3章第2節で引用した内閣府政策統括官によるレポートには，他分野における競争促進規制によって利用者にもたらされた消費者余剰の増加分が推計されており，本節でもそのデータを使用して，提示したモデルの適用可能性を検討する。

　表24はそれぞれの分野における競争促進策によって得られた，そうでなければ失われていたであろう消費者余剰によりどれだけのQALYが獲得できたかをまとめたものである。第3章第2節と同様に，ある一定の時期に実施された競争促進規制を1つのセットとみなし，それらのセットによって生み出された効果すなわち消費者余剰をモデルに投入する。そのため，このケースでもモデルのP，O，N，Tに個別の要素を投入するのではなく，それらが一体となって生み出した成果を$C_{oppotunity}$，$C_{intervention}$，C_{QALY}に投入して算出する。

　共通する目標リスクとして消費者余剰の機会損失を置いた。競争促進規制のための必要追加コストについても第3章第2節と同様に便宜上，最低単位の100万円（$C_{intervention}$に投入）を計上する。対象分野およびリスク削減策（競争促進規制）としての主要な措置事項等は表24のとおりである。その規制（競争促進策）がなかった場合の損失消費者余剰（$C_{oppotunity}$に投入）は，内閣府政策統括官が推計した3年間の増加分（内閣府政策統括官 2010, 3頁）を1年間分に換算し，GDPデフレーターで2012年価格に修正したものである。獲得QALYは本書で使用した1QALY獲得のための数値である平均給与408万円（C_{QALY}に投入）で消費者余剰を除して算出した。この結果をバブルサイズで示したものが図23である。

　内閣府政策統括官が分析した期間のみを対象としているものの，競争促進規制により獲得できたQALYはエネルギーの分野で大きいことが示された。経済的規制領域のみでの試算という限定条件はあるものの，本書で提示したモデルは航空分野だけに適用できるものではなく，その他の分野に対しても適用可能であると考えられる。その際，それぞれの分野において，本書で示したような経済的規制以外の領域要素を組み入れてモデルに投入することで，航空分野だけではなく，他分野における規制によるリスク削減量を測定できる可能性を有すると考えている。

図 23　他分野における規制実施による獲得 QALY（1 年当たり）（経済的規制領域のみ）

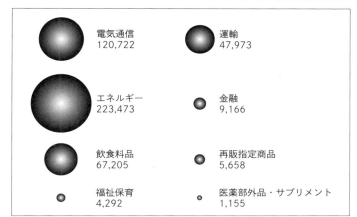

出所：筆者作成。

　同時に，このように他分野に適用を広げた場合，課題も見えてくる。というのは，図 18 に示された獲得 QALY 量と図 23 で示された獲得 QALY 量との大きさのレベルに違和感が生じるからである。例えば図 23 のエネルギー分野における競争促進規制のみで，図 18 の航空保安規制領域での獲得 QALY の約 10 倍のインパクトがあることが示されている点である。「エネルギー」という大きな枠で一括した数値と，「運輸」ではなく「航空」の，さらに「航空保安規制」という限定された枠を比較していることから，ある程度のレベル感の違いは当然とはいえ，人の死に直接結びつく航空保安での獲得 QALY との大きさの違いに感覚のズレがある。とすれば，「どれだけの金額で 1QALY 獲得できるか」という C_{QALY} の数値（本書では平均給与 408 万円を採用）を調整する必要があるかもしれない。また，可能性としては競争促進による消費者余剰が大きく見積もられすぎていることもありうる。このように，検討に用いた各項目の数値も含め，本書で提示したモデルは対象を広げる過程でさらに精緻化を図ることができる。パーフェクトなモデルではないことは当然であるが，議論や検討のベースとして，スタートとしての意義は大きいと考えられる。

注
1　サンスティーンは，効率は重要だが規制の唯一のゴールにはなり得ないとしている（Sunstein

172 第4章 リスク削減量測定結果と考察

2005, p. 129)。

2 　以下の研究に代表されるように，国家・政府視点の重要性を説くものは多い。Spicer（2001），
Evans et al.（1985），Khandwalla（1999）など。

3 　例えば，中間層にも福祉国家の恩恵があったことを実証的に分析した Goodin and Le Grand
（1987），現代の経済において福祉国家が積極的な役割を果たす方法を問う Atkinson（1999）など
が挙げられる。

結論

第1節　解決を試みた問題と解決しうるモデル

　本書を通じて解決を試みる問題として「政府が国民の安全を確保する役割を，どのように，どこで，どの程度果たしているか，に答えを出す方法論としての有効なモデルとはどのようなものか」を設定した。本書の目的は「どの程度果たしているか」について具体的な数値として答えを示すことではなく，「どの程度果たしているか」に答えうるモデルを生成することであり，仮説（モデル）生成型の研究である。

　モデルを生成するにあたり，上記の問いは，そのままの形では測定が難しいため，「航空分野において，政府による規制がどの領域で，どの程度のリスク削減量をもたらしているか，に答えを出す方法論としての有効なモデルとはどのようなものか」への操作化を行った。政府活動のツールである規制によるリスク削減，つまり，国民の安全の確保がどの程度果たされているかを示す指標を探索し，リスク削減量（＝どの程度安全が向上したか）を測定可能にするモデルを生成し，提示することで，その問いに応えることとした。

　操作化の過程で，先行研究がリスク削減を政府活動の主機能と捉えているにも関わらず，政府のリスク削減機能に注目して「どの程度」その機能が果たされているかについて，直接的に扱ったものは管見の限り見当たらないことも確認した。つまり，どの程度，国民の安全を確保する政府の役割が果たされているかを明らかにできていないということである。それを明らかにするために有効なモデルとして，

$$\sum_{i=1}^{n} \left(P_i O_i N_i T_i + \frac{C_{oppotunity\,i} - C_{intervention\,i}}{C_{QALY}} \right) = 総獲得\ \mathrm{QALY}\ （リスク削減量）$$

174　結　論

を生成し，提示した。Pを確率，Oをアウトカム，Nを対象数，Tを期間，$C_{oppotunity}$ を機会費用，$C_{intervention}$ を直接費用，C_{QALY} についてはQOLを0から1に1年間上げるコストとする。総獲得QALYが規制によるリスク削減量を示す。また，このモデルは，航空に起因する医学的な内容を除くと，QALYを用いた研究が少ない航空分野でQALYを適切に用いるために，ヘルスケア分野での用いられ方と同等のレベルを担保したものである。

　このモデルを用いれば，政府活動のツールである規制によってもたらされるリスク削減量が測定され，測定されたリスク削減量をQALYで表現できる。異なる領域の，質の異なるリスクに対しても，それに対応する規制によって削減されるリスクの量を同一尺度で表現できるQALYを組み込んでいるため，「航空分野において，政府による規制がどの領域で，どの程度のリスク削減量をもたらしているか」に答えを出しうるものと考えられる。また，このモデルの具体的な用い方を4つの規制領域ごとに詳細に例示したことで，検証可能性を高められたと考えられる。

　本書を通じて解決を試みる問題「政府が国民の安全を確保する役割を，どのように，どこで，どの程度果たしているか，に答えを出す方法論としての有効なモデルとはどのようなものか」に答えるモデルを生成することができたと考えている。このモデルを生成した行政学，公共政策研究上の意義および先行研究の積み重ねに寄与できることは主に以下の3点である。

　①政府のリスク削減機能に注目して，「どの程度」国民の安全を確保する政府の役割が果たされているかを明らかにする必要がある，という認識から出発し，政府のリスク削減機能が果たされている度合いを測定しうるモデルを生成した。このモデルは，規制が対処しようとしている目標リスクの性質から分類した4つの規制領域という概念で航空政策全体を俯瞰しつつ，それぞれの領域におけるリスク削減量を測定しうる構造になっている。こうすることで，領域を超えた異なる事象に対する政府のリスク削減機能の果たされている度合いを明らかにできる。また，このモデルは，政府活動の視点で削減すべきリスクの性質を踏まえた上で，規制が存在することによるマイナスの側面をも加味できる構造となっている。こうすることで，規制の温存の阻止，ひいては蓄積増加する規制の再構成への応用可能性を有する。このように，政府のリスク削減機

能を果たす具体的手段である規制や政策のリスク削減の成果そのものの測定を可能にすることは行政学的にも，公共政策研究としても意義のあることと思われる。

　②QALYに関する議論に必要となるのは，その適用方法の検討である，という認識から，本書では，以下を採用した。今完全な健康状態にある人も，障害のある人にも，誰にでも可能性のある今後のリスクを削減するための規制や政策が，どれだけそのリスク削減機能を果たしているかを測る指標としてリスク削減量を設定する。その上で，測定されたリスク削減量を表現する形式としてQALYを用いた。そうすることで，今どういった症状の人を救うのかという議論にはならず，また，すでに起きてしまった（特定の誰かの）惨事や状態ではなく，（特定できない誰かに）これから起こりうるリスクに対処するための検討が可能になった。全ての人が平等にさらされるリスクを削減するための規制を評価する目的でのQALY適用は政策評価・規制評価の観点からも意義のあることと思われる。また，QALYの性質上，医療・生命関連の素材を対象としての研究が主であり，行政学の先行研究において直接的にQALYを用いた例がないながら，ヘルスケア分野以外でもQALYを適切に適用できる手順を明らかにした上でQALYを組込んだモデルを生成した。政治学や行政学とは必ずしも近しくない分野において有用とされる手法を政治学・行政学が抱える課題に適用し，その課題に応えることは行政学的にも意義があるものと思われる。

　③政策評価および規制評価の議論では評価軸の変容が見られている，という研究動向に鑑みて，変容のキーワードである「効果性」「事後評価」「同一尺度」という条件をクリアする指標であるリスク削減量を選定した。その上で，リスク削減量の測定結果を表現する形式として，QALYを組込んだモデルを提示し，航空分野全体を俯瞰する研究に適用した。

第2節　モデル生成のプロセス

　モデル生成のプロセスは以下のとおりである。モデルを生成するにあたり，リスク削減がどれだけなされているかを測定可能にするための諸要素を検討

176　結　　論

し，モデル生成に必要な要素を9つ抽出した。それら9つの要素を踏まえた上で，モデル生成に必要な指標を検討し，リスク削減量を指標として採用した。さらに，9つの要素をもとに，測定したリスク削減量の表現形式がクリアすべき5条件を設定した。

　規制によるリスク削減量を測定しうるモデルを生成するとしても，最初から全ての規制を視野に入れて検討することは現実的ではないため，対象とする素材を的確に選定する必要がある。そこで，航空分野が，モデル生成のために対象とする素材に適しているかという観点から，上記5つの条件について検討可能な素材であるか否か，を確認し，検討可能な素材であると結論づけ，航空を素材とすることとした。

　その上で，「航空分野において，政府による規制がどの領域で，どの程度のリスク削減量をもたらしているか」に答えを出しうるモデルを生成するために，以下のように論文を構成した。序論において，政府のリスク削減機能に注目した先行研究について整理し，政府活動の主機能はリスク削減であるとみなされてきたこと，また実際にリスク削減機能を果たしてきたことを確認した。しかしながら，そのリスク削減機能が果たされている度合いを具体的に測ることを直接的に扱ったものが管見の限り，見当たらないことを指摘し，政府のリスク削減機能が果たされている度合いを測定しうるモデルを提示することとした。

　第1章第1節においてモデルを提示し，以降の節，章において，その生成プロセスを示す形とした。第1章第2節において，政府活動の視点で削減すべきリスクの特性について，以下5点を確認した。①規制によってリスクを小さくできること（要素1），②リスクは将来の不確実なことを想定していること（要素2），③事象ごとに生起確率やリスクの大きさが異なり，数量的に表すことが可能な側面を持つこと（要素3），④人々のリスクに対する反応は主観的であるため，共通のエンドポイント（起きて欲しくないこと）として「人の死」が適していること（要素4），⑤政府が対処すべきリスクは様々な領域に及び，また，質の異なる様々なリスクを削減しているため，死に限定されない健康状態や経済的得失なども反映できる指標が必要であること（要素5）。

　第1章第3節において，政府活動の視点からは，単にリスクが他者に移転さ

第2節　モデル生成のプロセス　*177*

れただけではリスク削減にならないため，モデルにはリスク移転などのリスクトレードオフの正味の効果が反映できる指標が必要であること（要素6）を確認した。

　第1章第4節でリスク削減ツールとしての規制について整理した後，第1章第5節において，規制の量や形式に着目しても，リスク削減に対する規制の効果を測定できないことを確認した上で，測定可能にするための指標に求められる要素をさらに3つ抽出した。①リスク削減の度合いを直接的に測定できること（要素7），②領域を超えた異なる事象に対する規制の効果を測定するために，異なる価値を同一尺度で表すことができること（要素8），③規制の有無によるリスク削減の大きさを比較できること（要素9）。要素7から9までを踏まえ，リスク削減量を指標として採用することの妥当性を確認した。さらに，政策評価および規制評価の軸が変容しつつある流れを整理した。「効率性だけでなく，効果性を含めた指標」（要素7に包含），「事前評価だけでなく事後評価にも有用な指標」（要素9に包含），「横断的，政府全体の業績測定を可能にする同一尺度」（要素8に包含）が求められていることを確認した。

　第2章第1節から第5節においては，モデルに用いる指標として定めたリスク削減量について，測定したリスク削減量の表現形式を検討した。その表現形式がクリアすべき条件として，これまで検討したモデル生成に必要な要素1から要素9までを踏まえた上で以下の5つを設定した。

　　条件1．リスク削減がどれだけ実現されているかを具体的に測定するために，規制によるリスク削減効果を客観的数値として，絶対量（効果性）を重視して示すことができること。
　　条件2．リスク削減が「どの領域で」実現されているかを明らかにするために，領域を超えた異なる事象に対しても，規制によるリスク削減効果を同一尺度で比較できること。
　　条件3．多くの人が共感できるエンドポイントとして設定した死だけでなく，死にまでは至らない事故や傷病など，比較的インパクトの大きくないリスクも反映できること。
　　条件4．生命にかかわること，健康にかかわること，経済的得失，規制が存

178 　結　　論

　　　　在するコストなど，質の異なるトレードオフまで反映できること。
条件５．リスクの特性を踏まえて，これから誰にでも起こりうるが起きて欲
　　　　しくない事象を規制によって阻止・緩和する効果を測定できるこ
　　　　と。

　これら５つの条件をクリアするものとして，QOL とその状態が続く期間を
積分した値である QALY を提示した。根拠は以下のとおりである。
　条件１について，確率的生命価値などの金銭価値化を経由すると，所得に
よって生命価値に大きな差が出ることなどから客観性を担保することが困難に
なる。一方 QOL は，その測定方法から主観性を有しつつも，その主観を測定
手法的にも測定数的にも多く積み重ねることで客観性を増していくことが可
能である。また QALY は，ある健康状態の期間と重度（QOL で反映）にのみ
影響を受ける。そのため，コントロールできると認識されているリスクかどう
か，強い恐怖を引き起こすリスクかどうかといったような主観的な因子を考慮
しないことから，客観性を担保できる。さらに，QALY を用いた分析では，
その規制があることによって，そうでなければ失われていたであろう QALY
を獲得 QALY とみなし，獲得 QALY の絶対量をもとに効果性を表現する。つ
まり，どれだけの QALY が獲得できたかを示すことで，どれだけその規制の
効果があったかをみることが可能であることから，効果性重視の条件をクリア
する，と考えられる。
　条件２について，「死者数」「負傷者数」「経済的損失額」という指標では，
互いを同一の基準で比較することが困難である。一方 QOL は，死も負傷も Q
値の低下として表現できる。また，QOL は生活の質全体を示す指標でもある
ため，「生活の質を１年間向上させる」ためのコストを設定することで，経済
的得失による QOL の変化を表現できる。つまり，異なる事象によってもたら
される死，負傷，経済的得失なども含めた様々なリスクの影響を，QOL の Q
値の変化として表すことができるということである。そのような QOL に，そ
の状態が続く期間を積分した値である QALY を用いれば，異なる事象に対し
ても同一尺度での比較が可能となる。
　条件３について，死には至らない事象も Q 値の低下として表現できる QOL

を用いることでQOLが0である死との影響度換算が可能である。

条件4について，条件2と同様に，生命にかかわること，健康にかかわることだけでなく，経済的得失や規制が存在するコストのトレードオフの影響を加味することが可能になる。

条件5について，すでに起こったことではなく，誰にでも平等に可能性のある今後のリスクを削減するためにハザードや暴露を下げる対処（規制）をすることで得られるリスク削減量を示すのがQALYである。

以上，提示するモデルに必要な条件5つについて，QALYがクリアすることを確認した。その一方で，これまで様々な研究で主に用いられている手法や指標が上記5つの条件をクリアできるかを検討した。費用効果分析，費用便益分析，損失余命，DALY，KPIなどでは条件をクリアすることが難しいと判定した。よって，本書で提示するモデルに組込む指標をリスク削減量とし，その測定値の表現形式としてQALYを用いることの蓋然性および妥当性を確認できた。

第2章第6節では，QALYを用いた研究について広くレビューし，航空に起因する医学的な内容を除くと，QALYを用いた研究が少ない航空分野でQALYを適切に用いる条件を確認した。レビューした文献1,000件のうち，圧倒的多数であったヘルスケア関連研究にQALYを適用しやすい理由は以下の2点にまとめられた。①検証対象としている術式・薬・治療法を処置（介入）するケースと処置しないケースの結果（症状）を比較することで，QOLの値およびそのQOLが存続する期間の差を観察しやすい。そのため，処置によって得られるQALYを算出しやすい。②処置した場合の結果は処置を施した個人内に現れるため，処置の影響レベルがどの程度かの判断が個人を観察することで可能となる。

医療においては個人の症状ごとに処置を選択する必要がある。また，個体管理（個人）における介入の方が個体群管理（集団）における介入よりも，その介入によるQOL変化が直接的に反映されやすい。QOL変化が反映されやすいため，QALY算出もしやすく，QALYを指標として用いやすい。しかしながら個体群管理にQALYが適用できないわけではない。個体群管理では，個体管理と比べて適用のしやすさが減じるものの，適切な方法を用いれ

180　結　論

ばQALYを適用できることを，QALY適用研究レビューで確認した。そこで
は複数の症状（複数のリスク）を扱い，介入の時期や種類の違い，年齢層や性
別といった属性の違いなど様々なケースを同時に扱いつつも，一つ一つの作業
としては単一のリスクを扱う際と同様の手順を積み重ねることで可能にしてい
た。つまり，個体管理でも個体群管理でもQALY算出プロセスに大きな違い
はなく，介入した場合および介入しない場合のそれぞれのアウトカムに至る確
率や，結果としてのQOLの状態によってQALY算出が可能である。

　レビューした1,000研究のうち，方法としてはランダム化比較試験などによ
る実験，モデルを構築してデータを投入するシミュレーション，文献レビュー
からメタ分析の3つに大きく分類できた。蓄積された知見，治験データなどを
活用することで検証が可能なケースもあり，全てのケースにおいて実験が必ず
しも行われているわけではない。事例適用研究766件のうち，実験は197件に
過ぎず，文献レビューから得たデータをもとにマルコフモデルなどを用いてシ
ミュレートしたものが475件，文献レビューからメタ分析を試みているもの
が94件である。オリジナルの実験から得られるデータだけで分析を進めるの
ではなく，何らかのモデルを構築し，蓄積された公開データを投入してシミュ
レートすることで，目的に合致した分析を進めていた。これらを踏まえ，ヘル
スケア以外の他分野においても，ヘルスケア分野と同レベルの確からしさ（介
入・非介入の比較試験，介入のアウトカムによるQOLの値，QOLの存続期
間，介入効果の判定）を担保しつつ，蓄積されたデータを投入したシミュレー
ションを進めればQALYを適用できると整理した。

　その上で，本書で扱う航空機事故や航空テロリスクは不確実性が極めて高い
ものの，ヘルスケア分野におけるQALY適用と同じ確からしさを担保できる
ことを確認した。そもそも介入は，発生の端緒や意図そのものを阻止すること
だけではなく，発生した際の影響を最小限に抑え，完遂までには至らせないこ
とを目的としている。ヘルスケア分野でも，初期症状の発生そのものを阻止す
ることに主眼を置くのではなく，発生した症状を緩和，治療するための方法と
しての介入を対象とし，分析しているものが多数である。例えばテロリスクに
ついて，発生確率の設定は困難だと考えられるものの，完遂にまでは至らせな
い確率であれば，蓄積された知見をもとにヘルスケア分野と同程度の確からし

さを担保できるものと考えられる。

　第2章第7節では，これまでに検討した政府活動としてのリスク削減に必要な9つの要素や，モデルに組込むべき指標とその測定結果の表現形式に求められる条件1から条件5までを総合し，ヘルスケア分野でのQALY適用研究を参考に生成したモデルを再度提示した。一方で，確率的生命価値という「生命の金銭価値化」を否定してQALYを採用したにもかかわらず，このモデルでは「いくらあれば1QALY獲得できるか」という変数C_{QALY}を組み込んでいることの妥当性について以下のように整理した。

　このモデルに組み込んだC_{QALY}は，否定した「生命の金銭価値化」とは異なるものである。C_{QALY}は，実際にいくらあれば，生活の質全体の指標でもあるQOLを1年間向上させられるのかという，「金銭の価値をQALY換算する」ための変数である。「生命の金銭価値化」すなわち確率的生命価値は，リスク削減に対する支払「意思額」であり，所得の違いやリスク感度の違い等の主観によってその額が大きく異なることがある。一方C_{QALY}は，この金額があれば1年間生活できる（生活の質を向上させられる）「実態の額」である。つまり，あるリスクに対する感度や金銭的な価値観が異なる層であったとしても，この金額で1年間生活できる実態の額が設定される。このように，否定したのは「生命の金銭価値化」であり，「金銭的価値のQALY換算」ではないことを踏まえれば，生命の金銭価値化の弱い点である「主観的なリスク感度」に拠らない変数（実際にいくらあればQOLを1年間向上させられるのか）を組み込み，規制の効果である経済的得失をQALY換算することに妥当性がある，と考えられる。

　最後に，このモデルに割引率を組込むべきかを検討した。公共投資抑制の観点から，施策ごとの効率性を問う目的としては割引率適用が有益である。しかしながら，本書で検討の対象とする政府のリスク削減という観点からは，割引率を適用すると，現在の命を将来の命よりも重く扱うことになり，問題が生じる。現在の命を将来の命よりも重く扱うということは，現在のリスクを将来に移転するだけでリスク削減ができることになってしまう。このようなリスクトレードオフの負の影響をなくすためにはモデルに割引率を含まないことが妥当であると結論づけた。

182　結　論

　第3章第1節においては，規制の分類として一般的なのは経済的規制と社会的規制の2分類であるが，本書では，その規制が対処しようとしている目標リスクの性質から以下のように設定した。社会的規制を航空安全規制・航空保安規制・（狭義の）社会的規制に分類し，それらに経済的規制を加えた4領域を検討対象とした。4つの規制領域ごとのリスク削減量を測定する際，それぞれの規制が4つの領域にきれいに分類できるのかという疑問が考えうる。それに対し，法律レベルでは複数の領域にまたがる条項があるものの，個別規制レベルでは単独の規制領域枠内に収まることを示すことで，その疑問に答えた。

　QALY を算出する際の統一条件も示し，先行研究が多く採用している手法に則る形で，公開されたデータを用いることで検証可能性を高めた。対象期間についても，それぞれの規制の特性から最適と思われる対象期間を設定し，明示することとした。こうすることで，対象期間をより長期に変更しようとした際には試算の条件も当然変化し（期間が長くなったことによる影響が具体的に加味され），ケースごとに試算「方法」は同一でありながら，異なった効果の試算が可能なモデルであることの確認ができる。

　また，設定する目標リスクや具体的規制については，それぞれの領域で共有されている知見を参考に，象徴的な規制や目標リスクを選定した。QALY を用いた先行研究に依拠する形で，存在する全ての規制を対象とするのではなく，目的に合致した規制を選定することとした。最後に，規制実施のためのコストについては当該規制実施のために費やされる直接的なコストのみ考慮することを確認した。

　第3章第2節から第5節では，それぞれの領域を対象として，モデルを用いてリスク削減量を測定するプロセスを例示した。

　第4章において，各領域における獲得 QALY（実態的な政府活動の成果としてのリスク削減量を示す）と必要追加コスト（志向的なリスク削減への期待役割の大きさを示す）をバブルサイズで示した。こうすることで，支出額をもとにした志向的な政府のリスク削減への期待役割の大きさと，獲得 QALY をもとにした実態的な政府のリスク削減量の比較を可能にした。

　「航空分野において，政府による規制がどの領域で，どの程度のリスク削減量をもたらしているか」に対する答えとして，航空保安規制領域において志向

的にも実態的にもリスク削減を実現する比重が大きいことを示した。同時に，経済的規制領域においては少なくない獲得 QALY をもたらしており，経済的規制領域でも政府が果たすリスク削減機能は小さくないことを示した。また全体的にみて，志向的な政府の期待役割の大きさと実態的な政府のリスク削減量の間に大きな違いは見られなかった。

　本書で提示したモデルは獲得 QALY を追加コストで割った「効率」ではなく，獲得 QALY の絶対量（効果性）に着目し，それを測定しうるものである。しかしながら，有限な資源をどのように使い，どれだけの QALY を獲得できるかという問いには効率の視点が不可欠である。そのため，領域ごとの獲得 QALY を追加コストで割った「効率」を測定しうるモデルも示し，その「効率」を算出した。

　経済的規制領域の必要追加コストは，省庁による実際の規制評価の考え方に依拠して，最低単位の 100 万円を計上しただけであり，その他の規制領域での積上げ追加コストとは性質が異なるとのことわりを入れた上で，経済的規制領域における効率の高さを指摘した。その上で，単純に経済的規制領域に資源を集中させるのではなく，それぞれの規制領域で獲得される QALY の和である総獲得 QALY が最大になることを目指すという基準を導いた。

　さらに，競争促進規制による獲得 QALY が相対的に高いことから，その他の規制が存在することによるマイナスの側面（リスクトレードオフ）の影響が大きいことを指摘した。領域ごとのリスク削減量を同一尺度で比較することで，単一領域もしくは個別規制についての分析では見えてこなかった実態を見出している。このように，規制によるリスク削減効果が単純な加算のみではなく，マイナスの側面をも加味できるモデルであることを示しつつ，規制の温存の阻止，蓄積増加する規制の再構成にも寄与できる可能性を見出した。以上のことを踏まえると，RIA や個別政策評価などの主に一つ一つの政策や規制を対象とした手法よりも，本書で提示したモデルには以下の点で優位性があると考えられる。異なる領域の，質の異なるリスクに対処するための複数の規制の効果を同一尺度で測定し，規制が存在することのリスクトレードオフも加味しうる点である。

　最後に，航空分野以外へのモデル適用の可能性を探った。航空以外の分野に

184 結　論

おける競争促進策によって得られた（そうでなければ失われていたであろう）消費者余剰によりどれだけの QALY が獲得できたかについて，モデルを用いて算出した。経済的規制領域のみを対象とした適用であるものの，その他分野への適用可能性を示した。

　一方で，他分野に適用を広げた場合，課題も見えた。エネルギー分野における競争促進規制での獲得 QALY が，航空保安規制領域での獲得 QALY の約 10 倍であることに違和感があった。それを踏まえて，今後の精緻化のためには「どれだけの金額で 1QALY 獲得できるか」という C_{QALY} に投入する数値を調整する必要がある可能性を示唆した。

第3節　今後の課題

　本書を通じて解決しようとした問題「政府が国民の安全を確保する役割を，どのように，どこで，どの程度果たしているか，に答えを出す方法論としての有効なモデルとはどのようなものか」に対しては答えを示した。しかしながら，このモデルおよびその用い方が完成形であるとは考えていない。検討対象とした分野・領域，対象とする規制，対象とする期間，対象とする目標リスクの立て方など，国民の安全を確保する政府の役割がどれだけ果たされているかについて，より確からしく明らかにできるように改善の余地があると考えている。

　まず，本書で詳細な検討を行ったのは航空分野のみという点である。検討対象とする分野を広げれば，規制領域ごとの比重など，航空分野とは違った結果が出てくることは十分考えられる。しかしながら，検討対象分野を拡大していくことにより，「健康リスク以外のリスクも含めて 1 つのエンドポイントに集約する方法で，広く支持されるものはまだ存在せず，より包括的なリスクの定量表示は残された課題」（益永 2007, 6-7 頁）に応える端緒になりうると考えられる。本書で提示したモデルを用いることで，人の健康や事故とは直接的な関連がなさそうに思える「通信」分野でも，「繋がる」ことによる自己実現や喜びが QOL で表現できれば，航空と同様に獲得 QALY という同一尺度での測定が可能になる。

第 3 節　今後の課題　*185*

　同様に，規制領域ごとの象徴的な規制のみを対象とした点も今後の課題とし
たい。象徴的な規制を選択して対象とすることの意義は本論で確認したとおり
であるが，対象とする規制を拡大すれば，当然，それぞれの規制がどれだけリ
スク削減効果を生んでいるかを明らかにできる。

　このように，対象分野や対象とする規制を拡大させていくことで，より多く
の分野における規制によるリスク削減の実態を明らかにすることができる。そ
れはつまり，あらゆる領域における「国民の安全を確保する政府の役割が果た
されている度合い」を明らかにすることであり，政治学的にも行政学的にも意
義のあることと思われる。さらに，検討対象分野・対象規制を拡大させていく
ことにより，本書で示したモデルの用い方自体も精緻化できるものと考えてい
る。

　また，対象期間を比較的短期間としたことについては，それよりもさらに長
期の効果を測定できていないという点が指摘できよう。短期間を対象とした効
果測定といっても，それぞれの規制の特性から，最適と思われる対象期間を設
定し，明示した上で検討することに留意した。このようにすることで，対象と
する期間をより長期に変更しようとした際にも以下のように対応可能である。
例えば当初の対象期間 10 年を 30 年の効果として見たい場合，試算の条件も当
然変化し（期間が 20 年長くなったことによる影響が具体的に加味され），ケー
スごとに試算「方法」は同一のままでありながら，異なった効果を試算するこ
とが可能となる。しかしながら，政策評価審議会が指摘するように，政策評価
を改善するためには，既存の制度を前提とするのではなく，社会環境の変化等
を踏まえて改める必要がある（政策評価審議会 2021, 6 頁）。社会経済状況の
変化は，短期よりも長期においてその影響が大きくなると考えられ，社会経済
状況が変われば，規制の効果も大きく変わりうる。本書で検討した期間をさら
に長期に拡大することで，政策評価委員会が提言する「役に立つ評価」を構成
する「長期的な社会経済変化のトレンドを考慮した効果測定」（政策評価審議
会 2021, 12 頁）が可能になると考えられる。

　当然ながら，このようなモデルを用いて得られる結果をもって，全ての意思
決定に優先させようというのではない。意思決定は政治過程に委ねるものの，
その材料を提供するものとしての意義を示したい。政治過程を経た意思決定が

なされた後，その決定に従って自発的に実務を遂行させていくためには，最終
的な意思決定に携わっていない関係者らがどれだけその決定に共感しているか
に大きく依存することも事実である。その点も含めて，政策目的の実現度を高
めることが，結果として国民の安全を確保する条件を整えることになると考え
られる。そうであるとすれば，本書で提示したモデルを通じて，データや思考
過程を明示し，より多くの関係者が同一の尺度で議論，検討，熟考できるプロ
セスを経ることで，決定に対する関係者の理解や共感を高めることに役立つと
考えられる。それにより，決定後の関係者の行為にもプラスの影響を与え，規
制の趣旨実現に資するのではないか。その問題意識はモデルに組込んだ規制遵
守率にも大きく影響する。政治過程における意思決定の後への影響について，
詳細な検討は本書の主旨とは少し離れてしまうため，直接的に触れることはな
かった。しかし，政治過程には直接携わっていない関係者の，決定後の行為も
視野に入れたモデルの有用性を見出せると考えている。

　以上のように，国民の安全を確保する政府の役割がどれだけ果たされている
かについて，より確からしく明らかにできるように改善の余地はあるものの，
国民の安全を確保する政府の役割が「どのように，どこで，どの程度」果たさ
れているかを明らかにしうるモデルを生成し，本書の目的を達成できたと考え
ている。

Appendix 1 リスク削減量の概念

ハザード×暴露＝リスクの式を用いて，リスク削減量の概念を共有する。現状のハザードの大きさを H_0，暴露の大きさを E_0，現状のリスクの大きさを R_0 とするとハザード×暴露＝リスクの式は以下のように表せる。

$$H_0 \times E_0 = R_0$$

規制によるハザードの変化分を x，規制による暴露の変化分を y とすれば規制後のハザードの大きさ H_1 は H_0-x，規制後の暴露の大きさ E_1 は E_0-y で表され，規制後のリスクの大きさ R_1 は，

$$H_1 \times E_1 = (H_0-x) \times (E_0-y) = R_1$$

規制によって得られるリスク削減量（Rd）は以下の式によって導かれる。

$$Rd = R_0 - R_1$$

規制による変化分は遵守率などが影響するが，ここでは単純化のため省く。具体的な数値を入れてみる。現状のハザードの大きさを 100，暴露を 1 とし，規制によって変化するハザードの大きさが 50，暴露の大きさが 0.5 と，ともに半分になる場合のリスク削減量は，

$$100 \times 1 - (100-50) \times (1-0.5) = 75$$

リスクトレードオフを反映させる場合，例えばその規制があることによって目標リスクは削減できるが，対抗リスクが生じてしまう場合は以下のとおりとなる。目標リスクとしての現状のハザードを H_0，目標リスクとしての現状の暴露を E_0，その規制による目標リスクとしてのハザードの変化分を x_0，その規制による目標リスクとしての暴露の変化分を y_0，対抗リスクとして生じるハザードを H_2，対抗リスクとして生じる暴露を E_2 とするとリスク削減量（Rd）は以下の式によって導かれる。

$$Rd = H_0 \times E_0 - (H_0 - x_0) \times (E_0 - y_0) - H_2 \times E_2$$

　リスク削減量の概念はこのとおりであり，本文中で示した要素7から要素9（リスク削減の度合いを直接的に測定，同一尺度，規制の有無によるリスク削減の大きさを比較）を満たす。したがって，リスク削減量を指標として採用することの妥当性が確認できる。

Appendix 2　政策評価・規制評価とその指標をめぐる議論

　政策評価という概念がクローズアップされるのは行政改革のコンテクストの中で，とりわけ NPM 的な志向がベースとなっているとされる。フッドによれば，NPM は論者により強調する側面が異なるとしながらも，以下の7つにまとめられる。①公共セクターにおける専門職的管理，②パフォーマンス測定と基準の明確化，③アウトプット重視の強調，④公共セクターにおけるユニットごとの分解，⑤公共セクターにおける競争原理へのシフト，⑥民間企業型経営の強調，⑦資源利用の規律・節減の強調（Hood 1991, pp. 4-5）。政策評価への影響として②③の側面がより強調されると考えられる。

　また，ポリットは，NPM 型改革の特徴として，①顧客志向，②業績志向，③継続的な品質向上へのコミットメント明示，④フラットで分権的な構造，⑤厳格なコスト管理，⑥人事に関する業績連動体系（Pollitt 2002, p. 276）を挙げている。政策評価への影響としては②の側面が強調されるものの，全体として評価志向が伺える。さらに，カーターとグリアは NPM の「中心的な関心はモニタリング，コントロール，成果に対する評価を向上させること」（Carter and Greer 1993, p. 408）であったとまとめている。

　このような特徴を有する NPM 的志向は程度の差はあれども，各国における行政改革に影響を与えたが，NPM に対する疑義も指摘されている。フッドは1991 年の時点ですでに NPM に対する様々な批判を整理し，NPM が公共サービスに負荷を与え，公共サービスを低コストで行うという中心的な目的を妨げていると指摘する（Hood 1991, p. 9）。ポリットは NPM についての研究をレビューし，それらの研究において指摘された共通点の1つとして，生産性指標

のみでその他の評価軸が狭いことを挙げている（Pollitt 2002, pp. 280-281）。ストーカーは NPM による逆効果として，良い評価を得るためだけの行動を生み出すこと，手段を目的化してしまうように目標を置き換えること，特定の成果を価値あるものとすること，を挙げている（Stoker 1999, pp.10-12）。

　ここまで整理してきたとおり，様々な批判がありつつも，NPM 的な志向から，成果の測定に重心が置かれてきた。南島は NPM を市場型 NPM と企業型 NPM に区分し，業績測定に重心を置いた企業型 NPM が政策評価に直接的な影響を及ぼしたとする（南島 2002, 19-20 頁）。また新川は NPM 型改革が「成果主義を掲げ，それを業績評価尺度や顧客満足度によって測定し，最高のベンチマークを目指す改革であると考えると，まさに評価をベースにした改革活動」（新川 2002, 139 頁）であるとまとめていることとも整合する。

　このような改革活動である NPM に影響を受けた政策評価は，どのような議論を経るのか。その観点から，日本における政策評価について，とりわけその評価軸についての変容を整理する。

　総務省のウェブサイトには政策評価についての情報が網羅的にまとめられており，「政策評価制度に関する経緯」の最初の項目として，行政改革会議最終報告にて政策評価の導入が提言されたことを記している（総務省ウェブサイト：http://www.soumu.go.jp/main_sosiki/hyouka/seisaku.htm）。1997 年 12 月になされた行政改革会議最終報告の政策評価に関する提言として，①見直しのための政策評価機能が軽視されがちだった実態，②政策効果の事前，事後評価をもとに政策立案に反映させる仕組みの必要性，③評価過程における情報開示による行政の公正・透明化促進，が示された（行政改革会議最終報告 1997 年 12 月 3 日）。

　その主旨を受けて，政策評価制度が形成され，制度の目的として，①効率的で質の高い行政，②成果重視の行政，③国民に対する行政の説明責任の徹底，を実現することとされている（総務省行政評価局 平成 27 年 5 月版, 5 頁）。この制度は，「各府省が，自らその政策の効果を把握・分析し，評価を行うことにより，次の企画立案や実施に役立てる」（総務省行政評価局 平成 27 年 5 月版, 1 頁）制度である。「必要性，効率性又は有効性の観点その他当該政策の特性に応じて必要な観点から」（「行政機関が行う政策の評価に関する法律」

190   Appendix 2 政策評価・規制評価とその指標をめぐる議論

第三条）評価することとされ，さらに政策効果については「政策の特性に応じた合理的な手法を用い，できる限り定量的に把握すること」（「行政機関が行う政策の評価に関する法律」第三条 2 項その一）という条件がつけられている。

　総務省は，制度開始からの 3 年間を総括し，今後の課題として「政策の必要性の観点からの評価に重点が置かれているものが多く，有効性や効率性の観点からの評価が必ずしも十分ではなかった」（総務省 2005 年 6 月 17 日，4 頁）点を挙げている。一方，初期の政策評価指標としては様々な観点を有していたものの，定量評価への重みづけがさらに強まっていったことについて，山谷は「政治からの指示」で「評価の数量化および評価の視点として効率を主たる項目にすることが求められ，それらのための手法の開発も求められた」とまとめている（山谷 2012, 134-142 頁）。谷藤は，定量的な実績評価が他の評価に比較して容易であり，かつ職員の意識覚醒も影響したことで定量化の方法，定量的指標の開発を促したという点，および具体的政策への信頼度や利用可能性等を定性的に把握することへの関心が閑却されている点を指摘している（谷藤 2009, 38-39 頁）。

　また，2007 年には「行政機関が行う政策の評価に関する法律施行令」の一部改正，「政策評価に関する基本方針」の一部変更がなされ，「規制の事前評価の義務付け」が行われた（総務省ウェブサイト：http://www.soumu.go.jp/main_sosiki/hyouka/s-news/070330_6.html）。対象とされるのは「法律又は法律の委任に基づく政令の制定又は改廃により，規制を新設し，若しくは廃止し，又は規制の内容の変更をすることを目的とする政策」（「行政機関が行う政策の評価に関する法律施行令」第三条六）である。政策評価の対象が拡大し，「時期としては事前評価と事後評価，評価方式としては事業評価，実績評価，総合評価，評価対象としては研究開発課題，個別公共事業，政府開発援助，規制，租税特別措置など」（谷藤 2012, 4 頁）が整備された。実績評価方式が業績測定に，総合評価方式がプログラム評価に当たる（塚本 2005, 69 頁）[1]。

　ただし，総務省の点検結果によれば，「目標に関し達成しようとする水準が数値化等により特定されていない政策が多い府省」も少なくなく，「政策効果を具体的に測定できる指標の設定や充実が必要」（総務省 平成 22 年 3 月版，9 頁）とされている。山谷によれば，政策評価機能のさらなる強化を目的とし

Appendix 2 政策評価・規制評価とその指標をめぐる議論 *191*

た評価項目における効率の主流化（評価における効率と数量化の過度の強調など）によって，政策評価は本来機能を弱めてしまったという（山谷 2012, 153頁）。

2012年には目標管理型の政策評価の改善方策が示された。これまでの運用では，評価内容・スタイルが過度に区々となり，政府全体の俯瞰や府省横断的な施策への活用が困難だという課題があった。それを解決することを目的とし，事前分析表および評価書の標準様式の導入がなされている（総務省2012b）。これに対し南島は，目標管理型評価の導入によって政策評価＝実績評価＝目標管理型評価の図式が成立しつつあるような状況となっており，業績測定こそが正統な政策評価となりかねないと指摘している（南島 2015, 12-16頁）。

では実際に目標管理型評価がどれだけ行われたかを表25にて確認する。省ごとに実施数は異なるものの，合計で300に近い件数となっている。

さらに総務省行政評価局は，評価の質を高める取り組みとして，農林水産省での例を挙げ，目標管理型政策評価ガイドライン上の5区分による目標達成度合いの判定方法を以下のように明示している（総務省行政評価局 2015, 7頁）。

まず，目標達成度合いが150％超ならば「A'」，90％以上150％以下ならば「A」，50％以上90％未満ならば「B」，50％未満ならば「C」とする。その上で，測定指標の達成度合いの割合に応じて以下の区分に判定する。

表 25　目標管理型評価の実施状況

行政機関名	件数	行政機関名	件数
内閣府	78	外務省	10
公正取引委員会	1	財務省	31
国家公安委員会・警察庁	18	文部科学省	19
金融庁	20	厚生労働省	14
消費者庁	10	農林水産省	16
復興庁	1	経済産業省	27
総務省	6	環境省	22
公害等調整委員会	3	原子力規制委員会	3
法務省	17		
		計	296

出所：総務省行政評価局（2015）, 11頁。

① 目標超過・達成：全ての測定指標が「A'」ないし「A」であり，主要な測定指標のうち「A'」が半数以上

② 目標達成：全ての測定指標が「A'」ないし「A」であり，主要な測定指標のうち「A'」が半数未満

③ 相当程度進展あり：「B」又は「C」の測定指標を含み，主要な測定指標のうち「A'」，「A」及び「B（前年度の実績値を下回った測定指標を除く）」が半数以上，かつ，主要な測定指標のうち「C」が4分の1以下

④ 進展が大きくない：「B」又は「C」の測定指標を含み，③及び⑤のいずれにも該当しない場合

⑤ 目標に向かっていない：「B」又は「C」の測定指標を含み，主要な測定指標のうち「C」が半数以上，かつ，主要な測定指標のうち「A'」，「A」及び「B（前年度の実績値を下回った測定指標を除く）」が4分の1以下

　さらに内閣府の事例を挙げ，目標達成度合いを客観的に測定することが容易になるような定量的な測定指標への見直しや，政策効果を把握できる測定指標への見直しを行っているものが見られたとしている（総務省行政評価局 2015, 9頁）。

　このように，政策評価における定量化の試みは政策評価制度スタート初期と比べ，進んでいるように思われる。しかしながら，こういった効率性を中心とした定量化重視の傾向[2]に対して，「定量の枠組みからこぼれ落ちるもの」が決して重要でないとは言えないとの考え方も根強く存在する。例えば，政策評価制度スタート以前，通商産業省は政策評価手法選択の際の留意点を以下のようにまとめている。

　　単独の手法で施策等のあらゆる視点からの評価を行うことはできず，効率性・有効性を対象とした手法には公平性，十分性等の視点は必ずしも明示的には組み込まれていないため，総合的な評価を行うためには，定量的手法を定性的手法で補う，あるいは，いくつかの手法を組み合わせることが必要（通商産業省大臣官房政策評価広報課 1999, 5頁）。

Appendix 2　政策評価・規制評価とその指標をめぐる議論　*193*

　定量化の他にも様々な改善の取組みがなされ，それについての指摘もなされている。塚本は，日本の政策評価制度についてアカウンタビリティの確保が強く意識されるものになっている点を指摘し，評価の実質より結果の公表等の手続要件を満たすことに実務上の関心が向いてしまうこと，および評価結果に対し責任が問われるという意識による評価への消極的な心理を生むことを問題点として挙げている（塚本 2005, 67-68 頁）。

　また，政策評価実施のための追加的な業務量拡大にもかかわらず，労力に見合った成果が上がっているかの疑問[3]もあり，「政策評価疲れ」と言われるものが生じている[4]。そのような状況に対し，政策評価の再構築を目指した秋吉は，政策評価を，政策分析において重要な役割を果たす基盤となる政策関連情報を提供するものとして位置づけようとした。そうすることで，そのプロセスにおける多様なアクター間での議論による政策代替案構築が可能になり，政策評価の位置づけはさらに高まると主張した（秋吉 2012, 2-11 頁）。

　このような状況の改善を目指し，改善方策を提示したのが政策評価審議会政策評価制度部会である。目標管理型評価ワーキンググループの検討において，課題として以下の3つが挙げられた（政策評価審議会政策評価制度部会委員懇談会，資料1, 1 頁）。

① 　モニタリングを活用できる若しくはモニタリングを活用した方が望ましい施策が毎年評価対象とされていたり，そもそも評価対象とする必要のない施策が評価対象とされている事例がある。
② 　目標を設定するまでのプロセスが明らかになっていない事例が多くみられる。
③ 　全ての測定指標を定量化しようとするあまり，無理に定量化する事例がみられる。

　政策評価制度部会長である谷藤によれば，定量化になじまず，定性的にしか表すことができない事例があることを踏まえ，単一的な指標だけでなく，参考指標を用いることで複眼的な政策評価を求めることがワーキンググループのメッセージだという（政策評価審議会政策評価制度部会委員懇談会議事録，

5-7 頁）。

　複眼的な政策評価という観点から注目されている主なものに KPI がある。2013 年 6 月 14 日に閣議決定された日本再興戦略において，大きな政策群ごとに客観的，定期的，総合的に政策の成果を評価できるように，達成すべき成果目標（KPI）を設定することが示された。①掲げられた成果目標が達成できたか，②できなかった場合には何が足りないのか，③既存の施策の問題点は何か，④効果のない施策の廃止も含め改善すべき点は何かという観点で検証を行うとしている（日本再興戦略 2013 年 6 月 14 日閣議決定，9 頁）。

　また，「日本再興戦略 2016」では，KPI そのものが目的ではなく，成長戦略のステージに沿った施策を推進していく手段としての活用を目的としていることを明示した。KPI レビューから PDCA サイクルを回す際にも，KPI が目標達成に向けて順調に進捗していない理由を並べることではなく，C（チェック）により浮かび上がる問題点を A（アクション）につなげていくとしている（日本再興戦略 2016 2016 年 6 月 2 日閣議決定，43 頁）。以上の取組みは，定量的な目標を設定し，達成度を測ることだけでなく，定性的な PDCA サイクルを回し，課題解決および目標達成を実現することに注力する方向性を示したものといえる。この点について大西らは，KPI を，業績全体を向上させるパフォーマンスドライバーと位置づける考え方に注目すべきであるとする（大西・福元 2016, 9 頁）。

　また，山本は EBPM（Evidence Based Policy Making：証拠に基づく政策立案）によって政策評価が再び注目されていることを指摘した。その上で，政策評価は成果を指標化して業績測定し，PDCA サイクルを廻すことで効率化と質の改善を図るものであり，EBPM は政策と効果の因果関係を特定化することで事前に目的と手段に科学的合理性を確保し，立案段階から政策の質を高めようとするものであると整理している。その点から，政策評価は事後評価，EBPM は事前評価を重視しているとする（山本 2018a, 1 頁）[5]。

　EBPM に関して宮脇は，将来を志向するという政策そのものの性質から，政策に必要なエビデンスを過去の確実なデータのみではなく，不確実性や変動リスクを伴うデータや情報も不可欠なエビデンスとして位置づける必要があるとする。その上で，相対的に信頼性の劣る将来に向けた情報を少しでも信頼

性を高めるためのエビデンス形成や評価の手法が重要であると指摘する（宮脇 2018, 1 頁）。宮脇の指摘は，不確実な未来に対処する政策や規制の具体的な成果量に注目するという本書の意図と整合するものである。

Appendix 3　リスク削減量分析の手法と測定値の表現形式検討

モデルに用いる指標として定めたリスク削減量について，測定したリスク削減量の表現形式を検討する。ここではモデル生成に必要な 5 条件をクリアするかどうかについて，これまで多くの評価で用いられてきた主な手法に焦点を当てながら検討する。

費用便益分析と費用効果分析との違いについて竹内は以下のように説明している。

通勤時間を短縮し，なおかつ沿道の大気環境を改善できるような道路整備事業に対し，費用効果分析では，時間が何分短縮され，大気環境が何 ppm 改善されたという数値がそのまま示されるが，費用便益分析では，通勤時間の短縮も大気環境の改善も費用と同じ貨幣という統一的な尺度で評価され，費用便益分析では費用効果分析とは異なり，便益から費用を差し引いた純便益がプラスかどうかという判断に資することができる（竹内 2003, 384 頁）。

この時点で費用効果分析では，モデル生成に必要な 5 条件のうち，条件 2 の同一尺度での比較が適わないため，費用効果分析ではなく，費用便益分析に焦点を当てることとする。

まず，費用便益分析の便益算出方法に注目する。分析対象とする領域によっては，市場が形成されておらず，すなわち十分な実績データを利用できない場合もある[6]。ボードマンらはこれらの市場が存在しない場合，既存の推定された影の価格（existing estimated shadow prices）やプラグイン（plug-ins）を用いることが必要であるとしている（Boardman et al. 2001, p. 391 ［2004, 501 頁]）。その上でボードマンらは，入院や自動車傷害，火災傷害，落下傷害など，様々な事例における重軽度に応じたプラグイン数値を文献レビューから整

196   Appendix 3　リスク削減量分析の手法と測定値の表現形式検討

理している（Boardman et al. 2001, Ch. 15 [2004, 第 15 章]）。この点につい
ては本書で扱う事象についても同様であり，不確実性が高く，かつ十分な実績
データが存在しないケースでは，類似した事例の応用可能な数値を用いること
とする。

　リスクを対象とした際の便益算出方法としては確率的生命価値が多く用い
られている。確率的生命価値は，ある死亡リスクを対象とし，そのリスクを
削減するためにどれだけの金額を支払う意思（willingness to pay：WTP）が
あるかを問うものであり，その死亡確率で支払意思額を割って，確率的生命
価値を算出する。例えば，A という対処を施すことで 1,000 分の 1 の死亡リス
クを削減できるとし，A に 200 万円を支払う意思があるとすれば，200 万円÷
1/1,000＝20 億円という確率的生命価値が得られる。

　しかしながら，この計算は「削減される基準となるリスクレベルがどのよう
なものであれ，同じリスク削減幅に対する支払意思額が常に一定であるという
想定」（竹内 2002, 230 頁）である。1,000 分の 500 から 1,000 分の 499 へのリ
スク削減も，1,000 分の 1,000 から 1,000 分の 999 へのリスク削減も 1,000 分の
1 から 1,000 分の 0 へのリスク削減も同じ価値を持つことを意味する。これら
のリスク削減にどれだけの金額を支払う意思があるかと尋ねた場合，同じ回答
者でも支払意思額が同額となるとは限らない。これらに鑑みると，確率的生命
価値とは「費用と比較しやすくしたりするために単位を整えた指標であり，便
宜上計算されるもの」（竹内 2002, 230 頁）である。

　このような確率的生命価値を用いて，ある政策・規制の費用便益分析を行
う研究が少なからずなされている[7]が，確率的生命価値を扱った議論には批判
も少なくない。生命を金銭価値化することへの道徳的，倫理的な点から違和
感を覚えるからであろう。これに対して竹内は「誤解に基づいた非難」（竹内
2002, 230 頁）であるとしている。竹内によれば，確率的生命価値は特定個人
の死亡や救命を対象としておらず，瀕死の状況にある個人に対して，生き延び
たいならいくらまで払うかを尋ねているわけではない。人は誰でも死という確
率的事象の中に置かれているため，確率的な死と特定の死の違いを区別するこ
とで 1 つ目の誤解が解けるとしている（竹内 2002, 230 頁）。また竹内は，確
率的な死であっても金銭価値化することを許せないという考えに対して，評価

されているのは「確率的な死を削減する行為」であることを強調する。リスク削減を目的とした行為がその費用と見合っているかを測る指標として確率的生命価値が必要なのであり，死を金銭価値化するものとは異なることを示し，2つ目の誤解が解けるとする（竹内 2002, 231 頁）。

次に問題となるのは，その支払意思額をどう算出するかである。支払意思額を算出する手法として大きく2つに分かれるとされる[8]。顕示選好アプローチと表明選好アプローチである。顕示選好アプローチは人々が実際に行っている行動からその選好を見い出すことで支払意思額を算出するもので，表明選好アプローチはアンケートなどの方法により支払意思額を直接尋ねる方法である。

顕示選好アプローチの代表例としてはヘドニック賃金法がある。ヘドニック賃金法は，リスクが高い職業に従事する労働者にはそれだけ賃金の上乗せ期待があるはずであるいう仮定のもとに，どれだけの賃金上乗せがあればどれだけのリスクを受容するか（支払意思額と同価）を測るものである。しかしながら，ヘドニック賃金法を日本に適用することについては，リスクが高い職業であっても高賃金によるリスクの埋め合わせを見いだせないケースが多い。例えばクナイスナーとリースは，オーストラリア，日本，アメリカの労働市場における負傷等のリスクの高い職業とその賃金について分析し，オーストラリアが最も高く，アメリカが中位であるものの，日本においてはその埋め合わせ度合いが見られないと結論づけている（Kniesner and Leeth 1991, p. 86）。また，タチバナキとオオタは日本のある産業においては劣後する労働条件にあったとしても，高賃金で埋め合わせされてはいないという結果を導いている（Tachibanaki and Ohta 1994, p. 87）。

ヘドニック賃金法について，竹内は以下3点を挙げ，注意が必要であるとしている。①評価対象者のリスク回避度の高低によってリスクを過小評価してしまう可能性，②評価対象者の性別・年齢による影響，③評価対象者が職種選択時にリスク差を正確に認識しているか，である（竹内 2002, 232 頁）。

表明選好アプローチとして代表的なものは仮想評価法（Contingent Valuation Method）である。仮想のリスク削減事例を挙げ，それに対していくら支払う意思があるかをアンケートにより尋ねるもので，それによって確率的生命価値を算出する。クルプニックらによる死亡リスクについての調査で

198 Appendix 3 リスク削減量分析の手法と測定値の表現形式検討

は，120〜380万カナダドルという数字が出され，彼らによればそれまでの先行研究が算出した範囲に収まっているという（Krupnick et al. 2000, p. 3）。また竹内らによる死亡リスクについての調査でも，概ね先行研究例における金額と同程度の範囲に収まっているという（竹内 2002, 233-237 頁）。

表明選好アプローチの注意点として，アンケートによるものであるがゆえに，質問票の作成による回答結果の変化の可能性が指摘される。中西は，

　　アンケートの方法や市場動向解析の方法が適切ならば，支払意思額は国民の選好を表現できるため，リスク評価や政策評価に用いることはいいが，リスク回避のためには化石燃料などの資源が必要であったり，生態リスクも増大させたり，または先進国国民の健康欲求のすべてが正当なものとは限らず，途上国の人々の健康状態との比較をしながら評価するにも，どこかで国民の選好が適切かということを問いかけるきっかけや道具が必要（中西 2003a, 202 頁）

と主張し，リスク削減の際にはトレードオフを踏まえる必要性や選好の限界も指摘している。ただ，顕示選好アプローチ，表明選好アプローチどちらを採用したとしても，ビスクシによれば，確率的生命価値はある一定の幅におさまるという（Viscusi 1993, pp. 1940-1942）。

一方，確率的生命価値を用いることの限界を指摘する研究も多い。支払意思額は十分な情報が与えられていない状況での意思であること，個人によって大きく価値観が異なり，対象とするリスクの種類によって確率的生命価値の幅が一定に収束するとはいえ，大きく異なることも多い。また，確率的生命価値を算出するための WTP は，あるリスクを受け入れるのと引き換えに欲しい額を意味する WTA（willingness to accept：受取補償額）と表裏一体の関係にあるが，通常 WTA をより大きく表示する傾向にあることが様々な先行研究によって指摘されている（Horowitz and McConnell 2002, p. 426）。

さらに，WTP は当然，その回答者の所得に大きく左右されることが考えられ，結果として確率的生命価値が高く推定されれば，高所得者のリスクを軽減する方が「効率的」とされてしまう可能性がある。これは国際的に分析する際

Appendix 3 リスク削減量分析の手法と測定値の表現形式検討 *199*

にはその弊害が際立つ。岡が指摘するように，「所得水準が 30 分の 1 の国と比較するとき，確率的生命価値も 30 分の 1 に近くなる恐れがある」（岡 2007, 103 頁）。

これまで整理してきたように，確率的生命価値は費用便益分析に欠かせない金銭価値化にとって有用であることは事実でありながら，その価値を算出する方法に固有の限界がある。リスクの高い仕事でもリスクプレミアムが必ずしも見受けられないこと，WTP と WTA に差異がある実態などからも，顕示選好でも表明選好でも「選好」の限界があるという点である。

また，所得によって生命価値の金銭価値化に大きな差が生じるということは，規制によって削減されたリスク量を客観的に測定することが困難になるということである。所得レベル調整を施すことによってその差の補正ができなくもないが，数多くある手法の中でより確からしく測定できる手法を確認することがここでの目的である。したがってモデル生成に必要な 5 条件のうち，①のリスク削減の度合いを客観的な数値で示すことが適わないだけでなく，③の死にまでは至らない事故や傷病など比較的インパクトの大きくないリスク削減の価値についても，所得差により多寡が生じてしまうこととなる。

さらに，所得によって生命価値の金銭価値化に大きな差が生じる点は，とりわけリスクトレードオフが生じる時に大きな意味を持つ。対抗リスクが異なる集団に生じるリスク移転の場合，金銭価値化を経由することで，高所得者から低所得者にリスクを移転させるだけで実質的な総リスク量は不変にもかかわらず，金銭価値化された総便益を高めることができてしまう。金銭的価値によって様々な価値を同一の尺度に変換して比較する費用便益分析は，条件が類似した施策ごとの効率性を問う際には有益であるものの，本書で提示するモデルを生成するための必要な条件をクリアできないことを確認した。

金銭価値化に限界があることが確認できたので次の検討に進む。現実世界におけるマルチリスクを削減しようという営みにおいては，異なるリスクを同一の尺度で評価し，それぞれの政策や規制がそのリスクをどれだけ削減できるかが示されなければならない。そのような考え方から生まれてきたのが損失余命（Loss of Life Expectancy）であり，起きて欲しくない事象が起きた場合に失われる余命を損失余命という。損失余命の説明は岡に詳しい（岡 2003, 254-

200　Appendix 3　リスク削減量分析の手法と測定値の表現形式検討

257 頁)。

　以下，岡を引用しながら損失余命について簡単に整理する。事象が異なれば
それによって引き起こされる健康状態も異なるが，最悪の状態は死であるとの
仮定から，エンドポイントとして死をおく。死をエンドポイントとしたとき，
死亡確率は死亡が起こりうると想定する期間の長さによって意味が変わる。例
えば，2 年以内に 1 万分の 2 の確率で死亡するという状態と，5 年以内に 1 万
分の 5 の確率で死亡する状態とは，1 年当たりの死亡率はどちらも 1 万分の 1
で等価に思えるが，50 年以内に 1 万分の 50 の確率で死亡する状態と等価と思
えるだろうかと岡は提起する。1 年当たりは 1 万分の 1 で確かに同じである。
しかしながら，50 年で 1 万分の 50 という死亡確率は，50 年間に均等に分布す
るのではなく，その期間の終わりのほうに偏って生じるとみなすのが現実的で
あるとしている。これを 100 年間で 1 万分の 100 という死亡リスクが，実際に
はきわめて小さいものであることを考えるとよりはっきりするという。また，
岡は，リスクを負う人の年齢の違いも例として挙げ，0 歳の人が 50 年間に 1
万分の 50 の確率で生じる死亡と 50 歳の人が 50 年間に 1 万分の 50 の確率で生
じる死亡とを比べて明らかに前者の方が重いことを示している (岡 2003, 254-
255 頁)。

　このようなリスクの重さの違いを表現する方法が損失余命という尺度であ
る。損失余命の尺度使用において重要なこととして岡は，自然状態の死亡率に
依存することを挙げ，対象とする事象 (有害物質への暴露など) がなかった場
合に，どれだけ生きていられたかがベースとなるとし，国，地域，時代，世代
によって異なる値をとるということを示している (岡 2003, 256 頁)。

　損失余命を用いた研究は，環境リスク分野で多い。例えば中西は，発ガンリ
スクが 1 である場合と，知覚障害リスクが 1 である場合に，どちらがどれだけ
リスクの重み (深刻度) があるかが分からなければ，対応策や資源を分配する
決定ができない問題に対して，それぞれの事象による「寿命の短縮」を尺度に
用いた (中西 1995, 103-104 頁)。すなわち損失余命である。ガモウらは，化
学物質が引き起こすガンによる損失余命と非致死的影響を算出し，比較するこ
とで，異なる疾病でも同一尺度で評価できる仕組みを提案している (Gamo et
al. 1995, pp. 151-157)。

Appendix 3　リスク削減量分析の手法と測定値の表現形式検討　*201*

　また，テングスらはアメリカにおけるライフセイビングのための介入の費用対効果についてレビューし，政策領域部門ごとの CPLYS（cost per life-year saved：単位生存年延長費用）の比較結果を示した（Tengs et al. 1995, p. 371）（表26）。これは，ある1人が1年余命を損失することを回避するのにかかるコストの比較である。領域（表26では部門と表現）により，CPLYS に大きなばらつきがあることは本書で検討する領域ごとのリスク削減の度合いの違いが見出せる可能性を示唆している。

表 26　部門別 CPLYS 試算と介入のタイプ

部門	介入のタイプ			
	薬	致命傷を削減	有害物質規制	全体
ヘルスケア	$19,000（n=310）			$19,000（n=310）
住宅		$36,000（n=30）		$36,000（n=30）
交通		$56,000（n=87）		$56,000（n=87）
職業		$68,000（n=16）	$1,400,000（n=20）	$350,000（n=36）
環境			$4,200,000（n=124）	$4,200,000（n=124）
全体	$19,000（n=310）	$48,000（n=133）	$2,800,000（n=144）	$42,000（n=587）

出所：Tengs et al. (1995), p. 371.

　この損失余命指標は，死に直接影響しない事象についても死亡率に寄与するものとして加味，換算できる尺度でありながら，極度に軽度な疾病は重度な疾病に比べ，余命損失への影響感度が低くなる弱点が指摘されている（中西 2003a, 202頁：岡 2003, 257頁）。この点については，死亡数は減っているが，死亡には至らない負傷や疾病などが増えている事例[9]も踏まえると，影響感度の低さという弱点の影響が大きくなると考えられる。

　これまでに整理した損失余命の特徴から，損失余命では本書で提示するモデル生成のために必要な条件3の比較的インパクトの大きくないリスクの反映がしづらく，条件をクリアできない。また，条件4についてはCPLYSなどにより施策ごとの効率測定は可能であるものの，経済的得失や規制が存在するコストなどの質の異なるトレードオフまでを射程に入れた指標とはなっていないことから条件をクリアすることが適わないと考えられる。

Appendix 4　QOL の Q 値を求める手法

　QOL の決定手法について岡を参考に整理する（岡 2003, 257-260 頁）。QOL の決定手法としては個人の選好に基づくものと社会的政策としての判断に基づくものがある。個人の選好に基づくやり方は直接対象者に質問をして回答を得る方法で，質問のやり方により，基準的賭け法（standard gamble：SG），時間得失法（time trade-off：TTO），評点尺度法（rating scale：RS）の 3 つがある。

　基準的賭け法は，ある治療によって「確率 p で完全な健康状態になれるが，確率 1−p で死亡するとして，p の値がいくつならこの治療法を選択するかという問いに対する回答の p の値を最初の健康状態の QOL とする」（岡 2003, 258 頁）。基準的賭け法について岡は，不確実な状態での選択であることを明示して回答者に認識させることはリスク概念との適合性が高いとしながらも，死亡を含む危険な賭けのような質問は回答者にとって想像しにくいのが欠点であるという（岡 2003, 258 頁）。

　時間得失法は「現在の健康障害の状態でたとえば 20 年生きることができる場合，完全に健康な状態の何年と交換するかを聞いて，その年数と 20 との比をもって，現在の状態の QOL とする」（岡 2003, 258 頁）。時間得失法について，岡は「理解しやすく回答しやすいという利点をもつが，不確実性の下での選択の要素が入っていない」（岡 2003, 258 頁）と指摘する。

　評点尺度法は「最良の健康を 100，死亡を 0 とする目盛りをみせ，現在の健康状態がどこに位置するかを尋ねるもの」（岡 2003, 258 頁）である。これについては，回答者が直感的に理解しやすいものの，そこで得られた QOL を効果分析などに適用する場合には，「QOL そのものが間隔尺度で評価されなければならない」（日本語版 EuroQol 開発委員会 1998, 111 頁）が，それに対する感度が低いという指摘もある。岡によれば，「48 から 53 への 5 点の改善と 94 から 99 への 5 点の改善とでは，後者の方が通常重く認識されるにも拘らず，どちらも同じく 5 点として評価されてしまう」（岡 2003, 258-259 頁）という。

　これら 3 種の測定方法について，酒井らは，訪問面接調査によりそれぞれの

方法で同じ質問をし，測定方法によって数値が異なることを確認している（酒井ほか 1998, 79–93 頁）。

　次に個人の選好ではなく，社会的政策としての望ましさから測定する（Nord 1999, p. 22）方法である。ノードは，評点尺度法などは評価技術としては不十分であり，人数得失法（person trade-off）がより正しい手法であるとする（Nord 1999, p. 121）。人数得失法は，「一人の死亡を防いで完全な健康状態におくという政策と，x 人をある不健康な状態から健康な状態に快復させるという政策とを等価にする x の値を問う」（岡 2003, 259 頁）ものである。人数得失法については「回答者の個人的選好ではなく，社会的な選好を計測することができるため，医療資源配分のケースでは一般市民を回答者として人数得失法を採用することが好ましい」（土屋 1996, 69 頁）という意見もある。

Appendix 5　QALY の算出方法

　QALY を解説した小笠原（2007, 791–795 頁）を参照しながら，確認する。

　結核で入院している状況（Q 値 0.6）が 4 年続いた場合と，中程度の狭心症（Q 値 0.5）が 5 年続いた場合のどちらがその生活に影響を及ぼす年数として大きいかを計算してみる。前者の結核の場合，損失 QALY は（1−0.6）×4（年数）=1.6 となる。この値は全く健康な状態（Q 値 1）に換算して 1.6 年間に相当する。後者の狭心症の場合，損失 QALY は（1−0.5）×5（年数）=2.5 となる（小笠原 2007, 793 頁）。

　両者の比較からは中程度の狭心症の方が QALY 換算で 0.9QALY 分影響が大きいということができる。また，小笠原は図 24 のように生体肝移植も例に出して計算式を提示している。

　生体肝移植を実施しなかった場合，移植前の Q 値 0.69 が 2 年間続くと予想され，QALY は 0.69×2=1.38 となる。一方，移植を実施した場合，Q 値の変化とそれに対応する期間で形成される台形の面積を求めると QALY は，$\{(0.69+0.84)×0.25\}÷2+\{(0.84+0.91)×0.25\}÷2+\{(0.91+0.92)×0.5\}÷2+\{(0.92+1)×1.0\}÷2=1.83$ となる。移植の有無による QALY の差は 1.83−1.38=0.45 となる。この比較は，移植後 2 年間という短い期間のみを考慮した場合である

図24 生体肝移植 QALY

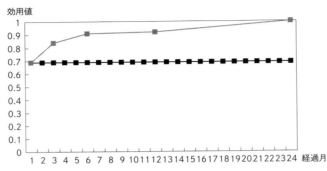

出所:小笠原 (2007), 793頁。

が,増加した QALY は 0.45 であり,全く健康な状態の半年弱分に相当する価値があるといえる (小笠原 2007, 793頁)。

注

1 それぞれ方式の詳細は様々な先行研究によって整理されており,比較的初期に簡潔かつ理解しやすくまとめたものとして,田辺 (2002), 37-54頁。
2 定量的手法への傾注の経緯については山谷 (2012, 129-152頁) に詳しい。
3 様々な論者による指摘があるが,田中は評価制度が良好に機能していない現状認識から,それを解決する方法を論じている (田中 2015, 14-27頁)。
4 評価疲れについては様々な指摘がなされているが,その課題解決を直接扱ったもの (今井 2011, 14-24頁),自治体へのアンケート調査をもとに実態を明らかにしたもの (三菱総合研究所 2009)等がある。
5 また山本は EBPM の概要をまとめている (山本 2018b, 217-230頁)。
6 政府サービスの生産性向上について分析したダンレビーらは,政府サービスの生産性測定についての根本的な困難として,政府各省庁の多くの異なる生産物,サービスに対する価格に相当するものを有していないことを挙げている (Dunleavy and Carrera 2013, p. 2)。
7 確率的生命価値を用いた費用便益分析を扱った日本語での主な先行研究として岡 (2002, 31-42頁),古川・磯崎 (2004, 53-65頁)。上記諸研究も指摘するとおり,Viscusi (1993, pp. 1912-1946) など,米英での研究は量的に多い。
8 以下の文献に詳しい。Viscusi (1993),岡 (1999),竹内 (2002)。
9 例えば岸本は,自動車事故死者数 (事故後24時間以内) が1992年には人口10万人当たり9.2人から1996年には人口10万人当たり7.9人にまで下がった一方,負傷者数は1992年10万人当たり678人から1995年には742人に増加したことをもって,死者数だけの観点では全体としてのリスク削減には貢献できないとしている (岸本 1998, 98頁)。

参考文献

〈邦語文献〉

縣公一郎（2006）「日独テレコム規制の展開と展望」寄本勝美・辻隆夫・縣公一郎編『行政の未来』成文堂。

秋吉貴雄（2007）『公共政策の変容と政策科学—日米航空輸送産業における2つの規制改革』有斐閣。

秋吉貴雄（2012）「政策分析としての政策評価の再構築：公共政策学の観点から」『評価クォータリー』No. 23。

阿部彩（2017）「貧困とQOL—貧困と生活の質の関連とは」猪口孝監修『QOLと現代社会』明石書店。

石井寛一（2011）「ICAO CAEP の動向—WG2」『航空環境研究』No. 15。

伊藤隆敏（2003）「航空業の競争政策（中）」『経済セミナー』通巻582号。

稲垣秀夫（2012）「2011年度JALグループ決算を読む」JAMRレポート。

今井志乃ぶ・堀口裕正・伏見清秀（2017）「レセプトデータの処方履歴を用いた死亡予測モデルの開発と妥当性検証」『医療と社会』27巻2号。

今井照（2011）「政策過程の変容と評価」『評価クォータリー』No. 19。

井堀利宏（2005）『ゼミナール公共経済学入門』日本経済新聞社。

ANA総合研究所編著（2008）『航空産業入門』東洋経済新報社。

NAA（成田空港株式会社）「容量拡大（30万回）に伴う住宅防音工事のご案内」（2011年4月）。

大日康史（2003）「QALYあたりの社会負担の上限に関する調査研究」『医療と社会』第13巻第3号。

大日康史・菅原民枝（2005）「医療・公衆衛生政策における費用対効果分析とその応用」『フィナンシャル・レビュー』第77号。

大島英幹他（2009）「国際航空路線開設自由化の地域内総生産・炭素排出量への影響分析」『運輸政策研究』Vol. 12, No. 2。

大竹英雄（2011）「環境問題に関するIATAの最新動向」『航空環境研究』No. 15。

大竹文雄・白石小百合・筒井義郎編著（2010）『日本の幸福度』日本評論社。

大谷悟・佐渡周子・今野水己・土谷和之・牧浩太郎（2013）「主要先進国等の公共事業評価に適用される社会的割引率」『土木計画学研究』69巻5号。

大西淳也・福元渉（2016）「KPIについての論点の整理」PRI discussion paper series（No. 16A-04）。

大山耕輔（1996）『行政指導の政治経済学』有斐閣。

大山耕輔（2002）「政策実施と行政手段」福田耕治・真渕勝・縣公一郎編『行政の新展開』法律文化社。

小笠原克彦（2007）「費用効用分析とQOL」『日本放射線技術学会雑誌』第63巻第7号。

岡敏弘（1999）『環境政策論』岩波書店。

岡敏弘（2002）「政策評価における費用便益分析の意義と限界」『会計検査研究』No. 25。

岡敏弘（2003）「健康影響の指標」中西準子他編『環境リスクマネジメントハンドブック』朝倉書店。

岡敏弘（2007）「環境リスク削減とその経済的影響」橘木俊詔編『経済からみたリスク』岩波書店。

岡本全勝（2013）「東日本大震災からの復興—試される政府の能力—」日本行政学会編『年報行政研

究 48』ぎょうせい。

小塩隆士 (2005)『社会保障の経済学』日本評論社。

影山隆之 (2009)「睡眠に対する環境騒音の影響」『航空環境研究』No. 13。

風間規男 (2004)『防災政策ネットワークの研究：ガバナンス時代のリスク管理』早稲田大学政治学博士学位申請論文。

片岡寛光 (1990)『国民と行政』早稲田大学出版部。

片岡寛光 (2002)『公共の哲学』早稲田大学出版部。

金本良嗣 (2004)「消費者余剰アプローチによる政策評価」RIETI Discussion Paper Series 04-J-042，独立行政法人経済産業研究所。

河内啓二 (2010)「騒音研究の最前線」『航空環境研究』No. 14。

川口満 (2000)『現代航空政策論』成山堂書店。

河越真帆 (2011)「航空自由化と政策アイディア―EC における「規制緩和なき自由化」アイディアの受容過程―」『法学研究』84 巻第 1 号。

川原英一 (2002)「航空保安の国際ルール強化に向けた最近の動向」『外務省調査月報』No. 2。

岸本充生 (1998)「非死亡リスクを組み入れた費用効果分析 (1)」『経済論集』第 161 巻第 5・6 号。

岸本充生 (2008)「異なる種類のリスク比較を可能にする評価戦略―質調整生存年数を用いたトルエンの詳細リスク評価―」『Synthesiology』Vol. 1, No. 1。

岸本充生 (2018)「リスクを巡る意思決定とレギュラトリーサイエンス」『Journal of Life Cycle Assessment』Vol. 14, No. 4。

規制改革会議「第 61 回規制改革会議議事録」(2016 年 4 月 19 日)。

規制の政策評価に関する研究会「最終報告」(2007 年 9 月 26 日)。

規制評価ワーキング・グループ「規制に係る政策評価の改善方策 (平成 27 年度中間取りまとめ) (案)」(2016 年 2 月)。

行政管理研究センター (2004)『規制評価のフロンティア：海外における規制影響分析 (RIA) の動向』行政管理研究センター。

金貝 (2012)「政策決定における専門家集団の役割―英国の医療専門家集団 NICE の事例から―」『年報行政研究』第 47 巻。

「航空機内で行われた犯罪その他のある種の行為に関する条約」(Convention on Offences and Certain Other Acts Committed on Board Aircraft)。

「航空機の不法奪取の防止に関する条約」(Convention for the Suppression of Unlawful Seizure of Aircraft)。

厚生労働省 (2021)「ICMRA 活動と今後の開発・評価について」

国際組織犯罪等・国際テロ対策推進本部 (2004)「スカイ・マーシャルの実施について」。

国税庁長官官房企画課 (2013)「平成 24 年分民間給与実態統計調査」。

国土交通省「規制の事前評価書」(平成 27 年 7 月 13 日実施)。

国土交通省航空局「平成 21 年度航空旅客動態調査」。

国土交通省航空局空港部環境・地域振興課 (2010)「業績指標 152　航空機騒音に係る環境基準の屋内達成率」。

国土交通省政策統括官 (政策評価)「規制の事前評価 (RIA) に関する国土交通省政策評価実施要領」(平成 28 年 4 月)。

後藤恭一・金子哲也 (2011)「航空機騒音による睡眠影響」『航空環境研究』No. 15。

斉藤誠 (2008)「リスク認知の"歪み"が突きつける重大な政策課題」『書斎の窓』2008 年 10 月号。

坂井昭弘（1992）「平等感情と正義」伊藤勝彦・坂井昭宏共編『情念の哲学』東信堂。

酒井郁郎，福田敬他（1998）「異なる健康状態測定法による評価値の関連」『医療と社会』Vol. 8, No. 1。

坂本昭雄・三好晋（1999）『新国際航空法』有信堂高文社。

佐藤治正（1990）「競争の成果と規制の根拠」林敏彦編『公益事業と規制緩和』東洋経済新報社。

澤田康幸・上田路子・松林哲也（2013）『自殺のない社会へ：経済学・政治学からのエビデンスに基づくアプローチ』有斐閣。

ジェソップ，ボブ著／櫻井純理・高嶋正晴・篠田武司訳（1997）「国民国家の将来：政治の脱国家化および市民社会の統合化に対する諸限界」『立命館産業社会論集』第 32 巻第 4 号。

塩見英治（1996）「米国における航空規制政策の展開と競争への影響」『経済学論纂』第 36 巻第 5・6 合併号。

篠原直明他（2010）「航空機騒音の測定・評価について」『航空環境研究』No. 14。

城山英明編（2015）『福島原発事故と複合リスク・ガバナンス』東洋経済新報社。

須網隆夫（2003）「航空輸送市場における企業結合規制」『法律時報』75 巻 1 号。

住谷泰人・小瀬木滋・白川昌之（2007）「RA レポートに基づく ACAS II のアルゴリズムバージョン 7 の改訂効果」『電子航法研究所報告』No. 116。

政策評価審議会（2021）「政策評価審議会提言」（令和 3 年 3 月）。

政策評価審議会政策評価制度部会委員懇談会（2016 年 1 月 19 日開催）議事録。

政策評価審議会政策評価制度部会委員懇談会（2016 年 1 月 19 日開催）資料 1。

関口雅夫（1989）「第二次大戦後の国際民間航空についての経済規制の枠組」『政治学論集』第 23 号。

関口雅夫・工藤聡一（2007a）「航空法の基礎概念」藤田勝利編『新航空法講義』信山社出版。

関口雅夫・工藤聡一（2007b）「国際航空法の史的展開」藤田勝利編『新航空法講義』信山社出版。

総務省「政策評価制度に関する見直しの方向性」（2005 年 6 月 17 日）。

総務省（2012a）「政策評価等の実施状況及びこれらの結果の政策への反映状況に関する報告」。

総務省（2012b）「目標管理型の政策評価の改善方策の概要」。

総務省「政策評価の点検結果―評価の実効性の向上に向けて―」（平成 22 年 3 月版）。

総務省行政評価局「政策評価 Q&A」（平成 27 年 5 月版）。

総務省行政評価局（2015）「目標管理型の政策評価の点検結果」。

総務省行政評価局政策評価課「規制に係る政策評価の事務参考マニュアル【原単位データ等資料】」（2017 年 7 月）。

総務庁編（2000）『規制緩和白書（2000 年版）』大蔵省印刷局。

曽我謙悟（2016）「行政：東日本大震災に対する中央府省の対応」辻中豊編『政治過程と政策』東洋経済新報社。

田浦元（2001）「わが国の航空規制緩和政策の非競争性」『企業環境研究年報』No. 6。

高橋望（1993）「航空規制緩和と安全性」『関西大学商学論集』第 38 巻第 3・4 号合併号。

高橋望（1999）『米国航空規制緩和をめぐる諸議論の展開』白桃書房。

高松淳也（2010）「民営化，規制緩和がもたらす政治過程の変化―イギリスの民間航空政策を事例として―」『名城法学』第 60 巻別冊。

竹内憲司（2002）「生と死の経済学」『会計検査研究』No. 26。

竹内憲司（2003）「費用便益分析」中西準子他編『環境リスクマネジメントハンドブック』朝倉書店。

竹内靖雄（1981）『日本型市場社会の知恵』日本経済新聞社。

田崎美弥子・中根允文（2007）『WHO QOL26 手引　改訂版』金子書房。

橘木俊詔（2002）『安心の経済学：ライフサイクルのリスクにどう対処するか』岩波書店。

208 参考文献

田中啓（2015）「有効に機能する評価—現状の問題点を解決する方法—」『評価クォータリー』No. 32。

田辺国昭（2006）「政策評価制度の運用実態とその影響」『レヴァイアサン』38巻。

田辺智子（2002）「政策評価の手法—アメリカの評価理論と実践をもとに—」『季刊行政管理研究』No. 97

谷藤悦史（2000）「現代行政の危機認知と組織対応」中邨章編著『行政の危機管理システム』中央法規出版。

谷藤悦史（2009）「政策評価制度の現状と課題—イギリスとの比較のなかで」『評価クォータリー』No. 9。

谷藤悦史（2012）「政策評価制度を再評価する—10年目の課題」『評価クォータリー』No. 22。

谷みろく他（2010）「成田国際空港における航空機騒音の推移と現状」『航空環境研究』No. 14。

中条潮（2000）「運輸・交通の規制改革」『社会的規制の経済分析』日本経済新聞社。

通商産業省大臣官房政策評価広報課（1999）「政策評価の現状と課題〜新たな行政システムを目指して〜」。

塚本壽雄（2005）「政策評価の現状と課題」北川正恭・縣公一郎・総合研究開発機構編『政策研究のメソドロジー』法律文化社。

土屋有紀（1996）「費用効果分析による医療資源配分について」『経済論集』第157巻第2号。

手塚洋輔（2010）『戦後行政の構造とディレンマ』藤原書店。

東京海上日動リスクコンサルティング（2004）『リスクマネジメントがよくわかる本』秀和システム。

戸崎肇（1995）『航空の規制緩和』勁草書房。

戸崎肇（1997）「地域振興と航空—それをとりまく環境の変化」『地域開発』1997年6月号。

土井由利子（2004）「総論—QOLの概念とQOL研究の重要性」『保健医療科学』第53巻3号。

内閣府政策統括官（2001）「近年の規制改革の経済効果—生産性の分析」政策効果分析レポートNo. 6。

内閣府政策統括官（2010）「規制・制度改革の経済効果」政策課題分析シリーズ6。

中泉拓也（2004）「海外現地調査を踏まえた規制影響分析手法及び経済的規制の評価に関するポイント」行政管理研究センター『規制評価のフロンティア：海外における規制影響分析（RIA）の動向』行政管理研究センター。

中川淳司（2002）「経済規制の国際的調和」『社会科学研究』第53巻第4号。

長田泰公（1989）「騒音のうるささ」『騒音制御』第13巻第4号。

永田祐卓（2002）「米国における航空規制緩和」『法学研究』75巻2号。

中西準子（1995）『環境リスク論』岩波書店。

中西準子（2003a）「環境リスク評価の必要性」吉田文和，北畠能房編『環境の評価とマネジメント』岩波書店。

中西準子（2003b）「序論」中西準子他編『環境リスクマネジメントハンドブック』朝倉書店。

中西仁美・土井健司（2003）「QOLに関する概念整理—政策評価やベンチマークシステムとの関連性から—」土木計画学研究・講演集。

中邨章編著（2000）『行政の危機管理システム』中央法規出版。

中邨章編（2005）『危機管理と行政』ぎょうせい。

中山竜一（2007）「リスクと法」橘木俊詔他編『リスク学とは何か』岩波書店。

南島和久（2002）「NPMの展開とその帰結」『日本評価研究』9巻3号。

南島和久（2015）「政策評価の概念とそのアポリア—分析・評価・測定をめぐる混乱—」『評価クォータリー』No. 33。

成田空港周辺地域共生財団（2011）「平成 22 年度事業報告書」。

新川達郎（2002）「NPM 型行政改革に関する一考察」『同志社法学』54 巻 4 号。

新川達郎（2011）「評価の普遍化と普遍性のある評価」『評価クォータリー』No. 19。

西尾隆（2011）「異次元からの評価と対話」『評価クォータリー』No. 17。

「国土交通省航空会社に不適切通達」『日本経済新聞』2012 年 11 月 25 日付朝刊。

「成田午前 0 時まで離着陸条件付き延長」『日本経済新聞』2013 年 3 月 30 日付朝刊。

日本航空機開発協会「平成 20 年度版民間航空機関連データ集」。

日本航空機開発協会「平成 29 年度版民間航空機関連データ集」。

日本語版 EuroQol 開発委員会（1998）「日本語版 EuroQol の開発」『医療と社会』Vol. 8, No. 1。

日本リスク研究学会（2006）『リスク学事典』阪急コミュニケーションズ。

橋本英樹（1998）「医療技術・保健政策の経済的評価の理論的背景に関する文献的考察」『医療と社会』
　　　Vol. 8, No. 1。

長谷川通（1997）『エアライン・エコノミクス』中央書院。

深谷健（2012）『規制緩和と市場構造の変化：航空・石油・通信セクターにおける均衡経路の比較分析』
　　　日本評論社。

深谷健（2018）「目標管理型政策評価に資するロジックモデル構築の可能性—各府省庁による「政策
　　　評価の事前分析表」の比較分析—」『評価クォータリー』No. 44。

福田敬・白岩健・池田俊也・五十嵐中ほか（2013）「医療経済評価研究における分析手法に関するガ
　　　イドライン」『保険医療科学』Vol. 62, No. 6。

古川俊一・磯崎肇（2004）「統計的生命価値と規制政策評価」『日本評価研究』第 4 巻第 1 号。

ベック，ウルリッヒ著／東廉監訳（1988）『危険社会』二期出版。

毎熊浩一（2001）「NPM のパラドックス？—「規制国家」現象と「触媒政府」の本質—」日本行政
　　　学会編『年報行政研究 36』ぎょうせい。

前田健太郎（2014）『市民を雇わない国家：日本が公務員の少ない国へと至った道』東京大学出版会。

前田展弘（2009）「QOL 研究の潮流と展望」『ニッセイ基礎研レポート』。

増井健一・山内弘隆（1990）『航空輸送』晃洋書房。

益永茂樹（2007）「リスク評価—選択の基準」益永茂樹編『科学技術からみたリスク』岩波書店。

松並潤（1996）「民営化・規制緩和の日英比較—航空業を例として—」『大阪学院大学法学研究』第
　　　22 巻第 1・2 号。

松橋啓介・森口祐一・寺園淳・田辺潔（2000）「問題領域と保護対象に基づく環境影響総合評価の枠
　　　組み」『環境科学会誌』第 13 巻第 3 号。

三菱総合研究所（2009）「地方自治体における行政評価への取り組みに関する実態調査」。

宮脇淳（2018）「エビデンスによる政策形成と評価」『評価クォータリー』No. 44。

「民間航空の安全に対する不法な行為の防止に関する条約」（Convention for the Suppression of
　　　Unlawful Acts against the Safety of Civil Aviation）。

村上裕一（2016）『技術基準と官僚制』岩波書店。

本川洋之助（2002）「航空機内迷惑行為の現状と防止対策について」『国際交通安全学会誌』Vol. 27,
　　　No. 3。

森田朗（1988）『許認可行政と官僚制』岩波書店。

森田朗（2013）「東日本大震災の教訓と市民社会の安全確保」日本行政学会（編）『年報行政研究
　　　48』ぎょうせい。

八代尚宏（2000）「社会的規制はなぜ必要か」『社会的規制の経済分析』日本経済新聞社。

210　参考文献

柳澤裕司（2011）「ICAO CAEP の動向—WG1」『航空環境研究』No. 15。

山口茂彦（2011）「ICAO CAEP の動向—国際航空と気候変動」『航空環境研究』No. 15。

山本清（2018a）「EBPM の推進と必要な人材」『評価クォータリー』No. 46。

山本清（2018b）「「証拠に基づく政策立案」の課題と展望」『大学経営政策研究』第 8 号。

山本哲三編著（2009）『規制影響分析入門』NTT 出版。

山谷清志（2012）『政策評価』ミネルヴァ書房。

吉田茂・高橋望（2002）『国際交通論』世界思想社。

李恩民（2000）「中日航空交渉の政治過程」『宇都宮大学国際学部研究論集』10 号。

笠京子（2002）「歴史的新制度論と行政改革」『季刊行政管理研究』No. 98。

渡辺浩明（2000）「ニュー・ポリティクスとポスト福祉国家の社会福祉」賀来健輔・丸山仁編『ニュー・ポリティクスの政治学』ミネルヴァ書房。

〈英語文献〉

Airoldi, Mara (2007), "Gains in QALYs vs DALYs averted: the troubling implications of using residual life expectancy," LSE Health Working Papers.

Allan, John (2006), "A Heuristic Risk Assessment Technique for Birdstrike Management at Airports," *Risk Analysis*, Vol. 26, No. 3.

Atkinson, Anthony B. (1995), *Incomes and the Welfare State: Essays on Britain and Europe*, Cambridge University Press.［丸山浴史訳（2001）『アトキンソン教授の福祉国家論』晃洋書房］

Atkinson, Anthony B. (1999), *The Economic Consequences of Rolling Back the Welfare State*, MIT Press.

Baumol, William J., John C. Panzar and Robert D. Willig (1982), *Contestable Markets and the Theory of Industry Structure*, Harcourt Brace Jovanovich.

Behn, Robert D. (2003), "Why Measure Performance? Different Purposes Require Different Measures," *Public Administration Review*, Vol. 63, No. 5.

Benson, Tim (2017), "The Load Model: an alternative to QALY," *Journal of Medical Economics*, Vol. 20, No. 2.

Bernstein, Marver H. (1967), *Regulating Business by Independent Commission*, Princeton University Press.

Boadway, Robin (2006), "PRINCIPLES OF COST-BENEFIT ANALYSIS," *Public Policy Review*, Vol. 2, No. 1.［別所俊一郎訳（2005）「費用便益分析の原理」『フィナンシャル・レビュー』第 3 号］

Boardman, Anthony, David Greenberg, Aidan Vining and David Weimer (2001), *Cost-benefit Analysis: Concepts and Practice*, Prentice Hall.［岸本光永・出口亨・小滝日出彦・阿部俊彦訳（2004）『費用・便益分析—公共プロジェクトの評価手法の理論と実践』ピアソンエデュケーション］

Boeing (2012), *Statistical Summary of Commercial Jet Airplane Accidents Worldwide Operations 1959-2011.*

Boeing (2020), *Statistical Summary of Commercial Jet Airplane Accidents Worldwide Operations 1959-2019.*

Bok, Derek (2010), *The Politics of Happiness: What Government Can Learn from the New Research on Well-Being*, Princeton University Press.［土屋直樹他訳（2011）『幸福の研究』東洋経済新報社］

Brazier, John and Aki Tsuchiya (2015), "Improving Cross-Sector Comparisons: Going Beyond the Health-Related QALY," *Applied Health Economics and Health Policy*, Vol. 13.

Brown, Gerald G. and Louis Anthony (Tony) Cox, Jr. (2011), "How Probabilistic Risk Assessment Can Mislead Terrorism Risk Analysts," *Risk Analysis*, Vol. 31, No. 2.

Carter, Neil and Patricia Greer (1993), "Evaluating agencies: Next steps and performance indicators," *Public Administration*, Vol. 71, Issue 1.

Charnley, Gail and Donald Elliott (2002), "Democratization of Risk Analysis," in Dennis J. Paustenbach (ed.), *Human and Ecological Risk Assessment: Theory and Practice*, John Wiley & Sons.

Chung, Kevin C., Madonna R. Walters, Mary Lou V. H. Greenfield and Michael E. Chernew (1998), "Endoscopic versus Open Carpal Tunnel Release: A Cost-Effectiveness Analysis," *Plastic and Reconstructive Surgery*, Vol. 102.

Civil Aviation Policy (2003), Consultation for the proposal to amend the air navigation order 2000 to require the carriage of airborne collision avoidance system II by civil fixed-wing turbine-powered aircraft having a maximum approved passenger seating configuration of more than 19.

Claxton, Karl, Mike Paulden, Hugh Gravelle, Werner Brouwer and Anthony J. Culyer (2011), "Discounting and decision making in the economic evaluation of health-care technologies," *Health Economics*, Vol. 20, Issue 1.

Cobb, Roger W. and David M. Primo (2003), *The Plane Truth: Airline Crashes, the Media, and Transportation Policy*, Brookings Institution Press.

Conway, Paul, Veronique Janod and Giuseppe Nicoletti (2005), Product Market Regulation in OECD Countries: 1998 to 2003, OECD Economics Department Working Papers, No. 419.

Comfort, Louise K. (2002), "Rethinking Security: Organizational Fragility in Extreme Events," *Public Administration Review*, Vol. 62.

Cram, Peter, Sandeep Vijan, Alex Wolbrink and A. Mark Fendrick (2003), "The Impact of Including Passive Benefits in Cost-Effectiveness Analysis: The Case of Automated External Defibrillators on Commercial Aircraft," *Value in Health*, Vol. 6, No. 4.

Cropper, Maureen L., Sema K. Aydede and Paul R. Portney (1992), "Rates of Time Preference for Saving Lives," *The American Economic Review*, Vol. 82, No. 2.

Custer, Brian, Michael P. Busch, Anthony A. Marfin and Lyle R. Petersen (2005), "The Cost-Effectiveness of Screening the U.S. Blood Supply for West Nile Virus," *Annals Internal Medicine*, Vol. 143, No. 7.

Dalziel, Kim, Leonie Segal and Duncan Mortimer (2008), "Review of Australian health economic evaluation – 245 interventions: what can we say about cost effectiveness?," *Cost Effectiveness and Resource Allocation*, Vol. 6, article No. 9.

Davidson, Thomas, Barbro Krevers and Lars-Ake Levin (2008), "In pursuit of QALY weights for relatives: empirical estimates in relatives caring for older people," *The European Journal of Health Economics*, Vol. 9, Issue 3.

Dempsey, Paul Stephen and Andrew R. Goetz (1992), *Airline Deregulation and Laissez-faire Mythology*, Quorum Books.

Devlin, Nancy and David Parkin (2004), "Does NICE have a cost-effectiveness threshold and what

212 参考文献

other factors influence its decisions? A binary choice analysis," *Health Economics*, Vol. 13, No. 5.

Drezner, Daniel W. (2005), "Globalization, Coercion, and Competition: The Competing Pathways to Policy Convergence," *Journal of European Public Policy*, Vol. 12, No. 5.

Dunleavy, Patrick and Leandro Carrera (2013), *Growing the Productivity of Government Services*, Edward Elgar.

Eggert, James R., Bradley R. Howes, Maria Picardi Kuffner, Harald Wilhelmsen and D. Jonathan Bernays (2006), "Operational Evaluation of Runway Status Lights," *Lincoln Laboratory Journal*, Vol. 16, No. 1.

Esping-Andersen, Gøsta (1999), *Social Foundations of Postindustrial Economies*, Oxford University Press. [渡辺雅男・渡辺景子訳 (2000)『ポスト工業経済の社会的基礎—市場・福祉国家・家族の政治経済学』桜井書店]

EUROCONTROL ATC Operations & Systems Division (2010), *Collision Risk Due to TCAS Safety Issues*.

European Environment Agency (2010), "Good practice guide on noise exposure and potential health effects," *EEA Technical Report*, No. 11.

Evans, Peter B., Dietrich Rueschemeyer and Theda Skocpol (eds.) (1985), *Bringing the State Back in*, Cambridge University Press.

Executive Order 13563, Improving Regulation and Regulatory Review. (January 18, 2011)

Executive Order 13610, Identifying and Reducing Regulatory Burdens. (May 10, 2012)

Ezell, Barry Charles, Steven P. Bennett, Detlof von Winterfeldt, John Sokolowski and Andrew J. Collins (2010), "Probabilistic Risk Analysis and Terrorism Risk," *Risk Analysis*, Vol. 30, No. 4.

FAA (2002), FAA sets new standards for cockpit doors. Federal aviation administration office of public affairs press release, January 11, 2002.

FAA (2003), Airlines Meet FAA's Hardened Cockpit Door Deadline. Federal aviation administration office of public affairs press release, April 9, 2003.

Fleming, Gregg et al. (2007), "Trends in Global Aviation Noise and Emissions from Commercial Aviation for 2000 to 2025," 7th USA/Europe Air Traffic Management R&D Seminar Barcelona.

Fox-Rushby, J. A. and K. Hanson (2001), "Calculating and presenting disability adjusted life years (DALYs), in cost-effectiveness analysis," *Health Policy and Planing*, Vol. 16, No. 3.

Frey, Bruno S. (2008), *Happiness: A Revolution in Economics*, MIT Press. [白石小百合訳 (2012)『幸福度をはかる経済学』NTT 出版]

Friedman, Howard Steven (2020), *Ultimate Price: The Value We Place on Life*, University of California Press.

Friedman, Milton (1982), *Capitalism and Freedom*, University of Chicago Press.[村井章子訳 (2008)『資本主義と自由』日経 BP 社]

Gamo, Masashi, Toshihiro Oka and Junko Nakanishi (1995), "A Method Evaluating Population Risks from Chemical Exposure: A Case Study Concerning Prohibition of Chlordane Use in Japan," *Regulatory Toxicology and Pharmacology*, Vol. 21, No. 1.

Garrick, B. John (2004), "Comments on CAPPS II: The Foundation of Aviation Security?," *Risk Analysis*, Vol. 24, No. 4.

George, Bethan, Anthony Harris and Andrew Mitchell BPharm (2001), "Cost-effectiveness analysis and the consistency of decision making: evidence from pharmaceutical reimbursement in australia (1991 to 1996)," *Pharmacoeconomics*, Vol. 19, No. 11.

German Advisory Council on Global Change (WBGU) (2000), World in Transition: Strategies for Managing Global Environmental Risks, Annual Report 1998, Springer.

Giddens, Anthony (1999), *The Third Way: The Renewal of Social Democracy*, Polity. [佐和隆光訳 (1999)『第三の道：効率と公正の新たな同盟』日本経済新聞社]

Gold, Marthe R., David Stevenson and Dennis G. Fryback (2002), "HALYS AND QALYS AND DALYS, OH MY: Similarities and Differences in Summary Measures of Population Health," *Annual Review of Public Health*, Vol. 23.

Goodin, Robert E. and Julian Le Grand (1987), *Not Only the Poor: The Middle Classes and the Welfare State*, Allen & Unwin.

Graham, John D. and Jonathan B. Wiener (eds.) (1995), *Risk Versus Risk: Tradeoffs in Protecting Health and the Environment*, Harvard University Press. [菅原努監訳 (1998)『リスク対リスク』昭和堂]

Groeneveld, Peter W., Jeanne L. Kwong, Yueyi Liu, Adam J. Rodriguez, Michael P. Jones, Gillian D. Sanders and Alan M. Garber (2001), "Cost-effectiveness of Automated External Defibrillators on Airlines," *Journal of American Medical Association*, Vol. 286, No. 12.

Gwartney, James D. and Richard L. Stroup (1995), *Economics: Private and Public Choice*, Dryden Press.

Hammitt, James K. (2002), "QALYs versus WTP," *Risk Analysis*, Vol. 22, No. 5.

Harris, John (1987), "QALYfying the value of life," *Journal of Medical Ethics*, Vol. 13, No. 3.

Harris, John (2005), "It's not NICE to discriminate," *Journal of Medical Ethics*, Vol. 31.

Harsanyi, John C. (1975), "Can the Maximin Principle Serve as a Basis for Morality? A Critique of John Rawls's Theory," *The American Political Science Review*, Vol. 69, No. 2.

Hayek, Friedrich A. (1979), *Law, Legislation and Liberty: The Political Order of a Free People v. 3: A New Statement of the Liberal Principles of Justice and Political Economy*, Routledge & Kegan Paul PLC. [渡部茂訳 (1988)『ハイエク全集第十巻　法と立法と自由Ⅲ　自由人の政治的秩序』春秋社]

Health and Safety Executive (2001), *Reducing Risks, Protecting People: HSE's Decision Making Process*, HSE Books.

Hermann, Charles F. (ed.) (1972), *International Crises: Insights from Behavioral Research*, Free Press.

Hollander, Augustinus E. M. de, Johan M. Melse, Erik Lebret and Pieter G. N. Kramers (1999), "An Aggregate Public Health Indicator to Represent the Impact of Multiple Environmental Exposures," *Epidemiology*, Vol. 10, No. 5.

Hood, Christopher C. (1976), *The Limits of Administration*, John Wiley & Sons.

Hood, Christopher (1991), "A Public Management for All Seasons?," *Public Administration*, Vol. 69, Issue 1.

Horowitz, John K. and Kenneth E. McConnell (2002), "A review of WTA/WTP studies," *Journal of Enviromental Econconomics Management*, Vol. 44.

Horowitz, John K. and Richard Carson (1990), "Discounting Statistical Lives," *Journal of Risk and Uncertainty*, Vol. 3, No. 4.

ICAO (2020a), Annex 1 to the Convention on International Civil Aviation 13th Edition -Personnel Licensing.

ICAO (2020b), Annex 13 to the Convention on International Civil Aviation 12th Edition -Aircraft Accident And Incident Investigation.

ICAO (2016), Annex 19 to the Convention on International Civil Aviation 2nd Edition -Safety Management.

Jenkins, Darryl (2002), "Airport Security," in Alasdair Roberts (ed.), *Governance & Public Security*, Syracuse University.

Jia, Haomiao and Erica I. Lubetkin (2016), "Impact of nine chronic conditions for US adults aged 65 years and older: an application of a hybrid estimator of quality-adjusted life years throughout remainder of lifetime," *Quality of Life Research*, Vol. 25.

Jiao, Boshen, Zafar Zafari, Brian Will, Shukai Li and Peter Muennig (2017), "The Cost-Effectiveness of Lowering Permissible Noise Levels Around U.S. Airports," *International Journal of Environmental Research and Public Health*, Vol. 14, No. 12, 1497.

Joint Economic Committee United States Congress (2002), *The Economic Costs of Terrorism*.

Kahneman, Daniel and Amos Tversky (1979), "Prospect Theory: An Analysis of Decision under Risk," *Econometrica*, Vol. 47, No. 2.

Kamarck, Elaine Ciulla (2002), "The end of government as we know it," in John D. Donahue and Joseph S. Nye Jr. (eds.), *Market-based Governance: Supply Side, Demand Side, Upside, and Downside*, Brookings Institution Press.

Kahn, Alfred E. (1988), "Surprises of Airline Deregulation," *American Economic Review*, Vol. 78, No. 2.

Kaysen, Carl and Donald F. Turner (1965), *Antitrust Policy: An Economic and Legal Analysis*, Harvard University Press.

Kee, James Edwin and John Shannon (1992), "The Crisis and Anticrisis Dynamics: Rebalancing the American Federal System," *Public Administration Review*, Vol. 52, No. 4.

Khandwalla, Pradip N. (1999), *Revitalizing the State: A Menu of Options*, Sage Publications.

Kim, Jane J. and Sue J. Goldie (2009), "Cost effectiveness analysis of including boys in a human papillomavirus vaccination programme in the United States," *British Medical Journal*, Vol. 339.

Kirwan, Barry, Andrew Hale and Andrew Hopkins (2002), "Insights into safety regulation," in Barry Kirwan, Andrew Hale and Andrew Hopkins (eds.), *Changing Regulation: Controlling Risks in Society*, Pergamon.

Kishimoto, Atsuo, Toshihiro Oka and Junko Nakanishi (2003), "The cost-effectiveness of life-saving interventions in Japan. Do chemical regulations cost too much?," *Chemosphere*, Vol. 53, No. 4.

Kniesner, Thomas J. and John D. Leeth (1991), "Compensating wage differentials for fatal injury risk in Australia, Japan, and the United States," *Journal of Risk and Uncertainty*, Vol. 4, No. 1.

Krueger, Alan B. (2007), *What Makes a Terrorist: Economics and the Roots of Terrorism*, Princeton University Press. [藪下史郎訳 (2008)『テロの経済学』東洋経済新報社]

Krupnick, Alan, Anna Alberini, Maureen Cropper, Nathalie Simon, Bernie O'Brien, Ron Goeree and Martin Heintzelman (2000), "Age, Health, and the Willingness to Pay for Mortality Risk Reductions: A Contingent Valuation Survey of Ontario Residents," *Resources for the Future*, Discussion Paper 00-37.

Kuchar, James K. and Ann C. Drumm (2007), "The Traffic Alert and Collision Avoidance System," *Lincoln Laboratory Journal*, Vol. 16, No. 2.

Laupacis, Andreas, David Feeny, Allan S. Detsky and Peter X. Tugweli (1992), "How attractive does a new technology have to be to warrant adoption and utilization? Tentative guidelines for using clinical and economic evaluations," *Canadian Medical Association Journal*, Vol. 146, No. 4.

MacKeigan, Linda D., Amiram Gafni and Bernie J. O'Brien Cropper (2003), "Double discounting of QALYs," *Health Economics*, Vol. 12, Issue 2.

Mallaby, Sebastian (2003), "The Place of Government," *Policy Review*, No. 117.

Mathers, Colin, Theo Vos, Chris Stevenson, and Stephen J. Begg (2001), "The burden of disease and injury in Australia," *Bulletin of the World Health Organization*, Vol. 79, No. 11.

McLean, Kendra, Lesley Day and Andrew Dalton (2015), "Economic evaluation of a group-based exercise program for falls prevention among the older community-dwelling population," *BMC Geriatrics*, Vol. 15, Article number 33.

McLoughlin, David (1985), "A Framework for Integrated Emergency Management.," *Public Administration Review*, Vol.45, special issue.

Mitnick, Barry M. (1980), *The Political Economy of Regulation*, Columbia University Press.

Moynihan, Donald and Alasdair Roberts (2002), "Public Service Reform and The New Security Agenda," in Alasdair Roberts (ed.), *Governance & Public Security*, Campbell Public Affairs Institute.

Moss, David A. (2002), *When All Else Fails: Government as the Ultimate Risk Manager*, Harvard University Press. [野村マネジメントスクール訳 (2003)『民の試みが失敗に帰したとき：究極のリスクマネジャーとしての政府』野村総合研究所]

Navarro, Peter and Aron Spencer (2001), "Assessing the Costs of Terrorism," *The Milken Institute Review*, Vol. 4.

Neumann, Peter J. (2011), "What Next for QALYs?," *JAMA*, Vol. 305, No. 17.

Nicoletti, Giuseppe, Stefano Scarpetta and Olivier Boylaud (2000), Summary Indicators of Product Market Regulation with an Extension to Employment Protection Legislation, OECD Economics Department Working Papers, No. 226.

Nord, Erik (1999), *Cost-value Analysis in Health Care: Making Sense Out of QALYs*, Cambridge University Press.

Nord, Erik, Norman Daniels and Mark Kamlet (2009), "QALYs: Some Challenges," *Value in Health*, Vol. 12, Supplement 1.

Nozick, Robert (1974), *Anarchy, State, and Utopia*, Basic Books. [嶋津格訳 (1985)『アナーキー・国家・ユートピア』木鐸社]

OECD (2015), *OECD Regulatory Policy Outlook 2015*, OECD.

OECD (1997a), *The OECD Report on Regulatory Reform Vol. II*, OECD London Stationery Office. [山本哲三監訳 (2001)『世界の規制改革 下』日本経済評論社]

OECD (1997b), *The Future of International Air Transport Policy: Responding to Global Change*, OECD Washington Center. [丸茂新他訳 (2000)『国際航空輸送政策の将来』日本経済評論社]

OECD (2003), *Emerging Systemic Risks in the 21st Century: An Agenda for Action*, OECD. [総合研究開発機構訳 (2004)『21世紀の新たなリスク：アクションへの政策提言』総合研究開発機構]

Osborne, David and Ted Gaebler (1993), *Reinventing Government: How the Entrepreneurial Spirit is Transforming the Public Sector*, Plume.

Pastorok, Robert A. (2002), "Introduction," in Robert A. Pastorok, Steven M. Bartell, Scott Ferson and Lev R. Ginzburg (eds.), *Ecological Modeling Risk Assessment*, Lewis Publishers.

Pastorok, Robert A. and Lev R. Ginzburg (2002), "Conclusions and Recommendations," in Robert A. Pastorok, Steven M. Bartell, Scott Ferson, and Lev R. Ginzburg (eds.), *Ecological Modeling Risk Assessment*, Lewis Publishers.

Patankar, Manoj S. and James C. Taylor (2004), *Risk Management and Error Reduction in Aviation Maintenance*, Ashgate.

Peters, B. Guy (2000), "Globalization, Institution and Governance," in B. Guy Peters and Donald J. Savoie (eds.), *Governance in the Twenty-first Century: Revitalizing the Public Service*, McGill-Queen's University Press.

Pierson, Christopher (1991), *Beyond the Welfare State?: The New Political Economy of Welfare*, Polity Press. [田中浩・神谷直樹訳 (1996)『曲がり角にきた福祉国家：福祉の新政治経済学』未来社]

Pollitt, Christopher (2002), "The New Public Management in international perspective," in Kate McLaughlin, Stephen P. Osborne and Ewan Ferlie (eds.), *New Public Management: Current Trends and Future Prospects*, Routledge.

Pollitt, Christopher (2017), "Performance management 40 years on: a review. Some key decisions and consequences," *Public Money & Management*, Vol. 38, Issue 3.

Posner, Richard A. (2007), *Countering Terrorism: Blurred Focus, Halting Steps*, Rowman & Littlefield Pub Inc.

Powdthavee, Nick (2011), *The Happiness Equation: The Surprising Economics of Our Most Valuable Asset*, Icon Books. [阿部直子訳 (2012)『幸福の計算式』阪急コミュニケーションズ]

Ravid, Itzhak (2004), "Safety Versus Defense: Comments on CAPPS II: The Foundation of Aviation Security?," *Risk Analysis*, Vol. 24, No. 4.

Rhodes, D., E. Weston and K. Jones (2013), "ERCD Report 1209. Proposed methodology for estimating the cost of sleep disturbance from aircraft noise.," Environmental Research and Consultancy Department. Civil Aviation Authority.

Riker, William H. and Peter C. Ordeshook (1973), *An Introduction to Positive Political Theory*, Prentice-Hall.

Rose, Nancy L. (1992), "Fear of Flying? Economic Analyses of Airline Safety," *Journal of Economic Perspectives*, Vol. 6, No. 2.

Salamon, Lester M. (2002), "The new governance and the tools of public action: an introduction," in Lester M. Salamon (ed.), *The Tools of Government: A Guide to the New Governance*, Oxford University Press.

Sanchez, Diana, Bernard Berry and Andy Knowles (2014), "The economic value of aircraft noise effects: a UK perspective," Conference Paper.

Sarewitz, Daniel, Roger Pielke Jr. and Mojdeh Keykhah (2003), "Vulnerability and Risk: Some Thoughts from a Political and Policy Perspective," *Risk Analysis*, Vol. 23, No. 4.

Schneier, Bruce (2003), *Beyond Fear: Thinking Sensibly about Security in an Uncertain World*, Copernicus Books.

参考文献 *217*

Seidman, Michael D. and Robert T. Standring (2010), "Noise and Quality of Life," *International Journal of Environmental Research and Public Health*, Vol. 7, No. 10.

Shepherd, Daniel, David Welch, Kim N. Dirks and Renata Mathews (2010), "Exploring the Relationship between Noise Sensitivity, Annoyance and Health-Related Quality of Life in a Sample of Adults Exposed to Environmental Noise," *International Journal of Environmental Research and Public Health*, Vol. 7, No. 10.

Slovic, Paul (2002), "Trust, emotion, sex, politics and science: Surveying the risk-assessment battlefield," in Dennis J. Paustenbach (ed.), *Human and Ecological Risk Assessment: Theory and Practice*, John Wiley & Sons.

Smith, Marilyn Dix, Michael Drummond and Diana Brixner (2009), "Moving the QALY Forward: Rationale for Change," *Value in Health*, Vol. 12, Supplement 1.

Spicer, Michael W. (2001), *Public Administration and the State: A PostModern Perspective*, University of Alabama Press.

Stewart, Mark G. and John Mueller (2008), "A risk and cost-benefit assessment of United States aviation security measures," *Journal of Transportation Security*, Vol. 1, No. 3.

Stewart, Mark G. and John Mueller (2013), "Terrorism Risks and Cost-Benefit Analysis of Aviation Security," *Risk Analysis*, Vol. 33, No. 5.

Stoker, Gerry (ed.) (1999), *The New Management of British Local Governance*, St. Martin's Press.

Sunstein, Cass R. (2002), *Risk and Reason: Safety, Law, and the Environment*, Cambridge University Press.

Sunstein, Cass R. (2005), *Laws of Fear: Beyond the Precautionary Principle*, Cambridge University Press.

Sweet, Kathleen M. (2004), *Aviation and Airport Security: Terrorism and Safety Concerns*, Pearson Education.

Tachibanaki, Toshiaki and Souichi Ohta (1994), "Wage Differentials by Industry and the Size of Firm, and Labour Market in Japan," in Toshiaki Tachibanaki (ed.), *Labour Market and Economic Performance: Europe, Japan, and the USA*, St. Martin's Press.

Tengs, Tammy O. and Amy Wallace (2000), "One Thousand Health-Related Quality-of-Life Estimates," *Medical Care*, Vol. 38, No. 6.

Tengs, Tammy O., Miriam E. Adams, Joseph S. Pliskin, Dana G. Safran, Joanna E. Siegel et al. (1995), "Five-Hundred Life-Saving Interventions and Their Cost-Effectiveness," *Risk Analysis*, Vol. 15, No. 3.

Tennessee Valley Authority v. Hill et al., 437 U.S. 153 (1978).

The National Commission on Terrorist Attacks Upon the United States (2004), *The 9/11 Commission Report*.

The Presidential/Congressional Commission on Risk Assessment and Risk Management (1997), "Framework for environmental health risk management," Final Report. [佐藤雄也・山崎邦彦訳 (1998)『環境リスク管理の新たな手法』化学工業日報社]

Turnley, Jessica G. (2002), "Risk Assessment in Its Social Context," in Dennis J. Paustenbach (ed.), *Human and Ecological Risk Assessment: Theory and Practice*, John Wiley & Sons.

United States General Accounting Office (2003), Aviation Security: Federal Air Marshal Service Is Addressing Challenges of Its Expanded Mission and Workforce, but Additional Actions

218 参考文献

Needed, GAO-04-242.

US Department of Transportation and Federal Aviation Administration (2000), Introduction to TCAS II Version 7.

Vietor, Richard H. K. (1994), *Contrived Competition: Regulation and Deregulation in America*, Belknap Press of Harvard University Press.

Viscusi, W. KiP (1993), "The Value of Risks to Life and Health," *Journal of Economic Literature*, Vol. 31, No. 4.

Washington Times (2004), "Air marshals cover only a few flights," August 16, 2004.

Weidenbaum, Murray L. (1979), *The Future of Business Regulation: Private Action and Public Demand*, AMACOM.

WHO (1997), "WHOQOL Measuring Quality of Life," Programme on Mental Health.

Wiener, Jonathan B. (2002), "Precaution in a Multirisk World," in Dennis J. Paustenbach (ed.), *Human and Ecological Risk Assessment: Theory and Practice*, John Wiley & Sons.

Williams, Alan (1996), "QALYS and Ethics: A Health Economist's Perspective," *Social Science & Medicine*, Vol. 43, No. 12.

WHO Regional Office for Europe (2009), Night Noise Guidelines for Europe. ［平松幸三他訳（2009）「欧州夜間騒音ガイドライン」］

Wulf, Wm. A., Yacov Y. Haimes and Thomas A. Longstaff (2003), "Strategic Alternative Responses to Risks of Terrorism," *Risk Analysis*, Vol. 23, No. 3.

Zuzak, Catherine (2003), "Audits promote consistent implementation of aviation security measures worldwide," *ICAO Journal*, Vol. 58, No. 7.

Zuzak, Catherine (2004), "ICAO Audits Reveal Need For National Security Oversight Systems," *ICAO Journal*, Vol. 59, No. 7.

〈ウェブサイト〉

荒川区ウェブサイト（https://www.city.arakawa.tokyo.jp/kusei/chosa/GAH_Q.html, 2019 年 2 月 18 日閲覧）。

ICAO ウェブサイト（http://www.icao.int/icao/en/atb/asa/index.html, 2016 年 6 月 2 日閲覧）。

e-Stat ウェブサイト（http://www.e-stat.go.jp/SG1/estat/List.do?bid=000001037709&cycode=0, 2019 年 2 月 18 日閲覧）。

外務省条約検索ウェブサイト（http://www.mofa.go.jp/mofaj/gaiko/treaty/pdfs/B-S38-T2-1149_2.pdf, 2019 年 2 月 18 日閲覧）。

グラフで見るパイロットの年齢構成別人数サイト（http://airline.skr.jp/data/number_of_pilot/, 2019 年 2 月 18 日閲覧）。

経済産業省ウェブサイト（https://www.meti.go.jp/policy/policy_management/RIA/30fy-RIA/jigohyoukasyo_yoshi.pdf, 2023 年 5 月 1 日閲覧）。

経済産業省ウェブサイト（https://www.meti.go.jp/policy/policy_management/RIA/29fy-ria/29fy-RIA-kougyouricchihou-jigo-main.pdf, 2023 年 5 月 1 日閲覧）。

減価償却資産の耐用年数等に関する省令（http://law.e-gov.go.jp/htmldata/S40/S40F03401000015.html, 2016 年 6 月 2 日閲覧）。

航空輸送統計年報（http://www.mlit.go.jp/k-toukei/11/annual/11a0excel.html, 2019 年 2 月 18 日閲覧）。

航空旅客動態調査（http://www.mlit.go.jp/koku/koku_tk6_000001.html，2019 年 2 月 18 日閲覧）。

厚生労働省ウェブサイト（https://www.mhlw.go.jp/bunya/kenkou/dl/chiiki-gyousei_03_02.pdf，2019 年 2 月 18 日閲覧）。

国土交通省ウェブサイト（http://www.mlit.go.jp/hakusyo/transport/heisei08/pt2/828302.html，2019 年 2 月 18 日閲覧）。

国土交通省ウェブサイト（http://www.mlit.go.jp/kisha/kisha02/12/120731_2/120731_2.pdf，2019 年 2 月 18 日閲覧）。

国土交通省ウェブサイト（http://www.mlit.go.jp/koku/15_bf_000390.html，2019 年 2 月 18 日閲覧）。

国土交通省ウェブサイト（http://www.mlit.go.jp/common/000122952.pdf，2019 年 2 月 18 日閲覧）。

国土交通省ウェブサイト（https://www.mlit.go.jp/common/001277925.pdf，2023 年 5 月 1 日閲覧）。

国土交通省ウェブサイト（https://www.mlit.go.jp/seisakutokatsu/hyouka/seisakutokatsu_hyouka_fr_000006.html，2023 年 5 月 1 日閲覧）。

国土交通省「要望に対する対応案について」ウェブサイト（http://www.mlit.go.jp/common/000209507.pdf，2019 年 2 月 18 日閲覧）。

財務省報告省令レート（http://www.boj.or.jp/about/services/tame/tame_rate/syorei/index.htm/，2019 年 2 月 18 日閲覧）。

全運輸労働組合ウェブサイト（http://kokkoroso.or.jp/zenunyu/gyousei/s_anzen01.html，2016 年 6 月 2 日閲覧）。

全日本空輸ウェブサイト（http://www.ana.co.jp/wws/eur/j/travelservice/reservations/special/fares-2008/，2016 年 6 月 2 日閲覧）。

全日本空輸ウェブサイト（http://www.ana.co.jp/cp/kibo/main.html，2019 年 2 月 18 日閲覧）。

全日本航空事業連合会ウェブサイト（http://www.ajats.or.jp/，2019 年 2 月 18 日閲覧）。

総務省ウェブサイト（http://www.soumu.go.jp/s-news/2004/040402_1.html，2019 年 2 月 18 日閲覧）。

総務省ウェブサイト（http://www.soumu.go.jp/main_sosiki/hyouka/seisaku.htm，2019 年 2 月 18 日閲覧）。

総務省ウェブサイト（http://www.soumu.go.jp/main_sosiki/hyouka/s-news/070330_6.html，2019 年 2 月 18 日閲覧）。

WHO ウェブサイト（http://www.who.int/healthinfo/global_burden_disease/en/index.html，2016 年 6 月 2 日閲覧）。

外山智士民間航空データベース（http://www004.upp.so-net.ne.jp/civil_aviation，2019 年 2 月 18 日閲覧）。

成田空港ウェブサイト（http://www.naa.jp/jp/csr/ohanashi/noise/noise03.html，2019 年 2 月 18 日閲覧）。

成田空港ウェブサイト（http://airport-community.naa.jp/library/noise/，2019 年 2 月 18 日閲覧）。

成田空港ウェブサイト（http://www.naa.jp/jp/csr/kankyo_taisaku.html，2019 年 2 月 18 日閲覧）。

成田市「環境基準値に関する考察」ウェブサイト（http://www.city.narita.chiba.jp/DAT/000043067.pdf，2016 年 6 月 2 日閲覧）。

日本航空ウェブサイト（http://www.jal.com/ja/outline/corporate/aircraft.html，2019 年 2 月 18 日閲覧）。

日本航空 CSR 報告書 2006 ウェブサイト（http://www.jal.com/ja/corporate/csr2006/csr4_06.html，2016 年 6 月 2 日閲覧）。

ボーイング社ウェブサイト（http://www.boeing.com/commercial/prices/，2016 年 6 月 2 日閲覧）。

220　　参考文献

大和市ウェブサイト（http://www.city.yamato.lg.jp/web/content/000009919.pdf, 2016 年 6 月 2 日
　　閲覧）。

〈閣議了解・通達・答申〉

行政改革会議最終報告（1997 年 12 月 3 日）（http://www.kantei.go.jp/jp/gyokaku/report-final/,
　　2019 年 2 月 18 日閲覧）。
「行政機関が行う政策の評価に関する法律」。
「行政機関が行う政策の評価に関する法律施行令」。
「航空運送事業に使用される航空機に 60 歳以上の航空機乗組員を乗務させる場合の基準の一部改正に
　　ついて」国土交通省航空局安全部運航安全課（2012 年 4 月）。
「航空企業の運営体制について」昭和 45 年 11 月 20 日閣議了解。
「航空企業の運営体制について」昭和 47 年 7 月 1 日運輸大臣通達。
「航空機騒音に係る環境基準について」昭和 48.12.27 環境庁告示第 154 号改正平 5 環告 91，改正平 12
　　環告 78。
「航空機騒音に係る環境基準の改正について」中央環境審議会（答申）平成 19 年 6 月 29 日。
「航空機騒音に係る環境基準について」平成 19.12.17 環境省告示第 114 号。
「今後の航空企業の運営体制の在り方について」昭和 61 年 6 月 9 日運輸政策審議会最終答申。
「第 61 回規制改革会議議事録」規制改革会議（2016 年 4 月 19 日）。
日本再興戦略（2013 年 6 月 14 日閣議決定）。
日本再興戦略 2016（2016 年 6 月 2 日閣議決定）。

あとがき

　本書は，2024年1月に早稲田大学大学院政治学研究科に提出した博士論文「国民の安全を確保する政府の役割はどの程度果たされているか―航空分野の規制によるリスク削減量に着目したモデル生成―」をもとに加筆修正したものである。加筆修正はできる限り最小限にとどめた。博士論文を執筆する期間が長期に渡ったため，主に第3章で扱ったデータが幾分古いものになっているが，それも含めて，提示したモデルの適用可能性を検証する素材になりうるものとして，あえて博士論文のままを可能なかぎり維持した。執筆期間が長期にわたったのはひとえに筆者の怠慢によるところである。

　そのような怠慢な筆者であるにもかかわらず，博士論文執筆から学位取得，本書の完成に至るまで，非常に多くの方々からご指導を頂戴し，また，ご尽力を賜った。全ての方々のお名前を挙げることはできないものの，これまでご指導頂いた方々に感謝を申し伝えたい。

　片岡寛光先生には筆者を研究の道に導いて頂いた。学部生時代に行政学の講義を履修した時から，修士課程，博士後期課程に至るまで，筆者がまだ10代のころから長い期間ご指導を賜った。学部を卒業して就職した後に，研究への思いを諦められずにいた筆者を大学院生としてあたたかく迎えていただいた。片岡先生のご指導によって筆者の中に芽生え，育まれた問題意識は，本書のテーマそのものであり，筆者が博士論文をまとめることができたのはまさに片岡先生のご指導の賜物である。

　縣公一郎先生には指導教授として博士論文審査の主査をお務めいただいた。必ずしもオーソドックスとは言えない筆者の研究を尊重していただきながら，筆者に欠けていた視点を常に適切なタイミングで授けていただいた。執筆が思うように進まない時にも，筆者の心が折れないように励ましながら長期間にわたり伴走していただき，論文完成まで導いて頂いたことに心より感謝申し上げたい。

博士論文の審査では野口晴子先生，稲継裕昭先生，中央大学の秋吉貴雄先生に審査の労をお取りいただいた。論文審査時のみならず，論文執筆の過程で多くの貴重なご助言を頂いた。野口先生には数ある指標の中でリスク削減量やQALYを用いる妥当性と蓋然性を検証することやリサーチクエスチョンの精緻化について，稲継先生には論旨を的確に伝えるための論理構成について，秋吉先生には規制の効果が発生するタイミングとその測定期間について等，筆者の拙い文章と未熟な内容で恐縮であったが，細部に至るまで丁寧なご助言を頂いたことに，心より御礼を申し上げたい。頂いたご助言のうち，本書に反映できているのは，筆者の実力のなさによって，わずかばかりなものとなっているが，頂戴したご助言をもとに，今後も研鑽を積んでいきたいと思う。

藤井浩司先生には大学院修士課程の時からご指導いただき，博士論文執筆に際しても，何度も研究室にお邪魔して多くのご助言を頂戴した。本書の出版に際してもご尽力を賜り，博士論文の完成以降も格別なあたたかい目で見守っていただいたことに心より感謝を申し上げたい。

谷藤悦史先生には，筆者が初めて学会発表に臨んだ際に司会をお務め頂き，危機管理の観点から多くのご助言を頂いた。博士論文執筆の過程でも，当時まさに行われていた政策評価，規制評価の議論の変容について，多くのお時間を頂戴し，ご指導いただいたことに心より感謝を申し上げたい。

慶応義塾大学の大山耕輔先生には規制，行政指導についての体系的な「知」を授けていただいた。大山先生の著作を付箋でいっぱいにし，何度も繰り返し拝読した筆者にとって，大山先生から直接ご指導いただけたことはこの上ない幸運であった。論文執筆の過程でも多くのご助言を頂いたことに心より感謝を申し上げたい。

学部を卒業した後，社会人として初めて勤務した日本経済新聞社の先輩方にも感謝を申し上げたい。二年間という短い期間であったものの，学んだことは数多く，その時の経験は今でも筆者の考え方，行動の核となっている。退社して大学院で学ぶというあの時の決断は，多くの方々にご迷惑，ご心配をおかけしてしまったが，本書として結実したことでご寛恕頂けたら幸甚である。

現在筆者が勤務している東京ガスグループでご一緒させていただいている方々にも感謝を申し上げたい。広報や人事，経営企画の仕事を通じて学んだこ

とが研究に直接的に現れることはないものの，本書で扱う規制に対するリアルな感覚を身につけられたことはとてもありがたいことである。

　まだまだお世話になった方々がいる。政治，経済，法律などのジャンルを問わず，毎晩のように議論をし，研究のためのインスピレーションを与えて頂いた政治学科の先輩方には，今後も引き続きご一緒させていただき，議論を交わすことでまた新たな着想を頂戴したいと思う。

　筆者が航空を素材に研究を始めるきっかけを作ってくれた航空業界の友人たちにも感謝をお伝えしたい。航空に関するリアルな感覚を身につけられるよう，論文や報告書では窺い知れない現場感覚に触れさせてくれたことに対して，重ねて御礼を申し上げたい。

　刊行にあたり，文眞堂の前野弘太氏，山崎勝徳氏には，内容を分かりやすくシンプルに伝えることの大切さを改めてご教示いただいた。懇切丁寧なご助言とともに，本を作ることの喜びを経験させていただいたことに心より感謝申し上げる。

　最後に，私事で恐縮であるが，これまで自由に好きなことを奔放にやってきたにもかかわらず，あたたかく見守ってくれた家族にも感謝を伝えたい。

　本書をこれまでに様々な形でお世話になった方々へのささやかな最初の御恩返しとし，これまで積み重ねてきたことを活かして現実社会の課題を解決し，人々の生活を改善することに貢献できるよう，研鑽を重ね，次の御恩返しに挑戦したい。

2025 年 1 月

神田 隆之

索　引

【アルファベット】

ALARP　24
CRS　105
DALY　59, 64
FAA　102, 133, 141
FFP　105
IATA　91
ICAO　90, 113, 115
KPI　60, 62, 63, 65
Lden　114
NPM　167
QALY　14, 15, 63, 203
QOL　14, 16, 50, 83
RIA　35, 39, 60, 62
TCAS　130-134
WECPNL　114
WTA　48
WTP　47, 48, 55, 67

【ア行】

移転補償　126, 127
運賃規制　101
エンドポイント　7, 8, 18, 21-23

【カ行】

家屋防音量　118
獲得QALY　15, 61, 65
確率的生命価値　38, 47, 64, 83
確率論的リスク分析　79
仮想評価法　48
危機管理　4, 5, 19, 50
基準的賭け法　51
規制緩和　30, 88, 103, 107, 109

規制遵守率　39, 92, 186
規制によるリスク削減量　8, 10, 16, 67, 92, 97, 98, 170
規制の事後評価　41, 109, 110
規制の強さ　31, 33
規制評価　7, 40-42, 89
行政事業レビューシート　155
競争促進規制　56, 81, 101, 107, 108
金銭価値化　38, 47-49, 83
空港発着枠　100, 105
空中衝突　130, 132, 133
空力騒音　113
経済的規制領域　9, 93, 99, 110, 163, 164, 166, 170
健康平均寿命　136, 151
健康平均余命　136, 152
顕示選好アプローチ　47
航空安全規制領域　9, 93, 128
航空運輸保安法　148
航空機事故　9, 78, 128, 135
航空機衝突　131, 132, 136
航空機騒音　9, 55, 75, 112
航空機テロ　9, 78, 141, 144
航空保安監査プログラム　147
航空保安規制領域　9, 93, 141, 142, 153, 163, 164, 171
国際民間航空条約　90, 129, 131
国民の安全を確保する政府の役割　1, 3, 6, 9, 69, 164, 173, 185
個体管理　68, 70, 73
個体群管理　68, 70, 73
コックピットドアの強化　141, 149, 151
コードシェア　105
コンテスタビリティ理論　101, 102

索　引　　*225*

【サ行】

時間得失法　51
自然独占　100
室内騒音　75, 76, 118
支払意思額　47, 48
遮音性能値　125
社会的規制領域　9, 93, 111
社会的航空サービス　111
住宅防音工事　123-125
消費者余剰　16, 56, 80, 106
新規参入　102, 105, 106
睡眠影響　116, 117
スカイマーシャル　141, 149, 151
生起確率　7, 18, 21, 22
政策評価　7, 12, 40, 62, 89
脆弱性　18, 93, 143
政府活動の視点で削減すべきリスク　18, 20, 21, 23, 174
政府のミッション　3, 6
政府のリスク削減機能　5, 6, 12, 22, 25, 34, 164, 173
全体としてのリスク　21, 26
全米同時多発テロ　5, 141, 142
騒音基準　113, 114
増分費用効果比　85
損失余命　49, 64

【タ行】

対抗リスク　7, 26, 30, 40
ダブル・トリプルトラッキング基準　101, 107
同一尺度　8, 21
東京条約　145, 147
特定飛行場　118, 123

【ナ行】

ナショナルフラッグキャリア　100
二重窓　75, 76, 125
人数得失法　51

【ハ行】

暴露　18, 21, 22

ハザード　18, 21, 22
ハブアンドスポークシステム　103
必要追加コスト　99, 109
評価軸の変容　40, 175
費用効果分析　47, 64, 150
評点尺度法　51
費用便益分析　36, 47, 49
表明選好アプローチ　47
不確実性　28, 78, 98
ヘーグ条約　145, 147
ヘドニック賃金法　47, 48

【マ行】

マルコフモデル　74
マルチリスク　21, 25, 26
メタ個体群管理　73, 77
目標リスク　7, 26, 30, 40
　——阻止寄与率　136, 150, 151
モントリオール条約　147

【ヤ行】

幼稚産業保護　100
用量反応関係　118
予防原則　25
45・47体制　101, 103-105

【ラ行】

ランダム化比較試験　67, 73
リスク移転　26, 49, 85
リスク管理　4, 5, 68-70
リスクトレードオフ　7, 26, 40, 48, 85
リスク認識　21, 22
リスク評価　22, 23, 35, 68
リスクマネジメント　19, 20

【ワ】

割引率　84, 86

著者紹介

神田 隆之（かんだ・たかゆき）

早稲田大学政治経済学部を卒業。日本経済新聞社で二年間の勤務の後，
早稲田大学大学院政治学研究科修士課程に入学。早稲田大学大学院政治
学研究科博士後期課程を単位取得退学。
早稲田大学博士（政治学）。専門は行政学，公共政策学。

国民の安全を確保する政府の役割はどの程度果たされているか
規制によるリスク削減量の測定──航空の事例──

2025 年 1 月 23 日　第 1 版第 1 刷発行　　　　　　　　　検印省略

著　者　神　　田　　隆　　之

発行者　前　　野　　　　　隆

発行所　株式会社　文　　眞　　堂
東京都新宿区早稲田鶴巻町 533
電　話 03（3202）8480
Ｆ Ａ Ｘ 03（3203）2638
http://www.bunshin-do.co.jp/
〒162-0041 振替00120-2-96437

印刷・モリモト印刷／製本・高地製本所
©2025
定価はカバー裏に表示してあります
ISBN978-4-8309-5274-6　C3031